2015
中国信息资源产业与政策
研究报告

ANNUAL REPORT ON CHINA'S INFORMATION RESOURCES
INDUSTRY AND POLICY (2015)

钱明辉 主编

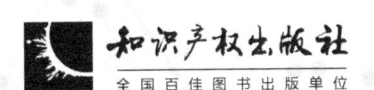

知识产权出版社
全国百佳图书出版单位

图书在版编目（CIP）数据

2015 中国信息资源产业与政策研究报告/钱明辉主编. —北京：知识产权出版社，2016.5
ISBN 978-7-5130-4494-3

Ⅰ.①2… Ⅱ.①钱… Ⅲ.①信息资源—资源产业—产业政策—研究报告—中国—2015 Ⅳ.①G203

中国版本图书馆 CIP 数据核字（2016）第 233691 号

内容提要

本书详细介绍了信息资源产业的相关概念和理论深入分析了我国信息资源产业的现状及全国分布情况，并对典型地区的信息资源发展进行了分析，解读了国家政策及知识产权服务，为推动我国当前信息资源产业的发展指明了方向。

责任编辑：王玉茂	责任校对：谷 洋
封面设计：吴晓磊	责任出版：刘译文

2015 中国信息资源产业与政策研究报告

钱明辉 主编

出版发行：	知识产权出版社 有限责任公司	网　　址：	http://www.ipph.cn
社　　址：	北京市海淀区西外太平庄 55 号	邮　　编：	100081
责编电话：	010-82000860 转 8541	责编邮箱：	wangyumao@cnipr.com
发行电话：	010-82000860 转 8101/8102	发行传真：	010-82000893/82005070/82000270
印　　刷：	北京嘉恒彩色印刷有限责任公司	经　　销：	各大网上书店、新华书店及相关专业书店
开　　本：	720mm×1000mm　1/16	印　　张：	15.5
版　　次：	2016 年 5 月第 1 版	印　　次：	2016 年 5 月第 1 次印刷
字　　数：	258 千字	定　　价：	50.00 元
ISBN 978-7-5130-4494-3			

出版权专有　侵权必究
如有印装质量问题，本社负责调换。

编委会

主　　任：冯惠玲
副 主 任：赵国俊　钱明辉
委　　员（按姓氏笔画排序）：
　　　　　叶光亮　冯惠玲　刘越男　安小米　杨红艳
　　　　　吴汉洪　张秀梅　张　斌　张　璋　陈玉龙
　　　　　周晓英　赵国俊　侯卫真　钱明辉　朝乐门

主　　编：钱明辉
副 主 编：黎炜祎　杨建梁
撰 写 人（按姓氏笔画排序）：
　　　　　李　根　杨　旭　杨建梁　张　莹　庞艳蓓
　　　　　钱孙银　钱明辉　阙莘入　管嘉玲　黎炜祎

前　言

随着我国经济社会信息化水平的不断提升，信息资源的战略价值逐渐凸显，日益为社会各方面所关注和重视。大数据和互联网思维的兴起，犹如山崩海啸般冲击着传统产业和经济市场，互联网为企业带来了前所未有的信息资源，新技术将人、信息和机器连接了起来，信息资源产业出现了前所未有的发展局面。2015年3月，李克强总理在政府工作报告中指出要"促进服务业和战略性新兴产业比重提高、水平提升，推动产业结构迈向中高端，把一批新兴产业培育成主导产业，制定'互联网+'行动计划"。可见，大力开发利用信息资源，构建信息资源大国、强国已经成为我国重要的国家战略安排。

近年来，我国信息资源产业发展势如破竹，取得了骄人的成绩。自2004年12月12日《中共中央办公厅、国务院办公厅关于加强信息资源开发利用工作的若干意见》发布不到十余年的时间，我国信息资源产业总产值从2004年的5789.72亿元猛增至2014年的31247.91亿元，占2014年GDP的4.91%，与2013年相比增长2.07%。虽然我国信息资源产业有了长足的发展，但仍处于起步期并且存在总体规模偏小、产业就业贡献率偏低、地区间发展不均衡、创新动力不足等问题。

为了准确反映我国信息资源产业总体发展面貌和区域发展特征，为国家有关部门信息资源产业政策的制定提供数据信息支持，以促进我国信息资源产业的健康发展，课题组编制了《2015中国信息资源产业与政策研究报告》。本书由5章组成。

第1章简要地介绍了2014年中国信息资源产业发展的总体状况，在总结世界经济环境发展的基础上，针对新常态背景下中国信息资源产业的发展水平进行梳理，还原出中国信息资源产业基本面貌，分析产业发展特点，对2014年我国信息资源产业整体发展进行了宏观述评。

第2章为了具体分析2014年我国信息资源产业发展的实际情况，按传统的区域划分方式将我国划分为华北、华东、华南、华中、西北、西南和东北七大区域进行分析❶，分别从产业发展基本状况分析、一级指标（产业价值指标）分项分析与发展趋势分析 3 个角度展开研究。

第 3 章选取了上海、四川、北京、广东、贵州、江苏与内蒙古 7 个我国信息资源产业发展较具代表性的地区展开研究，在对地区信息资源产业整体发展水平进行概述与优势行业介绍的基础上，与往年发展水平进行对比以更好地突出 2014 年的变化与进展，从而获得其优势行业发展迅速的重要经验以供借鉴。

第 4 章将中国信息资源产业典型行业作为研究重点，选取了金融信息服务业、信息技术服务业、数据处理和存储服务业与信用服务业四大典型信息资源产业作为具体的研究对象，介绍了这些行业的内涵与源起，并对其行业组成、发展水平、行业特点及政策展开多角度的分析，总结经验，从而为其他信息资源产业的发展提供参考。

第 5 章针对 2014 年中国信息资源产业政策进行解读，深入分析政策动向，并对 2014~2015 年的信息资源产业政策进行文本分析，从政策发布的背景、方向、反馈等领域全方位地展开研究，力图展现出近年来信息资源产业政策发布的整体情况。

在一定意义上，我们所处的信息时代是一个更加注重依托信息资源实现经济社会科学发展的时代。信息资源产业发展既是时代发展的需要，更是当前我国实现经济发展方式转变、产业结构调整、传统产业优化升级的迫切要求。希望本书能对我国信息资源产业的发展贡献绵薄之力。限于编者水平和能力，书中错漏之处在所难免，恳望读者批评指正。

课题组

2016 年 3 月

---

❶ 本书研究范围不涉及我国港、澳、台地区，仅包括全国大陆 31 个省区市，下文不再赘述。

——编辑注

目 录

1 2014年中国信息资源产业总体发展概况 ·· 1
  1.1 中国信息资源产业发展的世界经济环境 ·· 1
  1.2 中国信息资源产业发展的国家经济环境 ·· 3
  1.3 中国信息资源产业基本面貌 ·· 6
  1.4 中国信息资源产业发展特点 ·· 7
  1.5 中国信息资源产业发展评述 ··· 11

2 中国信息资源产业地区发展情况分析 ·· 17
  2.1 华北地区发展情况分析 ·· 17
  2.2 华东地区发展情况分析 ·· 21
  2.3 华南地区发展情况分析 ·· 26
  2.4 华中地区发展情况分析 ·· 30
  2.5 西北地区发展情况分析 ·· 33
  2.6 西南地区发展情况分析 ·· 37
  2.7 东北地区发展情况分析 ·· 41

3 中国典型省区市信息资源产业发展情况 ·· 46
  3.1 上海信息资源产业发展情况 ··· 46
  3.2 四川信息资源产业发展情况 ··· 60
  3.3 北京信息资源产业发展情况 ··· 72
  3.4 广东信息资源产业发展情况 ··· 89
  3.5 贵州信息资源产业发展情况 ·· 102
  3.6 江苏信息资源产业发展情况 ·· 117
  3.7 内蒙古信息资源产业发展情况 ·· 135

4 中国信息资源产业典型行业发展概况 ·· 153
  4.1 金融信息服务业 ·· 153
  4.2 信息技术服务业 ·· 165
  4.3 数据处理和存储服务业 ··· 177
  4.4 信用服务业 ··· 190

5 2014年中国信息资源产业政策发展与解读 ·················· 206
　　5.1 中国信息资源产业政策动向 ······························ 206
　　5.2 中国信息资源产业政策解读 ······························ 208
附　　录 ··· 217
　1 信息资源产业发展指数（$I_{RI}DI$指数）测评框架模型 ········· 217
　　1.1 产业发展和竞争力评价研究概述 ······················· 217
　　1.2 信息资源产业发展指数模型 ····························· 220
　　1.3 信息资源产业价值描述模型 ····························· 221
　　1.4 信息资源产业环境描述模型 ····························· 221
　2 $I_{RI}DI$指数测评框架体系 ··· 222
　　2.1 测评指标体系 ·· 222
　　2.2 测评指标解释 ·· 224
　3 产业数据与指标拟合 ··· 227
　　3.1 产业数据采集 ·· 227
　　3.2 数据标准化处理 ··· 227
　　3.3 数据估算与矫正 ··· 228
　　3.4 指数拟合方法 ·· 229
参考文献 ·· 231
后　　记 ·· 237

1 2014年中国信息资源产业总体发展概况

本章简要介绍了2014年中国信息资源产业发展的总体状况,在总结世界经济环境发展的基础上,针对新常态背景下中国信息资源产业的发展水平进行梳理,还原出中国信息资源产业的基本面貌,分析其发展特点,对2014年我国信息资源产业整体发展进行宏观述评。

1.1 中国信息资源产业发展的世界经济环境

2014年,发达经济体经济运行分化加剧,发展中经济体增长放缓,世界经济复苏依旧艰难曲折。但世界经济在经历非凡的砥砺与考验的同时,也不断孕育着新的发展机遇。

1.1.1 世界经济复苏缓慢

在国际金融危机后续影响下,2014年世界经济总体增长乏力,复苏进程缓慢,主要表现在以下两个方面。

(1) 经济增长缓慢,经济运行分化加剧。2014年第一季度,美国GDP环比折年率下降2.1%,第二、第三、第四季度分别增长了4.6%、5.0%和2.6%,全年增长2.4%,这仅略好于近六年其经济复苏期间的平均水平;欧元区在四季度GDP环比分别增长0.3%、0.1%、0.2%和0.3%,始终徘徊在停滞的边缘,全年增长0.9%,比2013年下降了0.5%;日本因消费税上调引发提前消费潮,第一季度GDP环比增长1.4%,但第二、第三季度环比分别下降1.7%和0.5%,经济出现技术性衰退,第四季度增长0.6%,全年名义增长为1.7%,但在剔除物价变动因素之后,实际增长率为零;多数发展中经济体经济增长放缓,例如,韩国、新加坡、印度尼西亚全年GDP增长率分别为3.3%、2.8%、5.02%。

(2) 主要发达经济体消费低迷。2014年1~11月,美国零售额同比增长4%,比上年同期回落0.2%,在剔除物价变动因素后,放缓1.2%;日本零售额同比增长1.8%,比上年同期加快1%,在剔除物价变动因素之后,放缓

0.3%。欧元区零售额同比增长1.2%，比上年同期下降0.9%。2014年1~11月，美国个人消费支出同比增长2.3%，比上年同期加快0.3%；日本家庭消费支出同比仅增长0.1%，比上年同期回落1.4%。从全年看，美国个人消费支出保持稳定增长，各月同比增速保持在2%~3%的范围内。日本家庭支出形势不容乐观，第一季度剧烈波动，第二至第四季度持续呈现负增长。

1.1.2 我国在砥砺中孕育机遇

2014年，世界经济在经历非凡的砥砺与考验的同时，也不断孕育新的发展机遇。

信息、生物、新能源、新材料技术等交叉融合正在引发新一轮科技革命和产业变革，并在可穿戴设备、物联网、人工智能领域酝酿突破。另外，互联网营销模式彰显效力，或将催生更多新业态、新营商模式，给世界经济带来新的增长点。

在政府层面，美国、德国、英国等国家政府积极推行能源转型，实施结构改革，推动智能增长。中国则提出"从要素驱动、投资驱动转向创新驱动""创新发展方式"等行动建议，推动破解全球经济增长乏力困局。

在新形势下，以中国为代表的新兴经济体努力成为游戏规则的参与者、引领者，在全球经济金融治理、区域经济一体化等领域不断提出新的倡议，例如，从亚洲基础设施投资银行到金砖银行，从丝路基金到欧亚高速运输走廊，这些新兴战略必将有效地助益于构建开放型世界经济格局，为实现世界经济的持续、均衡、健康增长不断注入新能量。

1.1.3 电子商务消费持续发展

随着互联网技术、移动设备的不断发展，2014年全球电商迎来多场盛宴。2014年9月19日阿里巴巴成功登陆美国纽约证券交易所，备受投资者的追捧。在"双十一""黑色星期五""网购星期一"等购物节点，国内外电商带动网购"全球化"，国内外买家同场狂欢，创造出多项纪录。

根据eMarketer报告，2014年，B2C电子商务全球销售额达到14710亿美元，增长近20%。

表1-1为美国科尔尼管理咨询公司（A. T. Kearney）于2015年4月公布的2015年全球零售电商发展指数。

表 1-1　2015 年全球零售电商发展指数

国家/地区	排名	排名变化（相比于 2013 年）	国家/地区	排名	排名变化（相比于 2013 年）
美国	1	2	瑞典	16	—
中国内地	2	-1	墨西哥	17	—
英国	3	1	西班牙	18	—
日本	4	-2	智利	19	1
德国	5	1	挪威	20	6
法国	6	1	巴西	21	-13
韩国	7	-2	意大利	22	-7
俄罗斯	8	5	瑞士	23	6
比利时	9	15	委内瑞拉	24	-1
澳大利亚	10	-1	芬兰	25	-4
加拿大	11	-1	新西兰	26	-9
中国香港	12	2	奥地利	27	—
荷兰	13	6	沙特阿拉伯	28	
新加坡	14	-3	阿根廷	29	-18
丹麦	15	13	爱尔兰	30	-3

数据显示，继 2013 年落后中国内地和日本屈居季军之后，2014 年，美国电子商务增长 15%，重回冠军宝座，中国内地和英国分列第 2 名、第 3 名。亚太地区电子商务持续增长，预计很快将成为世界上最大的电商市场。中国（不包括港、澳、台）电商市场仍在扩张，但增长速度放缓。在拉丁美洲地区，墨西哥跃居第 17 名。在欧洲国家中，英国、德国和法国的排名均有所上升，分列第 3 名、第 5 名和第 6 名。西班牙取得了显著增长，进入前 18 名。

值得注意的是，2014 年，中国的 GDP 增长率虽跌落至 25 年来的最低值（7.4%），但与其他发展中市场相比，表现仍然相当抢眼。美国科尔尼管理咨询公司报告称，中国的零售市场在 2014 年实现了 11.6% 的显著增长。该公司预测，以此趋势发展，中国的零售市场将有望在 2018 年超越美国，成为世界上最大的零售市场。根据国家统计局发布的统计数据显示，2014 年，我国全社会电子商务交易额达 16.39 万亿元，同比增长了 59.4%，由此可见电子商务在中国零售市场的增长方面起到了举足轻重的作用。

1.2　中国信息资源产业发展的国家经济环境

2014 年，面对复杂多变的国际环境和繁重的国内发展改革稳定任务，在经济转型升级步入中高速发展的"新常态"过程中，我国GDP一举突破60万亿元大关，不变价GDP较2013年增长7.4%，实现了年初提出的7.5%左右的增长目标。与此同时，投资增长后劲不足等问题突出，经济下行压力和风险依然较大。另外，战略性新兴产业和生产性服务业逆势上行，渐成拉动经济增长的两大"新引擎"，新产业、新技术、新业态异军突起，以高增长、高收益的特点决胜出彩。

1.2.1 新常态下经济稳中有进，进中提质

在步入新常态后，中国虽然经济增速有所放缓，但仍然是全球增长最快的主要经济体之一，2014年中国占世界经济的比重达到13.3%，比2010年提升4.1%。全年国内生产总值636463亿元，按可比价格计算，比2013年增长7.4%。从季度来看，一季度同比增长7.4%，二季度增长7.5%，三季度增长7.3%，四季度增长7.3%。从产业来看，第一产业增加值为58332亿元，比2013年增长4.1%；第二产业增加值为271392亿元，增长7.3%；第三产业增加值为306739亿元，增长8.1%。第一产业增加值占GDP的比重为9.2%，第二产业增加值占GDP的比重为42.6%，第三产业增加值占GDP的比重为48.2%。从环比角度来看，四季度GDP增长1.5%。

在农业上，全年全国粮食总产量达到60710万吨，比2013年增加516万吨，增长0.9%；在工业上，按可比价格计算全年全国规模以上工业企业增加值比2013年增长8.3%，全国规模以上工业企业产销率达到97.8%，全国规模以上工业企业的出口交货值比2013年增长6.4%；在固定资产投资上，全年全社会固定资产投资512761亿元，比2013年增长15.3%；在市场销售上，全年社会消费品零售总额262394亿元，比2013年名义增长12.0%，其中，全年全国网上零售额27898亿元，比2013年增长49.7%；在进出口方面，全年进出口总额264335亿元，比2013年增长2.3%；在价格水平上，全年居民消费价格比2013年上涨2.0%；在居民收入上，全年全国居民人均可支配收入20167元，比2013年名义增长10.1%，其中，城镇居民人均可支配收入28844元，比2013年增长9.0%，农村居民人均可支配收入10489元，比2013年增长11.2%；从就业来看，年末全国就业人员77253万人，比2013年末增加276万人。总体来看，2014年，国民经济运行在新常态下实现了稳中有进、进中提质的目标。

1.2.2 固定资产投资增速放缓，经济下行压力未消除

在充分肯定2014年经济工作成绩的同时，也要认识到当前经济运行中存

在的一些突出的问题和矛盾，特别是经济下行压力较大的风险。从国内环境来看，经济增速换挡期、结构调整阵痛期、前期刺激政策消化期"三期叠加"的效应进一步显性化，工业增长明显放缓，投资需求进一步减弱，从而导致经济下行压力很大。

首先，工业先行进行调整，继续呈逐年下降态势。在全球金融危机后的4年间（2009~2012年），我国规模以上工业增加值年均增长12.6%，其中该数字在2012年回落到10%，2013年则是自2002年以来首次跌破10%，为9.7%，而2014年继续下降到了8.3%。

其次，投资的调整紧随工业之后，并且调整力度加大。2002~2012年，我国全社会固定资产投资连续10年保持20%以上增长，即10年增长了9.1倍，年均增长26%，于2013年首次跌破20%，为19.3%。2014年，投资则在开始形成房地产发展"拐点"后加快调整，全年固定资产投资同比增长15.3%，比2013年回落4%。

最后，房地产出现长周期调整的"拐点"。对2014年经济下行影响最大的因素是房地产，房地产市场进入长周期"拐点"，从而拉动投资增长加快下行。全年累计，房地产投资比2014年增长10.5%，比2013年回落9.3%。以往房地产开发投资占比全国固定资产投资均在20%以上，且增长速度远超过全国固定资产投资，反观2014年，其占比下滑到18.90%，且投资增速远低于固定资产投资增速，显示房地产下滑已经直接影响到了GDP。

1.2.3 新产业、新形态方兴未艾，经济转型开启新篇章

新常态不仅意味着经济增长转向中高速，并伴随着深刻的结构变化。2014年，我国产出结构由工业主导加快向服务业主导转变，全年第三产业增加值占GDP的比重为48.2%，比2013年提高1.3%，高于第二产业5.6%；需求结构中最终消费的比重在上升，全年最终消费支出对国内生产总值增长的贡献率为51.2%，比2013年提高3.0%，成为经济增长的首要拉动因素；城乡居民收入差距进一步缩小，全年农村居民人均可支配收入实际增速高于城镇居民人均可支配收入2.4%，城乡居民人均可支配收入倍差2.75，比2013年缩小0.06；增长动力结构方面，节能降耗继续取得新进展，全年单位国内生产总值能耗比2013年下降4.8%，新产业、新技术、新业态、新模式、新产品不断涌现并加速成长，经济向中高端迈进的势头明显，从而使经济运行质量进一步提高。

就发展速度而言，随着网购、快递、互联网金融、移动支付、在线教育等新业态快速进入百姓生活，新型服务业攻城略地，势如破竹。2014年，金

融业增加值增长 10.2%，高于第三产业增速 2.1%；电子商务赢得全国网上零售额增长 49.7% 的佳绩，高于全社会消费品零售总额增速 37.7%，并拉动快递业务量，使其在继 2013 年增长 61.6% 之后再创 51.9% 的高增速。工业高技术产业超越传统产业，增加值同比增长 12.3%，较规模以上工业增速快 4%。新能源产业涨势惊人，即核电增长 36.1%，并网风电增长 25.6%，增速分别提升 19.9% 和 1.1%；并网太阳能发电在 2013 年增长 3.4 倍的基础上，继续保持 67% 的高增长。

就影响和贡献而言，新产业、新业态在助推经济增长方面功不可没。对持续走强的服务业进行测算，2014 年，金融业占第三产业增加值的 15.3%，金融业增加值占 GDP 的比重从 2013 年的 5.89% 跃升至 7.37%，一举突破"十二五"以来在 5% 左右徘徊的格局。全国网上零售额相当于社会消费品零售总额的 10.63%，上升 2.68%。由此可见因互联网、移动支付而崛起的新金融成长之快以及电子商务新业态对促流通、扩消费、惠民生的积极作用。

1.3 中国信息资源产业基本面貌

2014 年，我国信息资源产业的总营业收入为 31247.91 亿元，占 2014 年 GDP 的 4.91%，与 2013 年相比增长 2.07%。从图 1-1 可以看到，构成我国信息资源产业的各中类产业在 2014 年营业收入的分布情况。

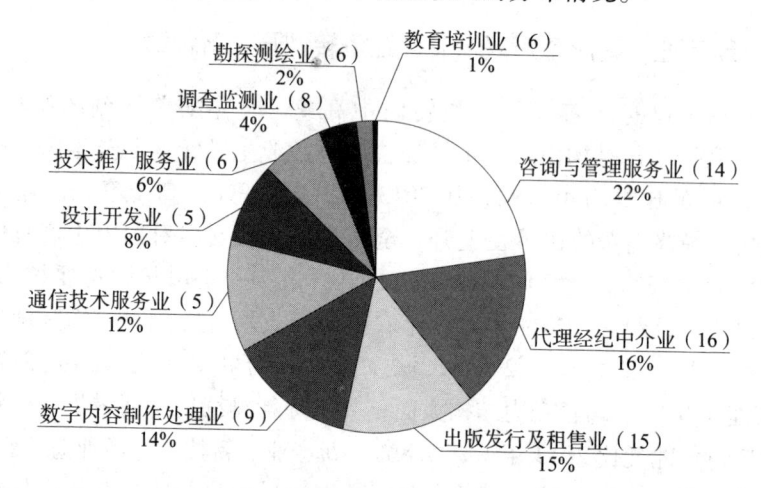

图 1-1 2014 年信息资源产业中类产业营业收入分布

从图 1-1 可以看出，2014 年全年营业收入占全国信息资源产业营业收入比重最大的中类产业是咨询与管理服务业，其营业收入高达 8499.39 亿元；

第 2 名和第 3 名分别为代理经纪中介业和出版发行及租售业,全年营业收入分别为 5078.16 亿元和 4588.23 亿元。而博物展示业、调查监测业、教育培训业、勘探测绘业等占总营业收入的比重较小。

同时,通过与 2013 年各中类信息资源产业营业收入进行比较可以看出,2014 年各中类产业营业收入较 2013 年都有提高,如图 1-2 所示。

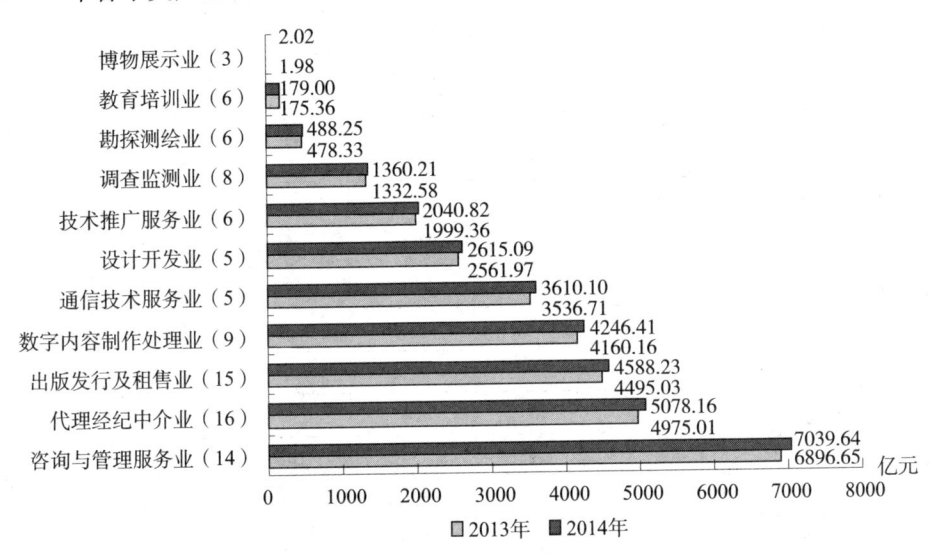

中类产业	2013年	2014年
博物展示业（3）	1.98	2.02
教育培训业（6）	175.36	179.00
勘探测绘业（6）	478.33	488.25
调查监测业（8）	1332.58	1360.21
技术推广服务业（6）	1999.36	2040.82
设计开发业（5）	2561.97	2615.09
通信技术服务业（5）	3536.71	3610.10
数字内容制作处理业（9）	4160.16	4246.41
出版发行及租售业（15）	4495.03	4588.23
代理经纪中介业（16）	4975.01	5078.16
咨询与管理服务业（14）	6896.65	7039.64

图 1-2 2013 年、2014 年信息资源产业中类产业营业收入分布对比

1.4 中国信息资源产业发展特点

为深刻揭示出我国信息资源产业的发展特点,本书仍然使用《2014 中国信息资源产业与政策研究报告》中的"信息资源产业发展指数"。信息资源产业发展指数是用于描述信息资源产业发展情况的量化评价体系,旨在客观地评价我国信息资源发展情况,准确反映我国信息资源产业总体发展情况和区域发展特征。该指数包括产业价值和产业环境 2 个一级指标,7 个二级指标,17 个三级指标❶。

1.4.1 中国信息资源产业发展指数排名

2014 年,中国信息资源产业发展指数（$I_{RI}DI$）排名如表 1-2 所示。

---

❶ 信息资源产业发展指数测评方法见附录。

表1-2　2014年中国信息资源产业发展指数排名

省区市	综合得分	排名	2013年排名	产业价值 得分	产业价值 排名	产业环境 得分	产业环境 排名
江苏	91.67	1	4	91.19	3	92.15	1
北京	90.37	2	1	91.47	2	89.27	3
广东	89.80	3	3	91.69	1	87.91	4
浙江	89.47	4	2	89.00	4	89.94	2
上海	87.01	5	5	86.72	5	87.30	5
山东	85.46	6	6	84.61	6	86.32	6
福建	83.76	7	7	83.52	9	83.99	9
湖北	83.64	8	10	84.04	8	83.24	11
安徽	82.99	9	11	84.27	7	81.72	17
天津	82.71	10	9	82.89	10	82.53	15
河南	82.50	11	22	78.96	23	86.03	7
陕西	82.44	12	13	82.15	12	82.73	13
广西	82.11	13	17	81.18	14	83.05	12
辽宁	81.81	14	12	82.00	13	81.63	18
重庆	81.81	14	8	82.34	11	81.27	21
四川	81.63	16	16	79.18	22	84.09	8
新疆	81.37	17	25	78.84	24	83.90	10
湖南	81.12	18	14	80.69	15	81.54	20
山西	80.65	19	21	80.43	18	80.87	24
河北	80.61	20	18	80.10	19	81.11	23
黑龙江	80.48	21	19	79.71	21	81.25	22
云南	80.34	22	15	80.66	16	80.02	26
江西	80.12	23	23	79.88	20	80.36	25
甘肃	79.81	24	29	77.88	28	81.74	16
海南	79.60	25	20	80.44	17	78.76	31
吉林	79.10	26	24	78.76	25	79.43	27
西藏	79.02	27	31	76.45	30	81.59	19
贵州	78.92	28	27	75.20	31	82.67	14
宁夏	78.91	29	28	78.47	26	79.35	28
内蒙古	78.70	30	26	78.07	27	79.34	29
青海	78.05	31	30	77.06	29	79.05	30

1.4.2 中国信息资源产业发展指数产业价值指标排名

2014年，中国信息资源产业价值指标排名如表1-3所示。

表1-3 2014年中国信息资源产业价值指标排名

省区市	产业价值	排名	2013年排名	产业规模	产业贡献	产业发展	产业结构
广东	91.69	1	1	94.12	82.36	96.61	82.51
北京	91.47	2	2	94.86	90.54	85.65	83.54
江苏	91.19	3	3	89.60	86.57	94.70	83.08
浙江	89.00	4	4	88.30	84.26	89.40	83.32
上海	86.72	5	5	83.97	84.92	83.67	83.92
山东	84.61	6	6	83.17	77.62	85.41	82.62
安徽	84.27	7	7	80.58	81.44	82.50	83.11
湖北	84.04	8	8	81.21	81.58	84.77	80.77
福建	83.52	9	9	78.30	80.56	82.98	83.07
天津	82.89	10	11	77.59	83.97	80.17	81.85
重庆	82.34	11	12	76.36	80.70	80.25	83.15
陕西	82.15	12	10	77.24	80.45	79.47	82.76
辽宁	82.00	13	13	80.48	77.80	78.50	82.37
广西	81.18	14	14	76.18	81.50	77.54	81.77
湖南	80.69	15	16	79.46	76.42	76.15	82.19
云南	80.66	16	15	75.49	79.12	77.99	82.09
海南	80.44	17	17	74.50	79.61	76.23	83.00
山西	80.43	18	20	74.15	78.90	75.47	84.03
河北	80.10	19	19	75.47	77.10	76.75	82.66
江西	79.88	20	18	77.00	76.40	75.07	82.58
黑龙江	79.71	21	22	74.94	78.30	75.78	82.02
四川	79.18	22	21	77.40	74.91	73.95	82.19
河南	78.96	23	24	75.98	74.66	74.53	82.40
新疆	78.84	24	23	73.38	75.12	77.40	81.82
吉林	78.76	25	25	75.09	75.18	74.24	82.39
宁夏	78.47	26	27	72.46	76.48	74.56	82.51
内蒙古	78.07	27	28	73.94	75.01	73.95	81.82
甘肃	77.88	28	26	72.95	75.54	73.60	81.93
青海	77.06	29	30	72.30	75.64	72.89	80.85
西藏	76.45	30	31	72.44	74.93	73.59	79.33
贵州	75.20	31	29	73.21	75.55	73.33	75.78

1.4.3 中国信息资源产业发展指数产业环境指标排名

2014年,中国信息资源产业环境指标排名如表1-4所示。

表1-4 2014年中国信息资源产业环境指标排名

省区市	产业环境	排名	2013年排名	公共政策	基础设施	决策强度
江苏	92.15	1	6	95.44	95.76	84.95
浙江	89.94	2	2	95.60	94.83	79.00
北京	89.27	3	1	90.65	96.17	80.40
广东	87.91	4	4	96.06	95.08	72.00
上海	87.30	5	3	85.28	96.11	79.70
山东	86.32	6	5	86.71	95.25	76.20
河南	86.03	7	16	92.63	88.41	76.90
四川	84.09	8	10	88.23	89.80	73.75
福建	83.99	9	8	85.29	92.20	73.75
新疆	83.90	10	27	80.92	87.91	82.50
湖北	83.24	11	14	84.67	89.68	74.80
广西	83.05	12	23	81.42	88.25	79.00
陕西	82.73	13	20	86.40	89.23	72.00
贵州	82.67	14	26	79.52	87.63	80.40
天津	82.53	15	9	76.21	91.52	79.00
甘肃	81.74	16	29	81.30	86.79	76.67
安徽	81.72	17	18	81.72	90.64	72.00
辽宁	81.63	18	11	82.01	90.12	72.00
西藏	81.59	19	30	72.65	85.04	86.70
湖南	81.54	20	12	81.06	89.14	73.75
重庆	81.27	21	7	81.44	89.63	72.00
黑龙江	81.25	22	13	80.34	87.69	75.15
河北	81.11	23	15	81.31	89.30	72.00
山西	80.87	24	17	79.70	88.80	73.40
江西	80.36	25	24	79.78	88.57	72.00
云南	80.02	26	19	78.93	87.09	73.4
吉林	79.43	27	22	77.41	88.10	72.00
宁夏	79.35	28	28	75.77	87.22	74.33
内蒙古	79.34	29	25	77.53	87.72	72.00
青海	79.05	30	31	74.56	86.39	75.50
海南	78.76	31	21	75.51	87.92	72.00

1.5 中国信息资源产业发展评述

2014年，中国信息资源产业的整体发展势头良好，地区间排名与2013年相比变化不大，整体规模稳步提升，基础设施、产业结构和公共政策3类指标的评价结果得分较高。同时，通过对比地区间信息资源的产业发展指数与经济发展指数可以发现，二者之间呈现明显的相关特征，经济发展较好的地区信息资源产业的整体发展水平也较高。但是，信息资源产业的发展仍存在一定的问题，地区间发展不平衡问题较为突出，整体呈现出"东高西低"的现象。

1.5.1 信息资源产业基础建设日趋完善，信息资源利用水平亟待提升

信息资源产业发展二级指标包括产业规模、产业贡献、产业发展、产业结构、公共政策、基础设施和决策强度共7项指标。

产业规模指标反映该地区信息资源产业发展规模的相对水平，通过产业营业收入规模指数、从业人口规模指数、法人单位规模指数和上市公司规模指数来测算。该指标得分前3名分别是北京（94.86分）、广东（94.12分）和江苏（89.60分），而全国平均得分只有78.46分，标准差为6.00。共有10个省区市的产业规模指标高于全国平均值。从产业规模指标来看，我国信息资源产业的整体规模水平偏低，且地区间差异巨大，大多数省区市信息资源产业发展较弱。

产业贡献指标反映各地区信息资源产业对该地区总体经济发展贡献的相对水平，通过产业就业贡献指数和经济总量贡献指数来测算。该指标得分最高的城市是北京（90.54分），得分最低的省是河南（74.66分），全国平均得分为79.13分，标准差为3.92。从产业贡献指标来看，我国信息资源产业的产业贡献情况一般，在各地区经济格局中所占比重较低，与其他产业相比信息资源产业依然薄弱。

产业发展指标反映该地区自2004年以来信息资源产业动态发展程度的相对水平，通过产业规模发展指数、法人单位发展指数和从业人口发展指数来测算。该指标得分最高的是广东（96.61分），得分最低的是青海（72.89分），全国平均得分为79.26分，标准差为6.07，共有12个省区市的产业发展指标高于全国平均值。从该指标来看，我国信息资源产业发展速度表现出较大的地域差异。

产业结构指标反映该地区信息资源产业结构优化程度的相对水平，通过

产业资源结构指数和产业要素密集指数来测算。该指标得分最高的是山西（84.03分），得分最低的是贵州（75.78分），全国平均得分为82.18分，标准差为1.49。从该指标来看，我国各地区信息资源产业结构比较合理，区域差异不大，也从侧面反映出各地区发展信息资源产业的思路具有相似性。

公共政策指标反映该地区信息资源产业政策环境优化程度的相对水平，通过产业政策供给指数和政务开放互动指数来测算。该指标得分最高的是广东（96.06分），得分最低的是西藏（72.65分），全国平均得分82.78分，标准差为6.15。可以看出，我国各地区对信息资源产业的政策供给和政务开放有着巨大差距，很多省区市对信息资源产业没有足够的重视。政府需要进一步加快和完善信息资源相关产业的建设，做好规划，统一标准，加强法制和安全保障体系建设。

基础设施指标反映该地区信息资源产业相关基础设施配套程度的相对水平，通过产业园区发展指数和信息技术利用指数来测算。该指标得分最高的是北京（96.17分），得分最低的是西藏（85.04分），全国平均得分是89.94分，标准差为3.09。值得注意的是，2013年基础设施指标得分最低的是甘肃（79.20分），平均得分为86.06分，标准差是4.44。这表明2014年各个省区市在与信息资源产业相关的基础设施建设取得了很大进展，全国平均水平有较大提高，且各省区市在基础设施上的差距在减小。

决策强度指标反映该地区政府部门对信息资源产业发展重视程度和工作强度的相对水平，通过决策层关注度指数和政府工作强度指数来测算。该指标得分最高的是西藏（86.70分），海南、吉林、江西、河北、重庆、辽宁、安徽、陕西、广东均为最低分，全国平均得分是75.78分，标准差为4.1。值得注意的是，2013年决策强度指标得分最低的是吉林（77.50分），平均得分为80.16分，标准差是4.06。可以看出，2014年，我国各地区对信息资源产业发展的重视程度和政府工作强度依然不足，且相比2013年退步了很多。

从图1-3可以看出，2014年，7项指标中得分最低的指标是决策强度，为75.78分，最高的指标是基础设施，为89.94分，相对应的三级指标，即决策层关注度指数和政府工作强度指数较低，产业园区发展指数和区域信息化指数较高。可以看出，我国在产业园区建设以及信息化建设上比较成熟，经济结构调整在顺利进行，但同时也不得不承认现阶段对信息资源产业发展仍然缺乏重视，在决策层面缺乏有利的引导，这成为制约信息资源产业发展的首要因素。产业结构和公共政策指标得分分别为82.18分和82.78分，处于较高水平。产业规模、产业贡献和产业发展指标得分分别为78.46分、79.13分和79.26分，相对于前两项指标来说有一定的差距，说明信息资源产业的建设还不够完善，信息资源开发和利用水平不高，产业规模相对不足，因此，还存在一定的发展空间。

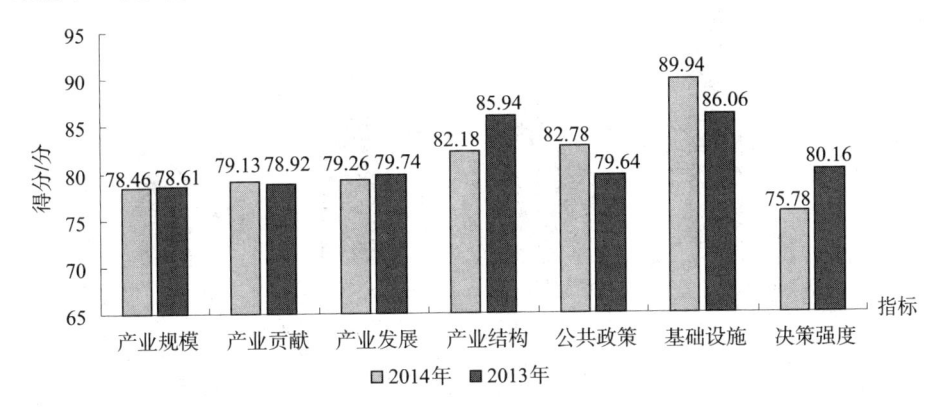

图1-3 2013年、2014年全国信息资源产业发展二级指标对比

1.5.2 信息资源产业区域排名基本稳定，部分省区市发力实现赶超

从表1-2可以看出，各省区市信息资源产业发展指数的综合排名与2013年相比有一定变化，但除少数几个省区市的排名变化较大外，其他省区市均只有微小变动。其中，河南、新疆和甘肃排名进步幅度较大，分别为进步11名、8名和5名，重庆、云南和海南排名倒退幅度较大，分别为6名、7名、5名。在具体指标上可以看到，河南、新疆和甘肃的产业环境指标与2013年相比有大幅提升，重庆、云南和海南的产业环境指标与2013年相比有大幅倒退，这是导致这些省区市综合排名变化幅度较大的主要原因。

1.5.3 信息资源产业区域发展不均衡，整体水平呈现"东高西低"

如图1-4所示，2014年，各地区信息资源产业发展的差距仍然很大。发展指数最高的7个省区市，即江苏、浙江、北京、广东、上海、山东和河南，均属于东部地区，且只有前六个省区市的发展指数高于全国平均水平，东部地区信息资源产业发展指数明显比中部、东北部和西部地区高。西部地区的信息资源产业发展相对落后，虽然有陕西、广西等信息资源产业发展水平较靠前的省区市，但信息资源产业发展指数最低的5个省区市，即西藏、贵州、宁夏、内蒙古和青海都属于西部地区。在增长速度上，2014年东部地区信息资源产业发展指数均值同比增长1.64%，而中部、东北部和西部地区分别同比增长0.32%、1.12%和0.63%，这说明东部地区发展速度也比其他三个地区快。虽然东部地区发展优势明显，但各地区之间存在的差距较大，信息资源产业发展的总体水平还有待提高。

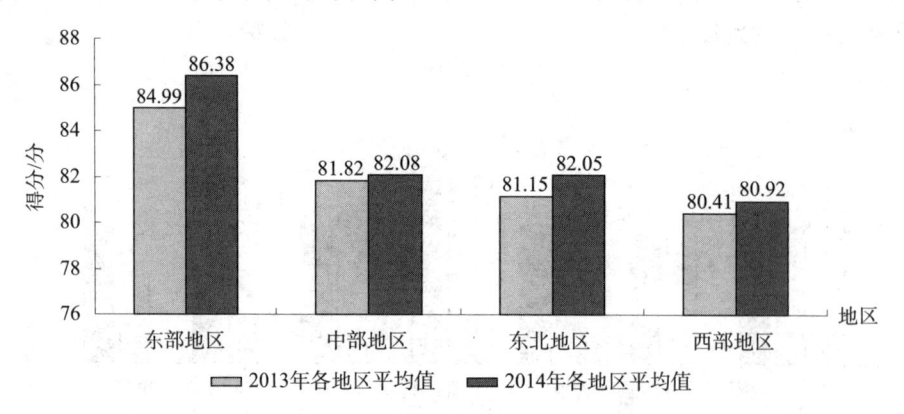

图 1-4 2013 年、2014 年各地区信息资源产业发展指数分布

1.5.4 信息资源产业发展指数与经济指数相辅相成

2014 年各省区市信息资源产业发展指数及人均 GDP 排名如表 1-5 所示。

表 1-5 2014 年各省区市信息资源产业发展指数及人均 GDP 排名

省区市	人均 GDP/元	人均 GDP 排名	发展指数 得分	发展指数 排名
天津	106796.02	1	82.71	10
北京	100864.38	2	90.37	2
上海	97554.77	3	87.01	5
江苏	81080.48	4	91.67	1
浙江	73032.02	5	89.47	4
内蒙古	71146.06	6	78.70	30
辽宁	65208.61	7	81.81	14
福建	63740.75	8	83.76	7
广东	63600.57	9	89.80	3
山东	61054.37	10	85.46	6
吉林	50172.32	11	79.10	26
重庆	48031.65	12	81.81	14
湖北	47192.69	13	83.64	8
陕西	46997.72	14	82.44	12
宁夏	42068.82	15	78.91	29

续表

省区市	人均 GDP/元	人均 GDP 排名	发展指数 得分	发展指数 排名
新疆	40913.75	16	81.37	17
湖南	40427.56	17	81.12	18
河北	40123.71	18	80.61	20
青海	39626.23	19	78.05	31
黑龙江	39215.96	20	80.48	21
海南	39101.96	21	79.60	25
河南	37116.84	22	82.50	11
四川	35200.02	23	81.63	16
山西	35151.91	24	80.65	19
江西	34737.02	25	80.12	23
安徽	34576.27	26	82.99	9
广西	33212.48	27	82.11	13
西藏	29510.00	28	79.02	27
云南	27343.04	29	80.34	22
甘肃	26470.93	30	79.81	24
贵州	26414.70	31	78.92	28

根据表 1-6 的信息资源产业发展指数和人均 GDP 的数据分析可得，两者的相关系数较大，为 0.67，根据这两变量制作散点图如图 1-5 所示。

表 1-6 人均 GDP 与信息资源产业发展指数的 Pearson 相关系数

变量	系数	发展指数	人均 GDP
发展指数	Pearson Correlation	1	0.670[①]
	Sig. (2-tailed)	—	0.000
	N	31	31
人均 GDP	Pearson Correlation	0.670[①]	1
	Sig. (2-tailed)	0.000	—
	N	31	31

①Correlation is significant at the 0.01 level (2-tailed).

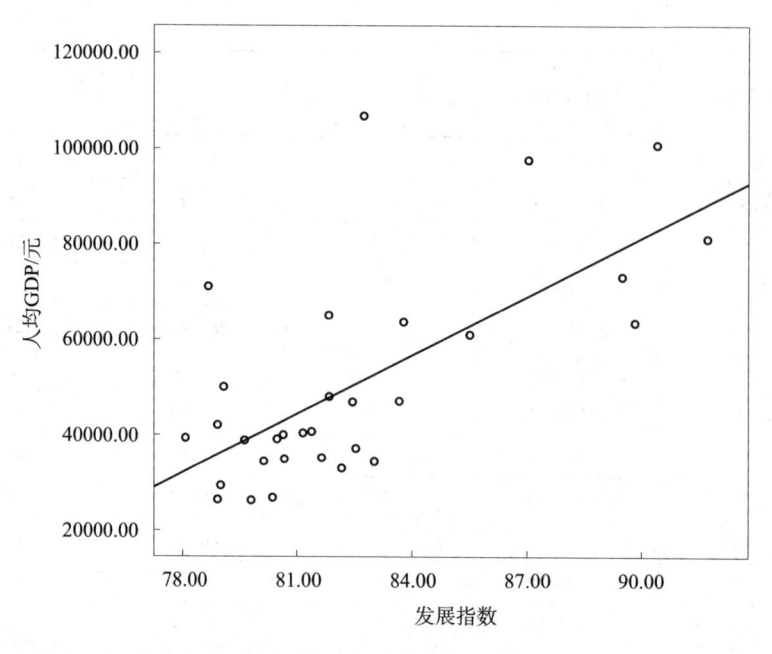

图 1-5　2014 年各省区市信息资源产业发展指数和人均 GDP 散点图

　　总体来说，经济发达的地区信息资源产业发展水平较高，经济落后的地区信息资源产业发展水平较低。然而也有一些值得关注的问题。根据各省区市的人均 GDP 排名来看，人均 GDP 排名前十位的省区市中有 8 个属于东部省市，充分体现了东部地区的经济发达程度，而在这 8 个省区市中只有北京、上海、浙江、福建和江苏的信息资源产业发展指数处于较高水平，天津的信息资源产业发展指数排名与经济排名的差距为 9，信息资源产业发展水平相对滞后于经济的快速发展，信息资源产业发展尚未成为推动该地区经济发展的新引擎。而内蒙古、吉林、宁夏和青海等西部地区由于人口稀疏、交通不便，使得信息资源产业发展指数不高，信息资源产业发展水平与经济排名差距分别为 24、15、14 和 12，从全国来看，其为信息资源产业发展水平与经济排名差距最大的 4 个省区市。我国西部地区水资源、矿产资源、天然气资源、旅游资源等自然资源十分丰富，但由于信息闭塞，信息资源未得到合理开发，丰富的资源未得到充分利用。应注重提高西部地区的信息资源开发与利用的能力，将各种潜在优势转化为现实生产力，继而推动经济发展。

　　中部的一些地区如安徽、河南等地的信息资源产业发展则要超前于经济发展水平，安徽和河南的信息资源产业发展水平与经济排名差距分别为 11 和 9，信息资源产业的发展无疑将成为这些省份的新增长点。

2 中国信息资源产业地区发展情况分析

为了具体分析我国 2014 年信息资源产业发展的实际情况，本章按传统的区域划分方式将我国分为华北、华东、华南、华中、西北、西南和东北七大区域并进行分析，分别从产业发展基本状况、一级指标（产业价值指标）分项分析与发展趋势分析 3 个角度展开研究。

2.1 华北地区发展情况分析

华北地区由二省一区二市组成，即河北、山西、内蒙古、天津和北京。在信息资源产业的发展上呈现不平衡态势，北京多项指标排名全国第一位；天津在某些指标上能够进入前十位；河北和山西大部分指标排在中等水平；内蒙古大部分指标排在靠后的位置。这表明华北地区虽然有北京这样发展很好的区域，但发展情况存在很大的不平衡，因此华北地区在保持北京优势发展的情况下，还应注意协调不同省区市城市之间的发展不平衡。

2.1.1 产业发展基本状况

华北地区信息资源产业综合排名并不高，虽然北京总体排名居全国第 2 位、天津居全国排名第 10 位，但平均排名为第 16 位。其主要原因是地区内部的差距较大，全国排名方差为 113。山西、河北、内蒙古的排名分别在第 19 位、第 20 位、第 30 位，处于比较靠后的位置（见表 2-1）。

表 2-1 2014 年华北地区信息资源产业发展指数得分及排名

省区市	$I_{RI}DI$ 得分	全国排名
北京	90.37	2
天津	82.71	10
山西	80.65	19
河北	80.61	20

续表

省区市	$I_{RI}DI$ 得分	全国排名
内蒙古	78.70	30
华北平均	82.61	16
方差	20.84	113

从图 2-1 可以看出，总体上华北地区整体的信息资源产业发展处于全国中等水平。从各省区市来看，北京作为我国首都，是我国政治、文化、交通、科研、教育中心，也是我国经济、金融的决策和管理中心。北京在产业价值和产业环境指标上位于前列，产业价值指标得分比华北地区平均水平高 8.88 分，比全国平均水平高 9.52 分；产业环境指标得分比华北地区平均水平高 6.65 分，比全国平均水平高 6.32 分。天津作为我国四个直辖市之一，近几年经济飞速发展，对信息资源产业有着较强的依赖，产业价值和产业环境指标排名在华北地区均处于靠前的位置，而在全国处于中等水平；河北、山西及内蒙古由于经济基础较为薄弱，信息产业起步较晚、发展较慢，与北京、天津均存在较大差距。河北、山西两省的产业价值及产业环境指标排名均处于中等靠后，而内蒙古更是处于末位，信息资源产业有待进一步发展。

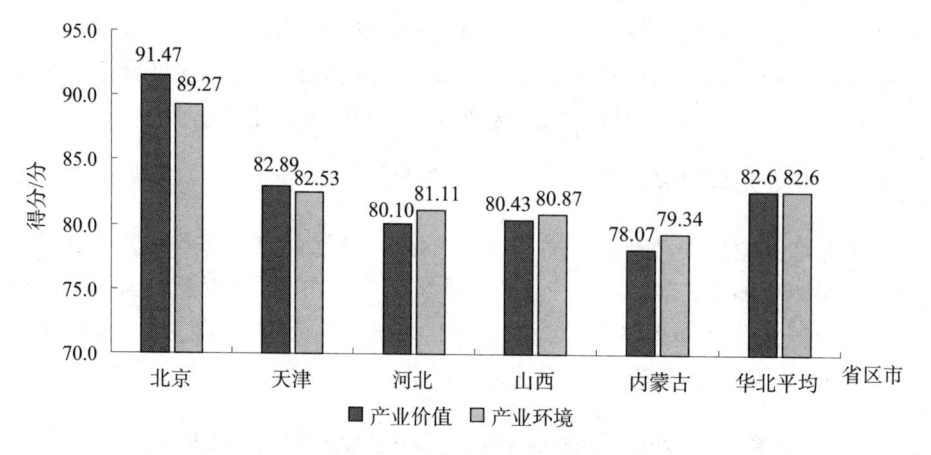

图 2-1　2014 年华北地区产业价值与产业环境

2.1.2　一级指标分项分析

从表 2-2 可以看出，华北地区信息资源产业发展在全国位于中等水平，但区域内部差异较大。华北地区有北京这样信息资源产业发展较好的城市，但大部分省市处于全国平均水平之下，内蒙古更是处于产业贡献和公共政策两个指标排名的末端，这使得华北地区信息资源产业的整体水平靠后。

表2-2 2014年华北地区信息资源产业价值指标得分与排名

二级指标	产业规模 得分	排名	产业贡献 得分	排名	产业发展 得分	排名	产业结构 得分	排名
北京	94.86	1	90.54	1	85.65	4	83.54	3
天津	77.59	12	83.97	5	80.17	11	81.85	24
河北	75.47	20	77.10	19	76.75	17	82.66	11
山西	74.15	24	78.90	15	75.47	21	84.03	1
内蒙古	73.94	25	75.01	28	73.95	26	81.82	25
华北平均	79.20	16	81.10	14	78.40	16	82.78	13
方差	78.75	100	38.85	118	21.71	74	0.98	128

从产业规模指标来看，华北地区平均水平与全国平均水平基本持平，但内部发展十分不平衡，产业规模指标的排名方差为100，产业规模指标平均值为79.20，各省区市排名平均值为16。北京的产业规模处于全国领先地位，天津位居全国中等水平，而河北、山西及内蒙古的排名分别为第20位、第24位、第25位，居于靠后的位置。

从产业贡献指标来看，华北地区平均水平略高于全国平均水平，说明华北地区的信息资源产业在该地区经济发展的贡献中占据较高的比重。其中北京以90.54分居全国第1位，比全国平均水平、华北平均水平分别高出11.41分、9.44分，体现了北京信息资源产业的产业贡献极高；天津以83.97分居全国第5位，而河北、山西以及内蒙古在产业贡献上的表现均低于全国平均水平（79.13）和华北省平均水平（81.10），说明这3个省区市信息资源产业贡献还有待提升。华北地区产业贡献排名方差为118，因此，就产业贡献指标来说，缩小地区差距，保持平衡发展对于华北地区而言已是当务之急。

从产业发展指标来看，相对于其他指标，华北地区产业发展情况并不理想，华北地区的产业发展指标总体水平较低。除北京居于第4位之外，其他省区市均未能进入全国前十位。在此情况之下，华北地区产业发展指标得分的平均值为78.40，低于全国平均水平（79.26）。指标排名的平均值为16，方差为74。

从产业结构指标来看，华北地区各省区市排名平均值为13，方差为128，这说明华北地区产业结构优化不平衡。山西、北京产业结构较好，得分排名分别为第1位、第3位；河北居第11位；而天津、内蒙古排名则相对靠后。

这表明华北地区信息资源产业结构优化程度区域差异较大，省市之间的不平衡有待协调。

如表2-3所示，从公共政策指标来看，华北地区各省区市在全国排名的平均值为第19位，指标得分的平均值为81.08，略低于全国平均水平（82.78）。在这一指标上，华北地区总体处于中下等水平，地区内各省区市发展非常不平衡。其中，北京居于全国第5位；河北处于全国中等水平；山西、内蒙古、天津分别位于全国第22位、第25位、第27位，居于相当落后的位置。

表2-3 2014年华北地区信息资源产业环境指标得分及排名

二级指标	公共政策 得分	公共政策 排名	基础设施 得分	基础设施 排名	决策强度 得分	决策强度 排名
北京	90.65	5	96.17	1	80.40	4
河北	81.31	16	89.30	14	72.00	22
山西	79.70	22	88.80	17	73.40	20
内蒙古	77.53	25	87.72	24	72.00	22
天津	76.21	27	91.52	8	79.00	7
华北平均	81.08	19	90.70	13	75.36	15
方差	32.45	79	11.25	77	16.27	77

从基础设施指标来看，华北地区各省区市在全国排名的平均值为第13位。指标得分的平均值为90.70，高于全国平均水平（89.94），位于全国上游水平。北京、天津分别位于全国排名第1位和第8位，河北、山西则处于全国中等水平，内蒙古位于全国第24名，较为落后。说明除内蒙古外，华北地区整体比较重视信息资源产业的基础设施配给。

从决策强度指标来看，华北地区各省区市在全国排名的平均值为第15位，处于中游水平。指标得分的平均值为75.36，略低于全国平均水平（75.78）。北京、天津分别以80.40分、79.00分居于全国第4位和第6位，而河北、山西、内蒙古则比较靠后。

2.1.3 发展趋势分析

从表2-4中可以看出。相比于2013年，2014年华北地区在产业规模、产业贡献、产业结构、基础设施方面表现稳定，平均分、方差变化不大；在产业发展指标方面，平均值无明显变化、方差增大，由6.20增至21.71；在公共政策指标方面,平均值无明显变化、方差增大,由18.10增至32.45;在决策强度指标方面,由于北京的该指标得分下降较大,导致了平均值下降,由81.53降至75.36,方差变小,由36.85降至16.27;由此可以看出,华北地区的主流发展趋势还是以平稳上升为主,但在产业发展和公共政策上区域内部差异逐渐拉大,北京作为2013年得分第一的省市在2014年却表现一般,特别在产业结构和决策强度上下降较大。

表2-4 2013年、2014年华北地区信息资源产业环境各项指标得分对比

华北地区		2013年	2014年	变化值
产业规模	平均值	79.34	79.20	-0.14
	样本方差	77.01	78.75	1.74
产业贡献	平均值	79.67	81.10	1.43
	样本方差	39.49	38.85	-0.64
产业发展	平均值	78.32	78.40	0.08
	样本方差	6.20	21.71	15.51
产业结构	平均值	86.63	82.78	-3.85
	样本方差	2.08	0.98	-1.10
公共政策	平均值	79.19	81.08	1.89
	样本方差	18.10	32.45	14.35
基础设施	平均值	88.36	90.70	2.34
	样本方差	16.41	11.25	-5.17
决策强度	平均值	81.53	75.36	-6.17
	样本方差	36.85	16.27	-20.58

2.2 华东地区发展情况分析

华东地区包括六省一市,即浙江、山东、江苏、安徽、福建、江西六省以及上海市。华东地区大部分省份处于东南沿海地区,地理条件优越,交通便利,经济发达。华东地区信息资源产业发展的整体水平在全国七大地区中处于明显的领先位置。

2.2.1 产业发展基本状况

华东地区信息资源产业总体情况较好,在全国七大地区中排名最靠前。

表2-5反映了华东地区各个省市信息资源产业发展指数得分以及全国排名,华东地区各省市信息资源产业发展指数得分排名的平均值为第8位。除了江西排在第23位,其余各省市均进入前十名,江苏更是位居全国首位。该地区各省市全国排名数的方差为51,表示区域内地方差异相对较小。

表2-5 2014年华东地区信息资源产业发展指数得分及排名

省市	$I_{RI}DI$得分	全国排名
江苏	91.67	1
上海	87.01	5
山东	85.46	6
福建	83.76	7
安徽	82.99	9
浙江	89.47	4
江西	80.12	23
华东平均	84.50	8
方差	23.53	51

产业价值指标是一个地区信息资源产业发展状况的总体体现。从图2-2可以看出,华东地区各省市中,江苏产业价值指标得分最高(91.19)。江苏、浙江是我国经济较为发达的省市,信息资源产业起步早,有着很强的经济基础。上海是我国最早开放的经济特区之一,也是我国的金融中心,这些地区对信息资源产业的依赖较强,信息资源产业所创造的产业价值也普遍较高。

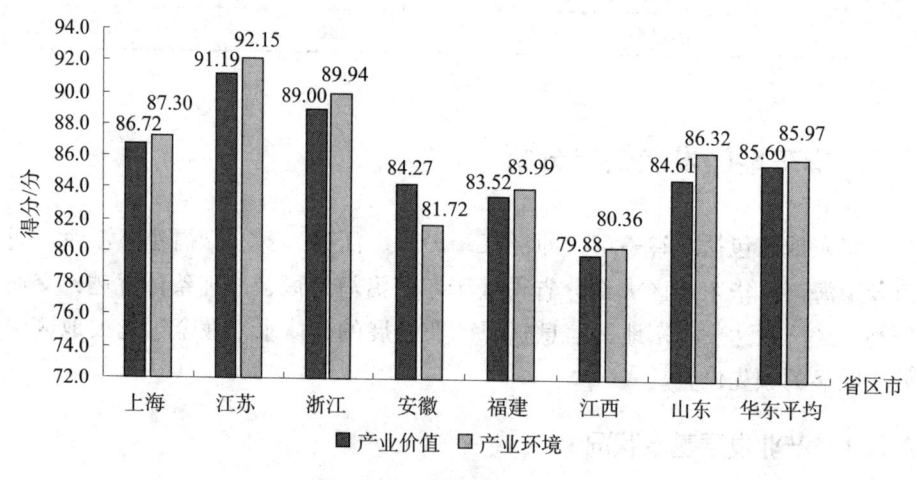

图2-2 2014年华东地区产业价值与产业环境

山东、安徽、福建三省的信息资源产业在全国层面上处于领先地位，但相比于华东地区的其他省份，其产业价值指标得分属中等水平。而江西省，其经济发展与上述省份有较大差距，经济基础较为薄弱，信息资源产业发展起步晚，产业价值指标得分在华东地区中位于最后。

产业环境指标反映该地区产业发展环境优化程度的相对水平。从图2-2可以明显看出，江苏、浙江两省的产业环境指标得分处于华东地区领先位置，其次是上海、山东、福建，而安徽、江西的产业环境指标得分则相对较低。

2.2.2 一级指标分项分析

华东地区的信息资源产业总体发展水平相对较高。由表2-6可知，在产业规模指标上，江苏的指标得分最高，排在全国第3位；浙江、上海、山东紧随其后，分列第4位、第5位、第6位；安徽排在全国第8名。而福建和江西尽管与上述省份差距较大，但在全国的排名也较为靠前。整体来看，华东地区各省市信息资源产业规模水平在全国处于领先地位，且区域内部各个省市的排名方差为18，说明各省市发展较为均衡。

表2-6 2014年华东地区信息资源产业价值与产业环境分项分析

二级指标	产业规模		产业贡献		产业发展		产业结构	
	得分	排名	得分	排名	得分	排名	得分	排名
江苏	89.60	3	86.57	2	94.70	2	83.08	7
浙江	88.30	4	84.26	4	89.40	3	83.32	4
上海	83.97	5	84.92	3	83.67	7	83.92	2
山东	83.17	6	77.62	18	85.41	5	82.62	12
安徽	80.58	8	81.44	9	82.50	9	83.11	6
福建	78.30	11	80.56	11	82.98	8	83.07	8
江西	77.00	15	76.40	22	75.07	22	82.58	13
华东平均	82.99	7	81.68	10	84.82	8	83.10	7
方差	22.77	18	14.45	60	37.35	45	0.21	16

从产业贡献指标来看，华东地区平均水平较高、排名靠前，这表明相比于其他地区，华东地区信息资源产业在该地区经济发展中占据相对较高的比重。产业贡献指标得分平均值为81.68，各省市全国排名的平均值为第十位。浙江、上海、江苏在产业贡献指标上的得分位于全国领先的位置；安徽进入前十名；福建、山东属于中等水平；而江西排名位于全国中下游。整体来看，华东地区各省市产业贡献水平较高，但各省市间不平衡，指标得分排名方差

为 60。

从产业发展指标来看，华东地区表现非常突出。产业发展指标描述了一个地区自 2004 年来信息资源产业动态发展程度的相对水平，反映了一个地区信息资源产业发展速度的相对快慢。由于产业发展指标描述的并非是一个地区信息资源产业增长的绝对产值，而是一个相对值，因此该指标也可以揭示未来该地区信息资源产业发展的趋势。在该指标上华东地区各省市全国排名的平均值为第 8 位，华东地区该项指标得分的平均值为 84.82。除江西之外，其余各省市均位于全国前十名，其中江苏、浙江两省分列全国第 2 位、第 3 位。而江西的产业发展指标得分仅仅位于全国第 22 名，与本地区的其他省市差距较大。由于江西本身信息资源产业基数不高，加之发展缓慢，未来与其他省市的差距很可能还会继续扩大。

从产业结构指标来看，华东地区的得分在全国排名的平均值为第 7 位。除了山东和江西处于中等水平之外，其他省市均位于全国前 10 位，各省市间差距较小，指标得分排名的方差仅为 16，这表明华东地区信息资源产业结构整体状况较好。

如表 2 – 7 所示，公共政策指标反映该地区信息资源产业政策环境优化程度的相对水平，华东地区该项指标得分在全国排名的平均值为第 9 位，指标得分的平均值为 87.12。总体处于中上等水平，但地区内各省市之间发展非常不平衡。其中浙江、江苏排在全国第 2 位、第 3 位；山东、福建、上海也位于全国前十名；安徽位于第 13 名，处于全国中上游水平；江西位于全国第 21 名，位于比较落后的位置。因此，对于公共政策指标来说，缩小地区差距、保持均衡发展是华东地区有关省市的当务之急。

表 2 – 7 2014 年华东地区信息资源产业价值与产业环境分项分析

二级指标	公共政策	排名	基础设施	排名	决策强度	排名
浙江	95.60	2	94.83	6	79.00	7
江苏	95.44	3	95.76	3	84.95	2
山东	86.71	7	95.25	4	76.20	12
福建	85.29	9	92.20	7	73.75	17
上海	85.28	10	96.11	2	79.70	6
安徽	81.72	13	90.64	9	72.00	22
江西	79.78	21	88.57	18	72.00	22
华东平均	87.12	9	93.34	7	76.80	13
方差	38.54	42	8.46	29	22.57	64

华东地区各省市基础设施指标得分在全国排名的平均值为第7位，指标得分的平均值为93.34，位于全国上游水平。但地区各省市之间形成了两极格局，江西位于全国第18名，处于全国中游的位置，而其余省份均位于全国前十名。因此，江西应加紧信息资源产业相关基础设施的建设，特别是地方政府应在这方面给予更多的重视和支援。

华东地区各省市决策强度指标得分在全国排名的平均值为第13位，处于中游水平，指标得分的平均值为76.80。相对于其他指标，华东地区在决策强度指标上的表现相对较差。其中安徽和江西均位于全国落后水平；江苏、上海、浙江位于全国前十名；山东、福建省处于中游水平。决策强度指标反映了地方政府部门对信息资源产业发展重视程度和工作强度的相对水平，这表明华东地区政府部门整体对于信息资源产业重视程度一般，且华东地区该指标得分排名的方差为64，说明华东地区各省市对于信息资源产业重视程度差异较大。

2.2.3 发展趋势分析

从表2-8中可以看出。相比于2013年，2014年华东地区在产业规模、产业贡献、产业发展、产业结构方面表现稳定，平均分、方差变化不大；在公共政策指标方面，平均值增高，由83.76增至87.12；方差减小，由50.19降至38.54；在基础设施指标方面，平均值增高，由89.90增至93.34；方差减小，由17.44降至8.46；在决策强度指标方面，平均值下降，由80.86降至76.80；方差增大，由12.74增至22.57；华东地区的主流发展趋势以平稳上升为主。特别在基础设施方面，区域整体提升较大，江西的提升也使得区域内部差异降低。虽然在决策强度上区域内部差异增大，但是华东地区信息资源产业发展的整体领先位置将会继续保持。

表2-8 2013年、2014年华东地区信息资源产业环境各项指标得分对比

华东地区		2013年	2014年	变化值
产业规模	平均值	83.18	82.99	-0.19
	样本方差	21.77	22.77	0.99
产业贡献	平均值	80.49	81.68	1.19
	样本方差	7.14	14.45	7.30
产业发展	平均值	85.27	84.82	-0.45
	样本方差	41.07	37.35	-3.71

续表

华东地区		2013年	2014年	变化值
产业结构	平均值	87.16	83.10	-4.06
	样本方差	1.92	0.21	-1.71
公共政策	平均值	83.76	87.12	3.36
	样本方差	50.19	38.54	-11.65
基础设施	平均值	89.90	93.34	3.44
	样本方差	17.44	8.46	-8.98
决策强度	平均值	80.86	76.80	-4.06
	样本方差	12.74	22.57	9.83

2.3 华南地区发展情况分析

华南地区包括广东、广西以及海南二省一区。华南地区毗邻我国南海，其中广东经济发达，而海南和广西经济相对落后。广东和海南的一些地级市是我国最早的沿海开放城市，也是我国高新技术产业的聚集地之一。整体来看，华南地区的信息资源产业发展水平排在全国中等的位置，虽然广东信息资源产业发展比较靠前，但广西和海南均比较落后，各省之间差异较大。

2.3.1 产业发展基本状况

如图2-3所示，无论是产业价值还是产业环境，广东都处于华南地区的领先地位，广西次之，然后是海南。其中广东产业价值指标得分为91.70，居于全国第1位；产业环境指标得分为87.90，居于全国第4位；信息资源产业

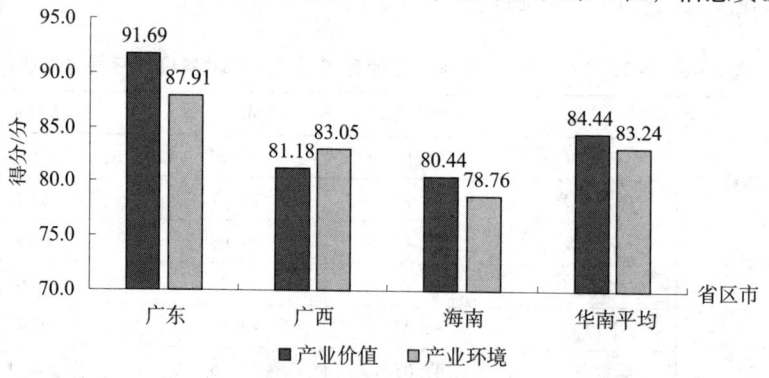

图2-3 2014年华南地区产业价值与产业环境

发展指数得分为 89.80，居于全国第 3 位。因此广东信息资源产业比较发达，在产业价值与产业环境方面的表现都较为领先。

相比之下，广西和海南的信息资源产业发展相对落后。海南在产业价值指标上得分为 80.44，排在全国第 17 位；产业环境指标上得分为 78.76，排在全国第 31 位；信息资源产业发展指数得分为 79.60，排在全国第 25 名的位置。广西的产业价值指标得分为 81.18，居于全国第 14 位；产业环境指标得分为 83.05，居于全国第 12 位；信息资源产业发展指数得分为 82.11，排名全国第 13 位；处于全国中游位置。表 2-9 反映了华南地区各省区市信息资源产业发展指数得分及排名状况。

表 2-9 2014 年华南地区信息资源产业发展指数得分及排名

省区市	$I_{RI}DI$ 得分	全国排名
广东	89.80	3
广西	82.11	13
海南	79.60	25
华南平均	83.84	14
方差	28.26	121

2.3.2 一级指标分项分析

华南地区信息资源产业发展水平总体处于全国中上游的位置。表 2-10 反映了华南地区 3 个省区市在产业价值与产业环境指标分项的具体得分及排名情况。其中华南地区的产业规模指标平均得分为 81.60，3 个省区市在全国排名的平均值为第 14 位。其中广东排名第 2 位，而海南、广西的产业规模发展水平相对落后，分别排在全国第 17 位、第 23 位。产业规模指标得分方差为 118.29，其中广西、海南之间的差距不大，而广东产业规模指标得分较高，与其他两个省区市有着较大的差距。

表 2-10 2104 年华南地区信息资源产业价值得分与排名

二级指标	产业规模	排名	产业贡献	排名	产业发展	排名	产业结构	排名
广东	94.12	2	82.36	6	96.61	1	82.51	14
广西	76.18	17	81.50	8	77.54	15	81.77	27
海南	74.50	23	79.61	13	76.23	18	83.00	9
华南平均	81.60	14	81.16	9	83.46	11	82.43	17
方差	118.29	117	1.98	13	130.19	82	0.38	86

华南地区产业贡献指标平均得分为81.16，各省区市全国排名平均值为第九位；广东、广西、海南分别排在全国第6位、第8位、第13位。总体来看，华南地区信息资源产业对全地区总体经济发展贡献的相对水平较高，三省均处于全国中上游水平。华南地区该指标得分排名的方差为13，表明该地区内各省区市之间差距较小。

华南地区的产业发展指标平均得分为83.46，各省区市在全国排名的平均值为第11位，地区排名的方差为82，各省区市之间的差距比较大。其中广东排名位居全国首位，信息资源产业发展非常迅速，广西、海南两省区市位于全国中游，分列第15位、第18位。总体来看，华南地区各省区市在产业发展指标上排在全国中上游，但由于地区间差异较大，平均得分并不能体现整个地区的信息资源产业发展状况。因此，加强区域内各省区市之间的交流、互助对于华南地区信息资源产业的均衡发展至关重要。

华南地区的产业结构指标平均得分为82.42，3个省区市在全国排名的平均值为第17位。海南、广东、广西分别排在第9位、第14位、第27位，地区整体排名处于全国中游位置。其中，海南的信息资源产业结构优化程度的相对水平较高，广东则位于中等，而广西相对落后。该指标得分排名的方差为86，也说明3个省区市在产业结构的优化程度上差距较大。

如表2-11所示，华南地区公共政策指标平均得分为84.33，各省区市在全国排名的平均值为第15位；基础设施指标平均得分为90.42，各省区市全国排名的平均值为第16位；决策强度指标平均得分为74.33，各省区市全国排名的平均值为第17位。

表2-11 2014年华南地区信息资源产业环境得分与排名

二级指标	公共政策	排名	基础设施	排名	决策强度	排名
广东	96.06	1	95.08	5	72.00	22
广西	81.42	15	88.25	20	79.00	7
海南	75.51	29	87.92	22	72.00	22
华南平均	84.33	15	90.42	16	74.33	17
方差	111.87	196	16.36	86	16.33	75

华南地区各省区市在公共政策和基础设施两项指标上的表现较为相似，都是广东位于全国前列，广西排在全国中游或下游，而海南则处于比较落后的位置，地区间形成了三级阶梯的结构。由于广东开放较早，地区经济比较发达，从而带动了本省信息资源产业发展环境的改善，产业政策环境的优化

程度比较高。广西和海南应向同一地区的广东借鉴这两方面的信息资源产业环境的优化经验，缩小地区间的差距。在决策强度方面，广西以 79.00 居于全国第 7 位，而广东和海南排在比较落后的位置。

2.3.3 发展趋势分析

从表 2-12 中可以看出。相比于 2013 年，2014 年华南地区在产业规模、产业贡献、产业结构、基础设施方面表现稳定，平均分、方差变化不大；在产业发展指标方面，平均值无明显变化、方差增大，由 99.32 增至 130.19；在公共政策方面，由于广东的大幅度提升，使得地区平均值增加，然而地区内部不平衡更加严重，方差由 24.31 增至 111.87；在决策强度方面，平均值下降，由 80.98 降至 74.33，方差无明显变化。由此可以看出，华南地区在信息资源产业发展较为平稳，整体水平逐步提高，但是区域内部差异明显且不断增大。

表 2-12　2013 年、2014 年华南地区信息资源产业环境各项指标得分对比

华南地区		2013 年	2014 年	变化值
产业规模	平均值	81.75	81.60	-0.15
	样本方差	119.11	118.29	-0.82
产业贡献	平均值	81.26	81.16	-0.10
	样本方差	1.65	1.98	0.32
产业发展	平均值	83.22	83.46	0.24
	样本方差	99.32	130.19	30.87
产业结构	平均值	85.75	82.43	-3.32
	样本方差	0.20	0.38	0.18
公共政策	平均值	78.91	84.33	5.43
	样本方差	24.31	111.87	87.57
基础设施	平均值	87.58	90.42	2.84
	样本方差	23.25	16.36	-6.88
决策强度	平均值	80.98	74.33	-6.64
	样本方差	18.00	16.33	-1.67

2.4 华中地区发展情况分析

华中地区包括湖南、湖北以及河南3个省份。3个省份均是我国的人口大省，由于地处内陆，经济发展比东南沿海相对落后。总体来看，华中地区的信息资源产业发展水平处于全国中等位置，其中湖北比较靠前，湖南比较靠后。与2014年情况相比，湖北基本持平，稳步发展；河南上升幅度比较大；湖南有发展滞后的趋势。

2.4.1 产业发展基本状况

图2-4和表2-13反映了华中地区在产业价值与产业环境指标上的表现状况。湖北、河南、湖南3省在2015年信息资源产业发展指数上的表现分别排在全国第8位、第11位、第18位。就产业价值指标来说，湖北得分为84.04，河南得分为78.96，湖南得分为80.69。其中湖北的产业价值指标表现较好，排在全国第8位，湖南排在全国第15位，处于中游水平，而河南排在第23位，处于比较落后的位置；就产业环境指标来说，3个省份有部分差距，河南得分86.03，表现较好，湖北得分为83.24，处于全国中游水平，湖南得分为81.54，处于比较落后的位置，河南、湖北、湖南分别排在全国第7位、第11位、第20位。

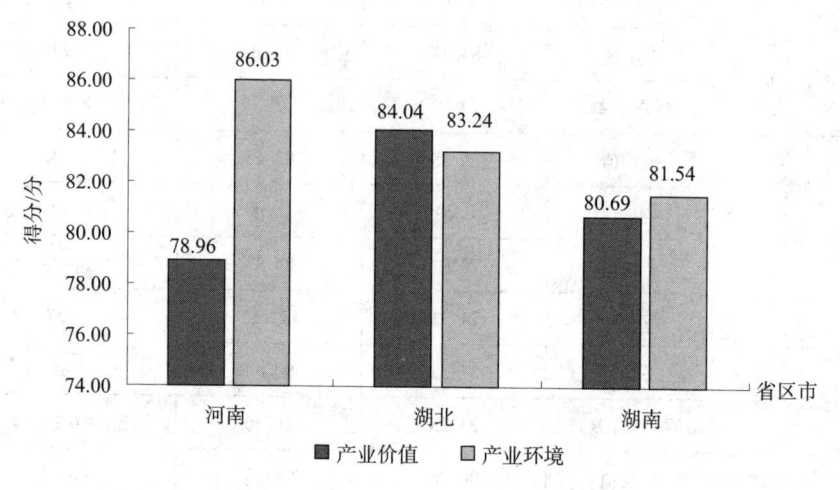

图2-4 2014年华中地区产业价值与产业环境分布

表 2-13　2014 年华中地区信息资源产业发展指数得分及排名

省份	$I_{RI}DI$ 得分	全国排名
湖北	83.64	8
河南	82.50	11
湖南	81.12	18
华中平均	82.42	12
方差	1.59	26

2.4.2　一级指标分项分析

华中地区信息资源产业发展总体水平处于全国中游，表 2-14 反映了华中地区各省份在产业价值与产业环境分项指标上的具体表现。

表 2-14　2014 年华中地区信息资源产业价值得分与排名

省份	产业规模	排名	产业贡献	排名	产业发展	排名	产业结构	排名
湖北	81.21	7	81.58	7	84.77	6	80.77	29
河南	75.98	18	74.66	31	74.53	24	82.40	16
湖南	79.46	10	76.42	21	76.15	19	82.19	19
华中平均	78.88	12	77.56	20	78.48	16	81.79	21
方差	7.08	32	12.92	145	30.27	86	0.78	46

华中地区产业规模指标得分均值为 78.88，各省份在全国排名的平均值为第 12 位，处于比较靠前的位置。湖北、湖南、河南分列全国第 7 位、第 10 位、第 18 位，湖北产业规模较大，而河南发展规模十分滞后。3 个省指标得分的方差为 7.08，排名方差为 32，区域内各省份之间的差距较小。

华中地区产业贡献指标得分均值为 77.56，各省份在全国排名的平均值为第 20 位。其中，湖北排在全国第 7 位，表明湖北信息资源产业对其总体经济发展贡献的相对水平比较高。而相比之下，河南、湖南则分别排在第 31 位、第 21 位，处于全国下游水平。这也造成了地区间产业贡献指标表现的不平衡，各省份之间差距较大。

华中地区产业发展指标得分均值为 78.48，各省份在全国排名的平均值为第 16 位。其中，湖北信息资源产业发展程度的相对水平很高，排在全国第 6 位，而湖南处于全国中下游水平，河南则处于全国严重落后的情况，分别排在全国第 19 位和第 24 位。区域内各省份之间的差距较大。

华中地区的产业结构指标得分均值为 81.79，各省份在全国排名的平均值为第 25 位。湖南、河南、湖北分别排在全国第 19 位、第 16 位和第 29 位，均处于比较落后的位置，表明华中地区各省份信息资源产业结构优化程度的相对水平较低。

如表 2-15 所示，华中地区公共政策指标得分均值为 86.12，3 个省份在全国排名的平均值为第 11 位；基础设施指标得分均值为 89.07，3 个省份全国排名的平均值为第 16 位；决策强度指标得分均值为 75.15，3 个省份全国排名的平均值为第 14 位。总体来看，华中地区各省份在产业环境各分项指标上的表现位于全国中游偏后水平。其中，河南在决策强度指标上的排名比较靠前，湖北在 3 项指标上的排名都比较靠前，各个省份之间的差距较明显。

表 2-15 2014 年华中地区信息资源产业环境得分与排名

省份	公共政策	排名	基础设施	排名	决策强度	排名
湖北	84.67	11	89.68	12	74.80	15
河南	92.63	4	88.41	19	76.90	10
湖南	81.06	18	89.14	16	73.75	17
华中平均	86.12	11	89.07	16	75.15	14
指数方差	35.09	49	0.41	12	2.57	13

2.4.3 产业发展趋势分析

华中地区信息资源产业发展目前的总体水平还处于全国的中等位置，湖北的产业发展比较良好，指标分数较高，发展趋势趋于稳固。而湖南和河南两个省份在各方面都处在全国中游，发展空间较充足，其中河南近两年来增长趋势明显，比如在公共政策指标上的排名也比较靠前；湖南略微呈现出发展衰减的情况（见表 2-16）。

表 2-16 2013 年、2014 年华中地区信息资源产业环境各项指标得分对比

华中地区		2013 年	2014 年	变化值
产业规模	平均值	79.13	78.88	-0.25
	样本方差	4.09	7.08	2.99
产业贡献	平均值	77.69	77.56	-0.13
	样本方差	12.03	12.92	0.89

续表

华中地区		2013 年	2014 年	变化值
产业发展	平均值	79.64	78.48	-1.16
	样本方差	16.27	30.27	14.00
产业结构	平均值	84.68	79.00	-2.89
	样本方差	0.40	0.78	0.38
公共政策	平均值	79.43	86.12	6.69
	样本方差	0.50	35.09	34.59
基础设施	平均值	85.23	89.07	3.84
	样本方差	0.40	0.41	0.01
决策强度	平均值	79.58	75.15	-4.43
	样本方差	1.93	2.57	0.64

2.5 西北地区发展情况分析

西北地区包括陕西、甘肃、青海、新疆、宁夏三省二区，其信息资源产业总体发展水平位于全国七大区域之末，各项指标均处于相对落后的位置。与 2013 年相比，甘肃和新疆的发展水平上升较明显，其余省区市发展缓慢。其中，最为严峻的是基础设施方面，西北地区 5 个省区市在这项指标上的表现为陕西处于全国靠前的位置，其余省区均处于全国中等靠后的位置，全国排名的平均值为第 19 位，严重制约了该区域信息资源产业的发展，需要加大基础设施配套力度，为信息资源产业的发展提供保障。

2.5.1 产业发展基本状况

从信息资源产业发展指数的得分来看，西北地区信息资源产业发展现状较为严峻，西北地区发展指数平均得分为 80.12，低于全国平均水平（82.45），各省区在全国排名的平均值为第 23 位，5 个省区中陕西处于全国靠前位置，新疆处于中等位置，而甘肃、宁夏和青海则基本处于全国末位，分别排在第 24 位、第 29 位和第 31 位。因此，西北地区需要加大发展信息资源产业的发展力度（见表 2-17）。

表 2-17 2014 年西北地区信息资源产业发展指数得分及排名

省区市	$I_{RI}DI$ 得分	全国排名
陕西	82.44	12
新疆	81.37	17
甘肃	79.81	24
宁夏	78.91	29
青海	78.05	31
西北平均	80.12	23
方差	3.20	64

如图 2-5 所示，从产业价值指标来看，西北地区的平均得分为 78.89，低于全国平均水平（81.87 分），区域内只有陕西的得分为 82.15，高于全国平均水平；从产业环境指标来看，西北平均的平均得分为 81.35，低于全国平均水平（83.04），并且除新疆以外 4 个省区均位于全国平均水平之下，这表明西北地区信息资源产业的发展环境比较严峻，需要加大产业环境的建设力度。

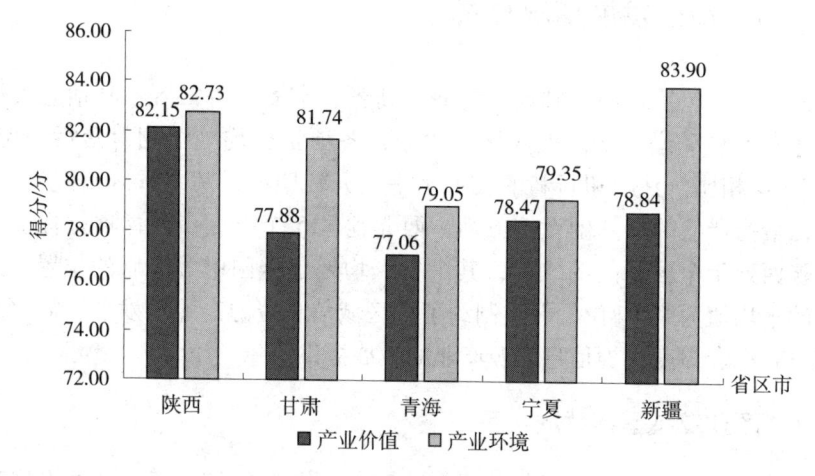

图 2-5 2014 年西北地区产业价值与产业环境分布

2.5.2 一级指标分项分析

如表 2-18 所示，从产业规模指标来看，西北地区的平均得分为 73.67，低于全国平均水平（78.46），各省区在全国排名的平均值为第 26 位。西北地区除陕西处于全国较靠前的水平之外，其余 4 省区均位于全国排名的靠后位置，其中，新疆和甘肃分别排在全国第26位和第28位，但相比于2013年有小幅度的提升。因此，西北地区还需要持续扩大信息资源产业的发展规模。

表2-18 2014年西北地区信息资源产业价值得分及排名

省份	产业规模	排名	产业贡献	排名	产业发展	排名	产业结构	排名
陕西	77.24	14	80.45	12	79.47	12	82.76	10
新疆	73.38	26	75.12	27	77.40	16	81.82	25
甘肃	72.95	28	75.54	25	73.60	28	81.93	23
宁夏	72.46	29	76.48	20	74.56	23	82.51	14
青海	72.30	31	75.64	23	72.89	31	80.85	28
西北平均	73.67	26	76.65	21	75.58	22	81.97	20
方差	4.17	45	4.77	34	7.66	64	0.55	59

从产业贡献指标来看，西北地区的平均得分为76.65，低于全国平均水平（79.13）。在这一指标上，陕西以80.45分处于全国第12名的位置，产业贡献较为充分，宁夏与2013年相同处于中等偏下水平，而新疆和甘肃则处于落后位置。

从产业发展指标来看，西北地区的平均得分为75.58，低于全国平均水平（79.26），各省区在全国排名的平均值为第22位。新疆和陕西在这一指标上的表现与其他指标相比具有一定优势，而宁夏排在第23位，较2013年有一定程度提升，甘肃排在第28位，处于落后的位置，青海则排在全国第31位，位居最末。

从产业结构指标来看，西北地区的平均得分为81.97，低于全国平均水平（82.18），各省区在全国排名的平均值为第20位。在这一指标上，陕西排在全国第10位，总体表现优秀；宁夏排在第14位，表现较2013年有所提升，甘肃排在第23位，处于中等偏后水平；新疆排在第25位处于落后位置。

如表2-19所示，从公共政策指标来看，西北地区的平均得分为79.79，低于全国平均水平（82.78），各省区在全国排名的平均值为第20位。宁夏以75.77分排在全国第28位，排名落后；甘肃与新疆则分别排在第17位、第19位，处于中等偏后水平；而陕西排名则相对靠前，处于全国前十名的位置，与西北地区其他省份相比，存在较大优势，政策扶持力度较大，表现优良，值得其他省份学习。

表 2-19 2014 年西北地区二级指标得分及排名

省区市	公共政策 得分	公共政策 排名	基础设施 得分	基础设施 排名	决策强度 得分	决策强度 排名
陕西	86.40	8	89.23	15	72.00	22
新疆	80.92	19	91	23	82.50	3
甘肃	81.30	17	86.79	29	76.67	11
宁夏	75.77	28	87.22	27	74.33	16
青海	74.56	30	86.39	30	75.50	12
西北平均	79.79	20	87.51	25	76.20	13
方差	22.69	79	1.24	37	15.38	49

从基础设施指标来看，西北地区的平均得分为 87.51，低于全国平均水平 (89.94)，各省区在全国排名的平均值为第 25 位。在这一指标上，排名最高的陕西排在全国第 15 位，较 2013 年上升了 11 位，说明陕西的基础设施发展情况良好。而其他地区排名均位于全国落后位置，这反映了西北地区信息资源产业基础设施的建设水平相对落后，需要加大基础设施配套力度，为信息资源产业发展提供更为有利的基础条件。

从决策强度指标来看，西北地区的平均得分为 76.20，低于全国平均水平 (75.78)，指标得分的方差为 15.38，各省区在全国排名的平均值为第 13 位。新疆地区决策强度位于全国第 3 位，充分体现了新疆在发展信息资源产业领域上的政策决心。

2.5.3 产业发展趋势分析

如表 2-20 所示，目前西北地区信息资源产业发展的总体水平还处于全国靠后位置，陕西的产业发展比较良好，指标分数较高，发展趋势趋于稳固。新疆的指标分数排名上升明显，处于全国中游位置，在决策强度的大力促进下，新疆发展的上升趋势将十分明显。甘肃发展也较良好，相比 2013 年有小幅度的上升。而青海和宁夏两个省区各方面都处在全国末端，发展滞后，两省区的各项指标都未呈现出上升趋势，还需在各方面优化提升，为信息资源产业发展提供良好的环境。

表2-20 2013年、2014年西北地区信息资源产业环境各项指标得分对比

西北地区		2013年	2014年	变化值
产业规模	平均值	73.75	73.67	-0.08
	样本方差	3.58	4.17	0.59
产业贡献	平均值	78.08	76.65	-1.43
	样本方差	23.12	4.77	-18.35
产业发展	平均值	76.35	75.58	-0.77
	样本方差	7.37	7.66	0.29
产业结构	平均值	85.38	81.97	-3.41
	样本方差	0.55	0.55	0.26
公共政策	平均值	77.19	79.79	2.60
	样本方差	6.28	22.69	16.41
基础设施	平均值	80.09	87.51	7.42
	样本方差	0.41	1.24	0.83
决策强度	平均值	78.51	76.20	-2.31
	样本方差	0.74	15.38	14.64

2.6 西南地区发展情况分析

西南地区包括三省一区一市，即云南、四川、贵州和西藏及重庆。在整体水平上西南地区信息资源产业发展相对落后，除了重庆和四川的排名相对靠前之外，其他省区市还需要在各方面加大信息资源产业的发展力度，与2013年一样，需要注重信息资源产业结构的调整，以及基础设施的配套，从而促进西南地区信息资源产业的良好发展。

2.6.1 产业发展基本状况

西南地区信息资源产业发展指数总体得分较低，5个省区市得分在全国排名的平均值为第22位，重庆以81.81分排在全国第15位，四川处于中等水平，而云南、贵州和西藏排名比较靠后，分别排在第22位、第27位、第28位（见表2-21）。

表 2-21 2014 年西南地区信息资源产业发展指数得分及排名

省区市	$I_{RI}DI$ 得分	全国排名
重庆	81.81	15
四川	81.63	16
云南	80.34	22
西藏	79.02	27
贵州	78.92	28
西南平均	80.32	22
方差	1.90	36

西南地区在产业价值及产业环境两项指标上的总体水平都比较落后，从各省区市情况来看，只有重庆在产业环境及产业价值两项指标上的得分均高于西南地区平均水平，四川在产业环境指标上的得分高于西南地区平均水平，云南在产业价值指标上的得分高于西南地区平均水平，而贵州和西藏在产业价值和产业环境两项指标上的得分均低于该地区的平均水平。在产业价值指标的排名上，西南地区有两个省区市排在全国的最后两位，分别是贵州（31）和西藏（30）；在产业环境指标上，相比 2013 年有了小幅度的提升，西藏排在第 19 位，上升了 10 位（见图 2-6）。

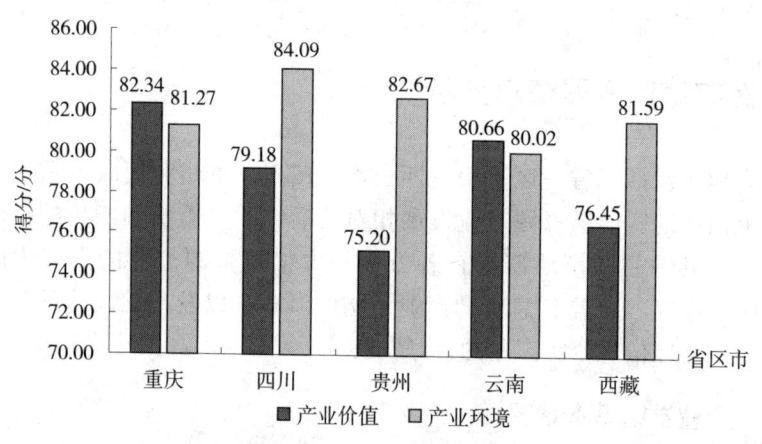

图 2-6 2014 年西南地区产业价值与产业环境分布

2.6.2 一级指标分项分析

西南地区由于其经济及地理位置原因，在信息资源产业各项指标得分上并不理想，落后于全国平均水平，只有重庆的某几项指标得分能进入全国前十名，而贵州和西藏在多项指标上均处于全国末端的位置，因此西南地区在信息资源产业的发展力度上还需要下功夫。

从产业规模指标来看，西南地区 5 个省区市均未能进入全国前十位，5 个省区市指标得分排名的平均值为第 21 位，四川和重庆仅排在全国的第 13 位和第 16 位，较 2013 年有所下降，而云南、贵州及西藏均排在靠后的位置，说明西南地区信息资源产业规模目前还较落后，有较大的发展空间。

就产业贡献指标而言，西南地区各省区市在全国排名的平均值为第 21 位，处于相对靠后的位置。其中，重庆以 80.70 分排在全国第 10 位，云南以 79.12 分排在第 14 位，而产业规模得分相对靠前的四川在这一指标上的表现则排在全国第 30 位，说明四川虽然有着比较良好的产业规模，但是未充分挖掘信息资源产业的经济效益和社会效益的问题并没有在 2013 年的发展中得到改善，没能发挥其在地区经济发展中的贡献。

从产业发展指标来看，西南地区各省区市在全国排名的平均值为第 22 位，其中重庆排在全国第 10 位，云南排在第 14 位，而四川、西藏和贵州则分别排在第 27 位、第 29 位、第 30 位。产业发展指数在一定程度上可以揭示该地区信息资源产业的未来发展态势，西南地区各省区市在这一指标上表现落后，不仅意味着该地区在信息资源产业发展方面依然与全国其他地区存在一定差距，西藏和贵州出现了指标分数下降的现状，发展趋势表现出疲软滞后的态势，说明这两个省区市的发展力度还需加强。

从产业结构指标来看，西南地区各省区市在全国排名的平均值为第 20 位，其中，只有重庆排在第 5 位，2013 年排在第十位的云南下降到了第 21 位，而四川、贵州及西藏也均排在靠后的位置，表明西南地区信息资源产业结构尚不够优化，且在云南出现了大幅度发展滞后的现象，只有重庆展现出了良好的发展趋势，说明在今后有必要对西南地区产业结构进行适当的调整（见表 2-22）。

表 2-22　2014 年西南地区信息资源产业价值得分与排名

省区市	产业规模 得分	排名	产业贡献 得分	排名	产业发展 得分	排名	产业结构 得分	排名
重庆	76.36	16	80.70	10	80.25	10	83.15	5
四川	77.40	13	74.91	30	73.95	27	82.19	19
贵州	73.21	27	75.55	24	73.33	30	75.78	31
云南	75.49	19	79.12	14	77.99	14	82.09	21
西藏	72.44	30	74.93	29	73.59	29	79.33	30
西南平均	74.98	21	77.04	21	75.82	22	80.51	21
指数方差	4.39	45.30	7.23	80.80	9.74	86.50	9.02	110

如表 2-23 所示，从公共政策指标来看，西南地区各省区市在全国排名的平均值为第 20 位，四川以 88.20 分排在全国第 6 位，重庆以 81.40 分排在全国第 14 位，而贵州、云南和西藏则分别排在第 23 位、第 24 位、第 31 位。对于这些省区市，需要加大公共政策的研究和供给力度，为本地区信息资源产业的发展提供良好的政策氛围。

表 2-23　2014 年西南地区信息资源产业环境得分及排名

省区市	公共政策 得分	公共政策 排名	基础设施 得分	基础设施 排名	决策强度 得分	决策强度 排名
重庆	81.44	14	89.63	13	72.00	22
四川	88.23	6	89.80	11	73.75	17
贵州	79.52	23	87.63	26	80.40	4
云南	78.93	24	87.09	28	73.40	20
西藏	72.65	31	85.04	31	86.70	1
西南平均	80.16	20	87.84	22	77.25	13
指数方差	31.28	9	3.88	83	38.47	93

从基础设施指标来看，西南地区由于其经济及地理环境的原因，相关的基础设施并不完善，5 个省区市均未能进入全国前十位，全国排名的平均值为第 22 位，处于落后的位置。西南地区各省区市需要加大信息资源产业基础设施的建设力度，努力完善相关配套设施，为产业发展夯实基础。

从决策强度指标来看，西南地区拥有较为良好的政策执行力度，各省区市在全国排名的平均值为第 13 位，处于中等水平。西藏排在全国第 1 位，这也是西藏唯一一项排名进入全国前十位的指标，说明西藏对于发展信息资源产业的相关工作比较重视，决策强度十分有力，但是由于其他原因制约了西藏地区信息资源产业的发展（见表 2-23）。

2.6.3　产业发展趋势分析

西南地区信息资源产业发展目前的总体水平处于全国中等偏后位置，重庆的产业发展比较良好，发展较稳定，指标分数较高，发展趋势趋于稳固。四川发展速度较快，各项指标都有上升的趋势。云南在产业发展和贡献上表现都比较良好，但还需加强产业结构的调整，避免持续地大幅度下滑。而贵州和西藏由于地理位置的原因发展条件有限且发展缓慢，西藏的全国排名第一位的决策强度说明在客观条件有限的情况下，需要在其他人为因素上进

表 2-24　2013 年、2014 年西南地区信息资源产业环境各项指标得分对比

西南地区		2013 年	2014 年	变化值
产业规模	平均值	75.14	74.98	-0.16
	样本方差	3.83	4.39	0.56
产业贡献	平均值	77.75	77.04	-0.71
	样本方差	8.29	7.23	-1.06
产业发展	平均值	76.66	75.82	-0.84
	样本方差	6.67	9.74	3.07
产业结构	平均值	85.16	80.51	-4.65
	样本方差	1.29	9.02	7.73
公共政策	平均值	78.42	80.16	1.74
	样本方差	16.89	31.28	14.39
基础设施	平均值	83.80	87.84	4.04
	样本方差	4.78	3.88	-0.90
决策强度	平均值	79.95	77.25	-2.70
	样本方差	2.45	38.47	36.02

2.7 东北地区发展情况分析

东北地区由辽宁、吉林、黑龙江三省组成。东北地区的信息资源产业的发展状况在 2013 年处于全国中等偏下水平，地区内部发展不均衡。经过一年的发展，整个东北地区的发展状况上升到全国中等偏上的水平。其中，辽宁在多项指标上处于中等偏上水平；黑龙江在产业结构和产业发展两项指标上的表现实现了大幅度的增长，达到了全国靠前的水平，其余大部分指标的得分也均处于中等水平；吉林在产业贡献和决策强度两项指标上处于全国靠前水平，在其他指标上的排名均处于比较靠后的位置。东北地区各个省份需要根据自身在发展信息资源产业过程中的薄弱环节进行相应的调整和优化，相互配合，扩大优势，缩小劣势，拉动东北地区整体的发展，从而推动信息资源产业的快速发展。

2.7.1 产业发展基本状况

东北地区信息资源产业发展指数平均得分为 80.46，低于全国平均水平（82.45），3 个省在全国排名的平均值为第 20 位，辽宁位居全国第 14 位，处于中等水平；黑龙江排在第 21 位，属于中等偏下水平；而吉林则排在了第 26 位，处于相对落后的水平。3 个省份产业发展指数得分的方差为 1.84，排名的方差为 35，表明东北地区信息资源产业发展存在一定地区差异，并且差异较 2013 年还有一定幅度的扩大，需要相关政府部门加大对落后地区信息资源产业的扶持力度（见表 2-25）。

表 2-25　2014 年东北地区信息资源产业发展指数得分及排名

省份	$I_{RI}DI$ 得分	全国排名
辽宁	81.81	14
黑龙江	80.48	21
吉林	79.10	26
东北平均	80.46	20
方差	1.84	35

东北地区是我国重工业较为发达地区，整体而言对信息资源产业的依赖程度不高。辽宁在产业价值和产业环境两项指标上的表现均位于东北地区第 1 位，黑龙江处于第 2 位，吉林排在东北地区的最后，并且黑龙江和吉林在上述两项指标上的表现均低于东北地区平均水平，可见其信息资源产业价值相对较低（见图 2-7）。

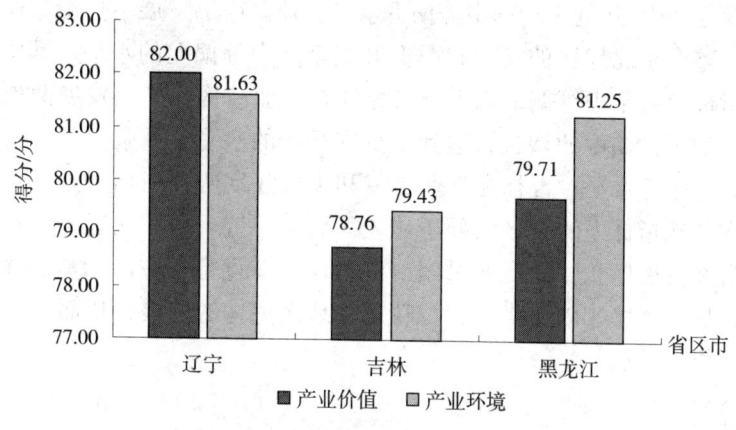

图 2-7　2014 年东北地区产业价值与产业环境分布

2.7.2 一级指标分项分析

如表 2-26 所示,从产业规模指标来看,东北地区信息资源产业的总体规模处于全国中等偏下水平,东北地区各省份指标得分在全国排名的平均值为第 17 位,低于全国平均水平,并且内部发展不均衡,指数得分的方差为 9.94。其中,辽宁以 80.48 分进入全国前十名,排名全国第 9 位,而吉林和黑龙江则排在第 21 位和第 22 位,相对比较靠后。

表 2-26　2014 年东北地区信息资源产业价值指标得分与排名

省份	产业规模 得分	产业规模 排名	产业贡献 得分	产业贡献 排名	产业发展 得分	产业发展 排名	产业结构 得分	产业结构 排名
辽宁	80.48	9	77.80	17	78.50	13	82.37	18
吉林	75.09	21	75.18	26	74.24	25	82.39	17
黑龙江	74.94	22	78.30	16	75.78	20	82.02	22
东北平均	76.84	17	77.09	20	76.17	19	82.26	19
指数方差	9.94	52	2.80	30	4.64	36	0.04	7

从产业贡献指标来看,东北地区各省份平均得分为 77.09,低于全国平均水平(79.13);3 个省份指标得分在全国排名的平均值为第 20 位,处于全国中等的位置。辽宁、吉林和黑龙江在这一指标上的表现分别排全国第 17 位、第 26 位、第 16 位,表明东北地区信息资源产业对当地经济发展的贡献突出,但是吉林的产业贡献相对全国其他省份而言处于中等偏下水平,可能是其主要产业导致了这一指标分数的降低。

从产业发展指标来看,东北地区各省份平均得分为 76.17,低于全国平均水平(79.26),指标得分的方差为 4.64,3 个省份指标得分在全国排名的平均值为第 19 位。黑龙江、辽宁和吉林在这一指标上的得分分别排在全国的第 20 位、第 13 位、第 25 位,这在一定程度上反映了这两年内及未来东北地区信息资源产业发展势头比较突出,较 2013 年 3 个省份的得分都有不同幅度的增长,说明东北地区的产业发展良好。

从产业结构指标来看,东北地区各省份平均得分为 82.26,基本与全国平均水平(82.18)持平,3 个省份指标得分在全国排名的平均值为第 19 位,吉林、辽宁、黑龙江在这一指标上的表现分别排在全国第 17 位、第 18 位、第 22 位,在这一指标上的表现处于全国中等水平。

如表 2-27 所示,从公共政策指标来看,东北地区各省份平均得分为

79.92，低于全国平均水平（82.78），3个省份指标得分在全国排名的平均值为第19位，辽宁、黑龙江和吉林在这一指标上的得分分别排在全国第12位、第20位、第26位。其中，吉林处于相对落后的位置，这在一定程度上制约了其信息资源产业的发展。辽宁较2013年相比大幅提升，黑龙江基本持平。因此，较2013年吉林需要加大信息资源产业相关公共政策的研究和供给力度。

表2-27　2014年东北地区信息资源产业环境指标得分及排名

省份	公共政策 得分	公共政策 排名	基础设施 得分	基础设施 排名	决策强度 得分	决策强度 排名
辽宁	82.01	12	90.12	10	72.00	22
吉林	77.41	26	88.10	21	72.00	22
黑龙江	80.34	20	87.69	25	75.15	14
东北平均	79.92	19	88.64	19	73.05	19
指数方差	5.41	49	1.70	60	3.31	21

从基础设施指标来看，东北地区各省份平均得分为88.64，低于全国平均水平（89.94），3个省份指标得分在全国排名的平均值为第19位，较2013年整体有所下降，出现了发展滞后的情况。其中，黑龙江排名第25位，辽宁和吉林分别排在第10位和第21位。相比于其他指标的测评结果，东北地区在信息资源产业相关基础设施方面虽具备一定优势，但发展速度滞后，没有跟上全国其他地区的基础设施发展。

从决策强度指标来看，东北地区各省份平均得分为73.05，低于全国平均水平（75.78）。其中，黑龙江以75.15位居全国第14位，辽宁位居全国第22位，吉林也排在全国第22位，较2013年相比上升了8位，说明在2013年落后不重视的劣势下，吉林相关政府部门加大了对信息资源产业的重视和关注，实现了极大幅度的增长。

2.7.3　产业发展趋势分析

东北地区信息资源产业发展目前的总体水平处于全国中等偏后位置，辽宁的产业发展比较良好，发展较稳定，指标分数较高，发展趋势比较稳固，但在决策强度上下降幅度过大，亟待加强。而在吉林和黑龙江两省各方面的发展都有待加强，尤其是在公共政策和基础设施建设上，需要为信息资源产业发展创造良好的外部环境，提供有利的发展条件，利用其他产业创造的优势以及地区优势进行更好的发展（见表2-28）。

表2-28 2013年、2014年东北地区信息资源产业环境各项指标得分对比

东北地区		2013年	2014年	变化值
产业规模	平均值	76.94	76.84	-0.1
	样本方差	6.53	9.94	3.41
产业贡献	平均值	76.24	77.09	0.85
	样本方差	1.04	2.80	1.76
产业发展	平均值	76.85	76.17	-0.68
	样本方差	2.37	4.64	2.27
产业结构	平均值	85.79	82.26	-3.53
	样本方差	0.09	0.04	-0.05
公共政策	平均值	77.87	79.92	2.05
	样本方差	2.00	5.41	3.41
基础设施	平均值	86.26	88.64	2.38
	样本方差	2.01	1.70	-0.31
决策强度	平均值	79.13	73.05	-6.08
	样本方差	1.35	3.31	1.96

3 中国典型省区市信息资源产业发展情况

除了在宏观层面了解、分析我国信息资源产业的发展情况，我们还需要从相对微观的层面了解 2014 年我国信息资源产业发展的面貌和特点。通过初步地了解我们已经发现 2014 年的信息资源产业发展情况大致上呈现出"东南高，西北低"的趋势。为了进一步证明这一趋势是否属实，我们选择了上海、四川、北京、广东、贵州、江苏、内蒙古这七个省区市，对这七个省区市的信息资源产业发展的基本情况进行较为细致的描述、比较与分析。

3.1 上海信息资源产业发展情况

2014 年，上海信息资源产业发展指数得分为 87.01，在全国 31 个省区市中排名第 5 位，次于江苏、北京、广东和浙江。

3.1.1 信息资源产业发展概况

上海在各项指标上的表现均名列前茅，其中，产业结构指标得分排在全国第 1 位，基础设施指标得分名列全国第 2 位，产业贡献、决策强度指标得分均为全国第 3 位，产业规模、产业发展及公共政策指标得分也均进入全国前十位。各项指标的具体得分及排名如图 3-1 和表 3-1 所示。

表 3-1 2014 年上海信息资源产业二级指标得分及全国排名

指标	得分	排名
产业规模	83.97	5
产业贡献	84.92	3
产业发展	83.67	7
产业结构	83.92	2
公共政策	85.28	10
基础设施	96.11	2
决策强度	79.70	6

3 中国典型省区市信息资源产业发展情况

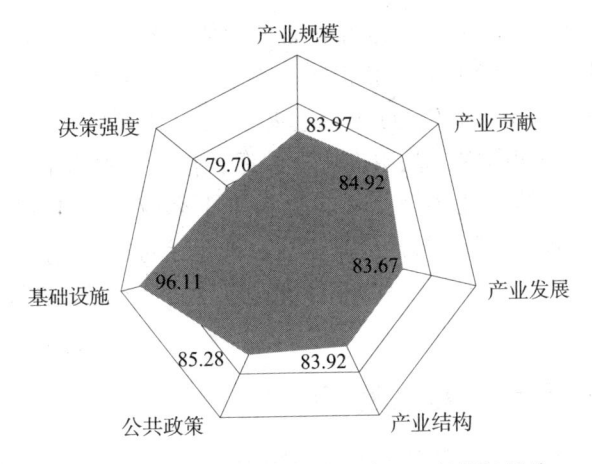

图3-1 2014年上海信息资源产业二级指标得分

2014年,上海的产业价值指标得分为86.72,在全国31个省区市中排名第5位,第1位为广东,得分是91.69;最后一位是贵州,得分为75.20。上海产业环境指标得分为87.30,排名全国第5位,第1位为江苏,得分为92.15;最后一位是海南,得分为78.76。具体得分如图3-2和图3-3所示。

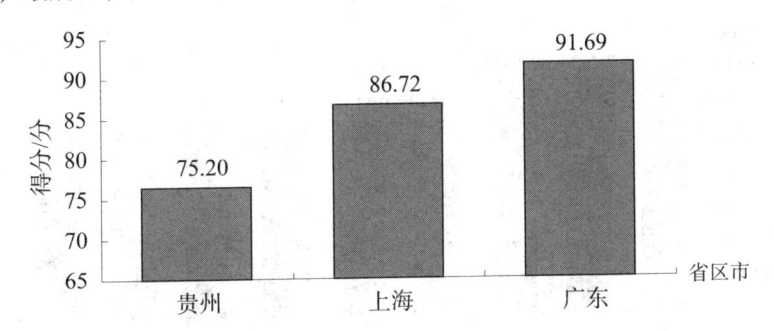

图3-2 2014年贵州、上海、广东产业价值指标得分对比

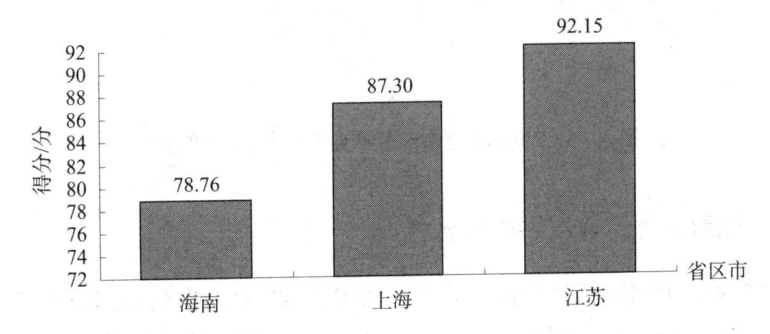

图3-3 2014年海南、上海、江苏产业环境指标得分对比

2014年，全国产业价值指标得分的平均值为81.87，产业环境指标得分的平均值为83.04。上海的产业价值指标得分与第1名相差5分，领先全国平均得分4.85分，说明上海作为我国的金融中心，其产业价值虽然在全国处于上游地位，但是仍和国内一些城市有所差距，信息资源产业仍然具有进一步发展的潜力。上海的产业环境指标得分与第1名仅相差4.85分，领先全国4.26分，说明上海的信息资源产业环境建设处于相对优势地位，和顶尖城市相差不大，而我国整体的信息资源产业环境的建设还有不足，各地区之间仍存在差异。

3.1.2 信息资源产业优势行业介绍

在筛选上海的信息资源产业优势行业时，我们决定以2014年上海所有的信息资源产业营业收入的占比（上海信息资源产业营业收入与全国信息资源产业营业收入的比值）为评选标准，具体数据见图3-4。通过比较可以得出，2013~2014年上海的优势产业分别为：货物运输代理，旅客票务代理，其他运输代理业，占比均为0.1334，排在所有行业第1位；接下来是会计、审计及税务服务，社会经济咨询，其他专业咨询以及市场调查，占比为0.1113。

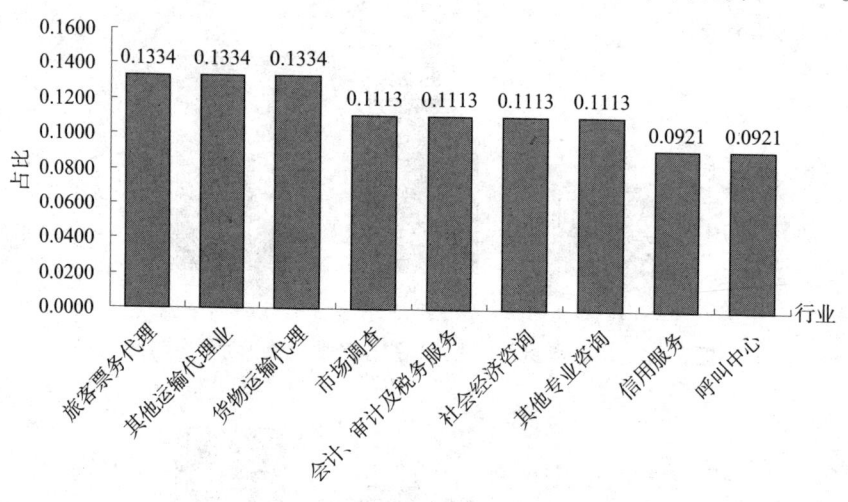

图3-4　2014年上海部分产业营业收入占比分布

3.1.3 信息资源产业发展趋势分析

2013年，上海的信息资源产业指数得分为88.41，排名全国第5位。2014年，该指数得分降到了87.01，但是排名并没有变化，仍排在第5位。而2013

年排在其前面的城市分别是北京、浙江、广东和江苏，到了2014年排在其之前的城市依次为江苏、北京、广东和浙江，连续两年排名没有较大变化，说明上海以及上述城市的信息资源产业的发展已经初具雏形，在没有较大的政策决议或影响因素的情况下，不会发生较大的波动与变化（见表3-2）。

表3-2 信息资源产业具体得分情况

2013年得分排名前五位的省区市			2014年得分排名前五位的省区市		
省区市	得分	排名	省区市	得分	排名
北京	91.83	1	江苏	91.67	1
浙江	90.37	2	北京	90.37	2
广东	90.31	3	广东	89.80	3
江苏	88.62	4	浙江	89.47	4
上海	88.41	5	上海	87.01	5

为了详细地了解上海市信息资源产业的发展情况与趋势，与2013年的数据进行对比，以此来说明。图3-5展示了上海在2013年和2014年的信息资源产业指数得分情况及全国的平均分数。从图中可以看出，2013~2014年，上海的信息资源产业指数得分下降了1.39分，相比较以往，有下降的趋势，全国平均得分从2013年的82.90降到了2014年的82.45，下降了0.45分，2013年上海与全国的平均得分之差为5.51分，2014年这个分差变为了4.56，可以看出上海的信息资源产业优势在逐渐减小。

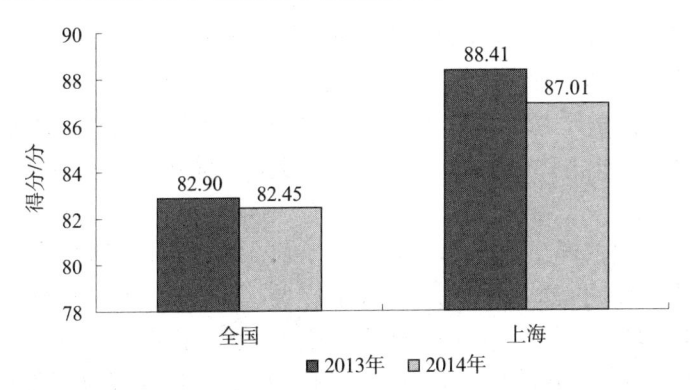

图3-5 2013年、2014年上海和全国信息资源产业指数得分对比

在分析完整体的得分情况之后，我们选取了二级指标得分，来进行进一步了解，具体数据参见图3-6。从图中我们可以看出，2014年上海的各项二

级指标得分基本高于 2013 年,呈现向上发展的趋势,只有极个别指标低于 2013 年,但是这些指标的跌幅程度要高于其他指标的上升程度,这导致了 2014 年上海的得分较 2013 年有所下降。

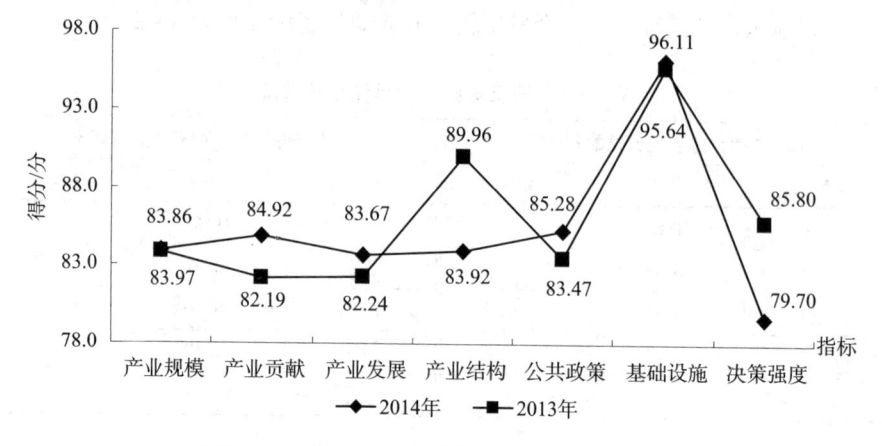

图 3-6　2013 年、2014 年上海二级指标得分对比

（1）产业规模

从图中可以看到,2013 年上海的产业规模得分为 83.86,2014 年则为 83.97 分,基本与 2013 年持平,与此同时,2013 年和 2014 年上海的产业规模指数得分都要高于同一年的全国平均指数得分（78.61 分和 78.46 分）,说明上海的产业规模在这一年基本维持稳定发展。

（2）产业贡献

2013 年上海的产业贡献指标得分为 82.19,同年全国的指标得分为 78.92;2014 年上海的产业贡献指标得分为 84.92,比 2013 年高出 2.73 分,同年全国的指标得分为 79.12,比 2013 年高出 0.20 分,说明上海的信息资源产业贡献数量和所占比例都有所提升,并且是高于全国平均发展水平的。

（3）产业发展

2013 年上海的产业发展指标得分为 82.24,2014 年上升为 83.67,同比上涨了 1.43 分,说明上海的信息资源产业是在加速发展的,而全国的得分从 2013 年的 79.74 分降到了 2014 年的 79.26 分,表明全国的产业发展速度是有所降低的,上海在全国都在降低的趋势下依旧在加速发展,可能和有关政策相联系。

（4）产业结构

在产业结构指数得分一项,上海 2014 年的得分仅为 83.92,相较于 2013 年的 89.96 分,下降了 6.04 分,下降程度相对较多,全国的产业结构得分也从 85.94 降到了 82.18,下降 3.76 分,全国信息资源产业得分前 3 位中的北京和广东在这一指标上也有所下降,但是这不能说明上海的信息资源产业结构出现了问题,极有可能是上海的信息资源产业在经历了前期的发展之后,开始进行内部的结构调整,市场内部对产业结构进行整合、发展。

(5) 公共政策

2013年上海的公共政策得分为83.47分,2014年增长为85.28分,增长了1.81分,说明经过一年的发展,上海市政府对信息资源产业的有关政策有所增多,值得一提的是,全国的平均得分从2013年到2014年上升了3.4分,表明国家对于信息资源产业重视程度逐渐在提高。

(6) 基础设施

与2013年的得分相比,2014年上海的得分上涨了0.47分,证明上海的基础设施正在进一步发展、完善中,并且上海的此项指标得分在90分以上,证明上海的基础设施相较于其他省市都是相对领先及完善的。

(7) 决策强度

上海2014年的决策强度指数得分较之2013年也有一个较为明显的降低,这表明政府的政策强度相较于2013年有所减少,对于这个原因,笔者认为可能与2014年上海自贸区的成立及正式运营有关。

3.1.4 信息资源产业优势行业原因分析

2014年上海的优势产业为货物运输代理,旅客票务代理,其他运输代理业、会计、审计及税务服务,社会经济咨询,其他专业咨询以及市场调查。可以看出,上海的信息资源产业优势行业集中在运输代理服务业及咨询与调查业。为何是这两个行业成为上海的信息资源产业优势行业呢?笔者将从地理位置以及教育资源两个方面来分析。

要分析上海的信息资源优势行业形成的原因,首先应当从上海的地理位置说起。上海是我国国家中心城市,经济、金融、贸易、航运中心。地处长江入海口,隔东中国海与日本九州岛相望,南濒杭州湾,西与江苏、浙江两省相接。上海2014年GDP总量居中国城市第一,亚洲第二。上海港货物吞吐量和集装箱吞吐量均居世界第一,是一个良好的滨江滨海国际性港口。上海缺乏矿产资源,同样缺乏建筑石料,陆上能源资源也很少。这一定程度上使得上海的信息资源产业不能依靠自然资源。可以看出,便利的交通为上海市的运输代理服务业提供了良好的先天条件。

上海不仅是我国的经济中心,其教育资源也相当丰富。上海有复旦大学、上海交通大学等"985"重点高校,同时还有众多在经济方面有较高知名度的大学如上海财经大学、上海立信会计学院等,这些都为上海的优势产业提供了众多的专业人才，为上海的优势产业提供了区位优势，同时促进了咨询与调查业的发展。

3.1.5 信息资源产业发展特点

2014年上海三级指标分析如表3-3所示。

表3-3 2014年上海三级指标得分及排名

指标		得分	排名	指标		得分	排名
产业规模	产值规模	85.10	6	产业结构	资源结构	93.95	5
	从业人口规模	82.98	6		产业密集	84.87	1
	法人单位规模	87.70	5	公共政策	产业政策供给	86.47	6
	上市企业规模	78.32	13		政务开放互动	84.08	9
产业贡献	就业贡献	80.86	3	基础设施	产业园区发展	93.29	6
	经济总量贡献	88.97	6		区域信息化	98.93	1
产业发展	产值规模增长	83.12	7	决策强度	决策层关注度	80.40	5
	法人单位发展增长	84.15	4		政府工作强度	79.00	6
	从业人口发展增长	83.73	8				

从产业规模指标来看，上海的产业规模下的4项指标，有3项进入了全国前六位，并且都要远高于全国的得分，只有上市企业规模与全国平均得分基本持平，但是总得产业规模在全国范围内依然领先。

从产业贡献来看，上海的两项产业贡献指标——就业贡献和经济总量贡献也都排名全国前六位，其中就业贡献排名第3位，高于全国平均水平5.47分，然而，上海的信息资源产业就业贡献与顶尖城市相比，还是存在不小的差距。北京2014年的信息资源产业就业贡献达到了86.31的分数，而江苏则是89.13分，上海的信息资源产业在就业贡献方面还有较大的进步空间。而经济总量贡献虽然排名第六位，但是得分达到了88.97的分数，相较于江苏的84.00分，说明上海信息资源产业将资源转化为经济利益的效率较高。

从产业发展来看，上海有3项产业发展指标都进入了全国前十位，其中法人单位规模增长排名全国第4位，虽然上海在产业发展指标上排名并不突出，但这并不能表明上海的信息资源产业发展前景不佳。造成这一指标上排名不高的原因，主要在于上海的信息资源产业营业收入规模、法人单位规模、从业人口规模基数较大，虽然有着较高的增长数量，但增长率却相对较小。

从产业结构来看，上海的产业结构这一指标排名全国第 1 位，其中资源结构排名第 5 位，考虑到上海的自然资源较为缺少，经济发展迅速，所以对信息资源的依赖程度便有相应提高。而产业密集则排名第 1 位，为 84.87 分，不过全国的产业密集得分为 82.25 分，说明上海虽然在产业结构方面存在优势，但是全国的水平相差并不大。

从公共政策方面，上海的指标得分相对较为平庸，产业政策供给以 86.47 分的成绩排名第 6 位，而政务开放互动得分为 84.08 分，排名第 9 位，而同年江苏的两项指标得分分别达到了 92.90 和 97.98 的高分，这说明上海市政府在公共政策方面还需要下很大的功夫。

从基础设施来看，上海的产业园区发展为 93.29 分，排名第 6 位，说明上海的产业园区发展还是较为正常的；而区域信息化指标得分则为 98.93，排名第 1 位，这不仅得益于上海的优越地理位置，同时也因为其作为重要的贸易港口与金融贸易中心，信息的交换量十分巨大，经济的快速发展带来了科技的进步与领先，从而在大数据时代获得较多的优势，未来上海应当继续利用这些优势来带动信息资源产业的发展。

从决策强度来看，上海的两项指标均排名全国第 5 位，其中政府工作强度仅为 79.00，相对于此项指标的第一的西藏（93.00 分）差了 14 分，说明上海对于信息资源产业的关注程度仍有所欠缺。同时全国的得分也只有 75.43 分，这表明大多数的地区政府还没有充分重视信息资源产业的发展，这也从另一方面说明我国的信息资源产业还有一定的发展空间，如果各地区政府能够给予足够的关注，那么其对经济及就业的贡献或许还有较大的提升（见表 3-4）。

表 3-4 全国三级指标得分

指标		得分	指标		得分
产业规模	产值规模	78.66	产业结构	资源结构	92.20
	从业人口规模	78.28		产业密集	82.25
	法人单位规模	79.19	公共政策	产业政策供给	83.09
	上市企业规模	77.34		政务开放互动	82.46
产业贡献	就业贡献	75.39	基础设施	产业园区发展	89.02
	经济总量贡献	82.88		区域信息化	90.85
产业发展	产值规模增长	79.56	决策强度	决策层关注度	76.13
	法人单位发展增长	78.96		政府工作强度	75.43
	从业人口发展增长	79.26			

3.1.6 上海信息资源产业政策分析

下面针对上海信息资源产业政策的发布情况与重点政策文本进行详细的解读。

3.1.6.1 上海信息资源产业政策发布情况

2014年上海关于信息资源产业的政策共计686条,政策量为2014年全国信息资源产业政策总量的5.10%左右。上海2014年信息资源产业政策总数在全国排第4位,前3名分别为广东(1104)、江苏(1018)和浙江(993)。

其中,关于广播业、信用服务业、知识产权服务业和规划管理业的政策较多,分别占到了2014年全年上海信息资源产业政策的19.5%、19.2%、14.0%和7.3%,可以看出这4个产业的政策量占到了总量的60%。而从全国来看,上海2014年关于生物技术推广服务业、电子出版物出版业、贸易代理业和报纸出版业的政策占2014年全国该行业政策总量的比重较高,分别为84.2%、69.6%、50%和50%,说明这几个行业较受上海重视。但上海有些行业表现较差,如工程勘察设计业,上海的政策量仅占到了全国的0.6%;社会人文科学研究业,上海的政策量仅占到了全国的0.9%,说明上海对这些行业的重视不够。

在2013年,上海发布了《上海推进大数据研究与发展三年行动计划(2013～2015年)》,旨在凝聚上海大数据领域优势力量,研究大数据基础理论,攻克关键技术,研制大数据核心装备,形成大数据领域的核心竞争力,加速大数据资源的开发利用,推进行业应用,培育数据技术链、产业链、价值链,支撑智慧城市建设,自此上海的大数据规划正式启动。2014年上海市信息资源产业重要政策如表3-5所示。

表3-5 上海信息资源产业重要政策发布情况

政策名称	发布时间	目标
《上海市信息化发展专项资金管理办法》	2014年1月	为了加快推进本市信息化建设,落实本市国民经济和社会信息化规划和智慧城市建设的有关要求,进一步规范上海市信息化发展专项资金管理,结合本市实际,制定本办法
《关于加快推进本市第四代移动通信网络建设的实施意见》	2014年5月	为贯彻落实国家总体部署,加快推进本市第四代移动通信(4G)网络建设,带动相关产业发展,切实发挥4G对本市国民经济和社会发展的促进作用,近期,市经济信息化委、市发展改革委、市建设管理委、市环保局、市规划国土资源局、市住房保障房屋管理局、市交通委、市通信管理局、市无线电管理局9部门联合印发了《关于加快推进本市第四代移动通信网络建设的实施意见》,营造良好发展环境

续表

政策名称	发布时间	目标
《关于推进政府信息资源向社会开放利用工作的实施意见》	2014年5月	希望能按照"上海要当好改革开放排头兵、科学发展先行者"的总体要求，以建立政府信息资源目录体系为基础，以构建服务平台为支撑，以探索形成科学有效的数据服务模式和长效管理机制为保障，积极推动各级政府部门、法律法规授权的具有管理公共事务职能的组织、与人民群众利益密切相关的公共企事业单位向社会开放通过公共资金制作或获取的各类信息资源，并鼓励各类社会主体进行增值开发利用，促进信息服务产业转型发展和信息消费，提高社会效益和经济效益，提升政府公共服务水平，支撑面向未来的智慧城市建设
《上海市公用移动通信基站设置管理办法实施细则》	2014年7月	为了加强本市公用移动通信基站设置的管理，维护移动通信用户、移动通信业务经营者和社会公众的权益，保障公用移动通信的健康发展，推动第四代移动通信建设，对《上海市公用移动通信基站设置管理办法实施细则》进行了修订
《关于促进本市互联网金融产业健康发展的若干意见》	2014年8月	为把本市建成互联网金融发展的高地，进一步提升上海国际金融中心的影响力、辐射力、创新力和资源配置能力，推动中国（上海）自由贸易试验区金融改革创新，助力上海打造具有全球影响力的科技创新中心，现就促进本市互联网金融产业健康发展提出如下若干意见
《上海"工业云"创新服务试点实施方案（2014~2016年)》	2014年10月	为落实工业和信息化部印发的《信息化和工业化深度融合专项行动计划（2013~2018年)》以及《上海市信息化与工业化深度融合发展"十二五"规划》《上海市推进智慧城市建设2014~2016年行动计划》，统筹推进上海"工业云"创新服务试点工作，我委制定了《上海"工业云"创新服务试点实施方案（2014~2016年)》
《上海市推进智慧城市建设行动计划（2014~2016)》	2014年12月	基本目标是到2016年底，基本构建起以便捷高效的信息感知和智能应用体系为重点，以高速泛在的下一代城市信息基础设施体系、绿色高端的新一代信息技术产业体系、自主可靠的网络安全保障体系为支撑的智慧城市体系框架，智慧城市建设成为上海提升国际竞争力和城市软实力的强大支撑和重要基础，上海信息化整体水平继续保持国内领先，率先迈入国际先进行列

3.1.6.2　上海信息资源产业政策文本分析

为了更好地了解上海信息资源的产业政策，笔者从上述几项政策中选择了几个重要政策进行深入的分析。

（1）《关于促进本市互联网金融产业健康发展的若干意见》

互联网金融是基于互联网及移动通信、大数据、云计算、社交平台、搜索引擎等信息技术，实现资金融通、支付、结算等金融相关服务的金融业态，是现有金融体系的进一步完善和普惠金融的重要内容。其表现形式既包括以互联网为主要业务载体的第三方支付，金融产品销售与财富管理，金融资讯与金融门户，金融大数据采掘加工，网络融资与网络融资中介等新兴、新型金融业态；也包括持牌互联网金融机构，以及各类持牌金融机构设立的主要从事互联网金融相关业务的法人机构或功能性总部。

上海为了建成互联网金融发展的高地，进一步提升上海国际金融中心的影响力、辐射力、创新力和资源配置能力，推动中国（上海）自由贸易试验区金融改革创新，助力上海打造具有全球影响力的科技创新中心，在2014年8月推出了《关于促进本市互联网金融产业健康发展的若干意见》（以下简称《意见》）。

《意见》共20条，内容涵盖了上海市促进互联网金融健康发展的指导思想、政策措施、工作机制、行业基础设施建设和发展环境营造，以及上海在引导互联网金融规范发展、防控相关领域金融风险方面的打算和举措。《意见》为上海互联网金融发展定下"基调"：坚持服务实体经济，促进产业转型升级。坚持鼓励金融创新，形成竞争发展格局。坚持营造发展环境，完善行业基础设施。坚持规范健康发展，切实防范金融风险。

《意见》明确，将加大政策支持，促进互联网金融集聚发展。鼓励有条件的企业发展互联网金融业务、申请有关业务许可或经营资质。其中提到，"允许主要从事互联网金融业务的企业在名称中使用'互联网金融'或'网络金融'字样，并在工商登记等环节提供便利。"

上海还将加大对互联网金融企业的支持培育力度，上海市战略性新兴产业发展专项资金、服务业发展引导资金、高新技术成果转化专项资金等财政资金将对互联网金融领域的新兴业态和创新模式予以重点支持。

另外，上海也将拓宽互联网金融企业融资渠道，发挥大学生科技创业基金、上海市创业投资引导基金等政策性基金的助推作用，探索设立主要投向互联网金融领域早期创业企业的创业投资基金和天使投资基金。支持互联网金融企业在境内外多层次资本市场上市。同时，上海支持持牌金融机构向互联网金融领域拓展转型，也鼓励互联网金融企业合理集聚。

与传统企业不同，互联网金融企业更看重发展环境和基础建设。在这点上，上海将不遗余力。例如，支持互联网金融企业的高级管理人员和高级技术人才享受本市人才引进政策，在居住证入沪手续办理方面提供便利。又如，完善配套支持体系，鼓励构建互联网金融产业联盟，支持设立、发展提供数据存储及备份、云计算共享、大数据挖掘、信息安全维护等基础服务的机构，支持建立互联网金融数据共享交换平台。此外，还将加强互联网金融领域信用体系建设、营造良好法制环境。

促进互联网金融发展的《意见》，也为风险防控划定了底线，强调将严厉打击互联网金融领域各类违法犯罪行为，健全互联网金融风险防控与安全保障机制。

《意见》体现了上海对互联网行业的重视和扶持，自此之后，互联网金融公司才开始真正登上大雅之堂。其中一条"允许主要从事互联网金融业务的企业在名称中使用'互联网金融'或'网络金融'字样，并在工商登记等环节提供便利"应该属于国内首次出现，意味着今后互联网金融公司终于可以名正言顺，过去那种需要打擦边球将名字注册为各种其他类型公司的历史将不复存在。

(2)《上海市推进智慧城市建设行动计划（2014~2016）》

大力实施信息化领先发展和带动战略，创建面向未来的智慧城市，是上海建设社会主义现代化国际大都市的重要内涵，也是上海适应全球信息技术革命新浪潮，加快推进信息化与城镇化、工业化、农业现代化同步发展和深度融合的重要举措。上海通过实施上一轮智慧城市建设三年行动计划，已基本形成以数字化、网络化、智能化为主要特征的智慧城市基本框架，为新一轮智慧城市建设奠定了坚实基础。为全面贯彻落实中央网络安全和信息化领导小组会议精神，根据国家信息化发展规划，结合上海的实际制订了《上海市推进智慧城市建设行动计划（2014~2016）》。

在接下来的三年，上海将着力实施智慧化引领的"活力上海五大应用行动"，强化信息基础设施、信息技术产业和网络安全保障"三大支撑体系"，引导推动50个重点专项。其中，上海将围绕智慧城市体系框架建设，着力实施五大应用行动，推动28个重点专项建设，营造智慧生活、发展智慧经济、深化智慧城管、建设智慧政务、打造智慧城市"新地标"；同时，强化三大支撑体系，推动22个重点专项建设，显著提升下一代城市信息基础设施服务能级、新一代信息技术产业创新发展能力和网络安全综合保障能力。

着眼产业创新，上海将发展高端化智慧经济，到2016年，信息化与工业化深度融合指数达到86.5，电子商务交易额达到2万亿元。具体将推动互联网金融、智慧航运、智慧商务、智能制造、智慧企业 5 个专项建设。

根据计划,未来上海城市信息基础设施服务能级将显著提升。2016 年,上海将全面建成与当前主流技术相匹配的宽度城市和无线城市。家庭光纤入户率达到 60%,第三代、第四代移动通信用户普及率达到 70%,公共场所无线局域网接入点(AP)突破 20 万个,国际和本地网络交换能力持续提升,全面完成下一代互联网在基础网络和数据中心的改造部署。具体将推动宽带城市、无线城市、功能性设施、通信枢纽、下一代互联网、无线电管理 6 个专项建设。

新一代信息技术产业创新发展能力显著提升,上海将以培育"四新"经济和扶持龙头企业为抓手,加快信息产业转型升级,使上海成为国内新一代信息技术创新引领区和产业集聚区。争取到 2016 年,上海新一代信息技术产业总规模达到 1 万亿元,信息服务业营业收入达到 6800 亿元,增加值占全市 GDP 比重超过 7%,具体将推动集成电路、新型显示、高端软件、云计算、大数据、物联网、网络视听、网络安全 8 个产业专项建设。

此外,上海网络安全综合保障能力显著提升。上海将加强与国家网络安全保障体系和城市安全与应急管理体系的对接,着力提升网络安全技术防范、基础支撑与综合治理能力,强化网络安全和互联网内容监管,完善安全可信网络环境。具体将推动网络安全、重要网站和系统安全、重点行业工控系统安全、互联网内容安全、网络安全基础设施、网络安全应急处置、网络空间综合治理、网络安全意识 8 个专项建设。

(3)《关于推进政府信息资源向社会开放利用工作的实施意见》

根据上海市经济和信息化委员会印发的《2014 年度上海市政府数据资源向社会开放工作计划》,已经确定了总计 190 项数据内容作为 2014 年重点开放领域,涉及 28 个市级政府部门,涵盖公共安全、公共服务、交通服务、教育科技、产业发展、金融服务、能源环境、健康卫生、文化娱乐等 11 个领域。将全面开放地理位置类数据资源,包括公共事务服务机构、各类功能园区、便民服务场所、文化场馆等的名称、地点、服务内容、服务时间等信息;市场监管类数据也将成为开放重点,如各类许可信息、监督检查信息。此外,还将重点推进交通数据资源开放,包括掘路占路、封路、公路实时交通、停车场等数据资源。根据市政府总体规划,政府数据资源开放主体还将在未来扩展到法律法规授权的具有管理公共事务职能的组织、与人民群众利益密切相关的公共企事业单位。

作为国内首个政府数据服务网,上海政府数据服务网(www.datashanghai.gov.cn)将在政府数据资源开放中承担政府数据资源开放统一入口的角色。目前，上海政府数据服务网已经具备了数据查询、浏览、下载等功能，可以基本满足政府数据资源开放工作的需求。今年将重点建设政府移动 APP 门户，深化政府数据开放支撑功能，开展整合跨部门的数据分析服务等。移动 APP 门户，将汇集各政府部门开发的各类面向公众服务的移动 APP，市民可以通过该门户方便地检索和下载所需 APP。同时，上海政府数据服务网将新增政府与公众的互动功能，一方面，公众可以对政府开放的各类数据和应用服务进行评价；另一方面，也可以在线提出政府数据资源需求，直接与各职能部门进行互动。

3.1.6.3 小　　结

从上述分析中可以看出，上海对信息资源产业的重视程度较高，根据自己的实际情况，接连出台了几项政策，涉及金融、信息资源基础设施、资金以及智慧城市等新兴产业。上海也是率先实行政府数据资源向社会开放的城市，开发了国内首个政府数据服务网——上海政府数据服务网（www.datashanghai.gov.cn），在政府数据资源开放中承担了政府数据资源开放统一入口的角色。

在发布《上海"工业云"创新服务试点实施方案（2014～2016 年）》后，上海开展了"工业云"创新服务试点，基于互联网、云计算、物联网、大数据等新一代信息技术，建设"工业云"服务平台，聚集和共享制造资源和创新资源，推进制造需求和社会化制造资源的高质高效对接，探索工业领域的共享经济新模式。上海在先期投入了 2000 万元支持试点示范项目，宝信软件等首批 35 家单位随后建立了"工业云"创新联盟。上海工业云公共服务平台（http：//www.shicloud.org）面向钢铁、汽车、民用航空、机电设备四大重点产业和研发、管理、设备、能源、物流、商务六大重点领域，为企业提供 SaaS 云、IaaS 云服务，在驱动当地工业经济发展中均发挥了重要作用。

在发布《上海市推进智慧城市建设行动计划（2014～2016）》后，上海在 2015 年 4 月与腾讯战略合作共建"互联网+"智慧城市，双方将共同推进"互联网+"产业发展，包括在文化、医疗、金融、智能汽车等领域深入合作，推动传统产业与互联网的融合。2015 年 5 月，上海市政府与阿里巴巴集团也签署了战略合作框架协议，双方约定在云计算大数据、智慧城市、电子商务、互联网金融、智慧健康、社会信用体系等多个领域展开合作，推动"互联网+"战略落地。2015 年 12 月，上海首次发布智慧城市发展水平报告，报告显示，上海现阶段智慧城市建设整体在国内处于领先地位，在以光纤宽带网络覆盖率、家庭光纤入户率以及宽带速度等为代表的信息基础设施方面优势明显；在智慧应用方面，以智慧社区、智慧园区等智慧城市新地标为核心，重点领域应用体系与载体建设取得显著进展；同时，一批智慧便民服务得到了广泛普及，在有效改善居民生活品质的同时，也增进了居民对于"智慧城市"的体验感受。

上述结果表明，上海在发布信息资源产业政策后，在政策指导下上海的信息资源产业的确有所发展。鉴于上海经济发展水平较高，相信以后上海的信息资源产业的发展也会越来越好。

3.2 四川信息资源产业发展情况

2014 年，四川的信息资源产业指数得分为 81.63 分，排名全国第 16 名，在全国 31 个省区市之中属中等水平，与此同时，2014 年的全国信息资源产业指数平均得分为 82.45 分，比四川高出 0.82 分。

3.2.1 信息资源产业发展概况

四川的信息资源产业的发展并不是十分迅速，基本与全国的大部分地区发展程度保持一致，未来还有发展的空间。其各个指标的得分及排名也基本位居中等，其中产业规模指标得分为 77.40 分，排名全国第 13 名，产业贡献指标得分为 74.91 分，排名全国第 30 位，产业发展指标得分为 73.95 分，排在第 27 位，产业结构指标得分为 82.19 分，排名第 19 位，公共政策指标排名为第六位，得分为 88.23 分，基础设施指标得分为 89.80 分，排名第 11 位，其决策强度得分为 73.75 分，排名第 17 位（见图 3 - 7、表 3 - 6）。

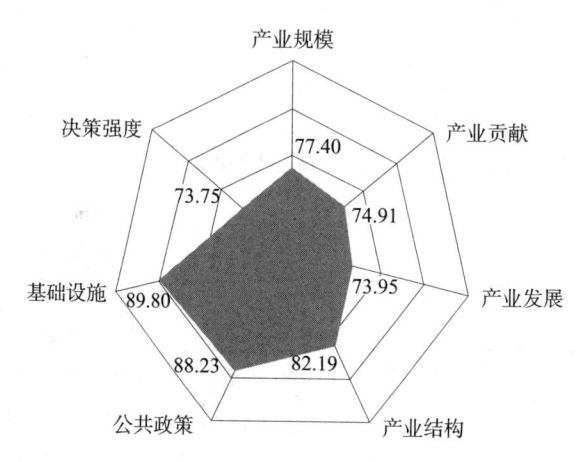

图 3 - 7 2014 年四川信息资源产业指数二级指标得分

表 3-6　2014 年四川信息资源产业二级指标得分及全国排名

二级指标	综合得分	排名
产业规模	77.40	13
产业贡献	74.91	30
产业发展	73.95	27
产业结构	82.19	19
公共政策	88.23	6
基础设施	89.80	11
决策强度	73.75	17

2014 年，四川的产业价值指标得分为 79.18 分，排名第 22 位，仅领先最后一名贵州（75.20 分）3.98 分，而与第 1 位的广东（91.69 分）相差巨大，差值为 12.51 分，具体得分如图 3-8 所示。

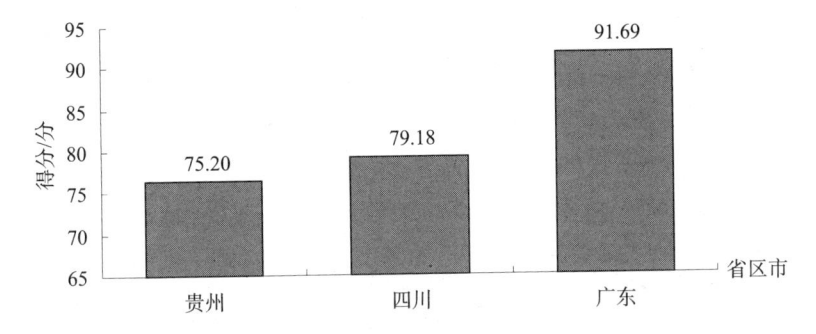

图 3-8　2014 年贵州、四川、广东产业价值指标得分

2014 年，四川的产业环境指标得分为 84.09 分，排名全国第 8 位，处于相对领先的地位，但是与排名前三位的省市依然有 5 分以上的分差，与第 1 名的江苏（92.15 分）差距则达到了 8.06 分，而此项指标得分最后一名是海南，为 78.76 分，四川与其得分差距也达到了 5.33 分（见图 3-9）。

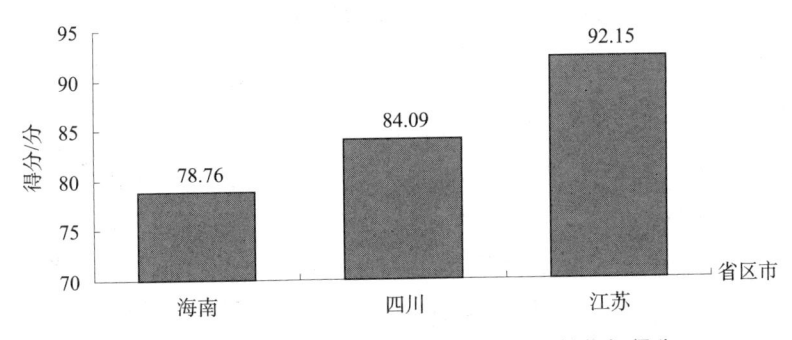

图 3-9　2014 年海南、四川、江苏产业环境指标得分

2014年全国的产业价值指标平均得分为81.87,显然四川的信息资源产业价值并没有达到平均水平,与领先城市的巨大差异也显示出我国信息资源产业的发展极其不均衡,即使是四川这样的西部之星发展程度也不能和我国南方一些省市相比较。

2014年全国的产业环境指标得分为83.04,四川虽然排名第8位,得分也仅仅领先1.05分,说明我国大部分城市的产业环境仍不够理想还有待开发,江浙一带的省市及我国几个中心城市信息资源产业环境远优于其他省市,尤其是经济本就不发达的省市。想要缩短与顶尖城市的差距,除了时间的积累、自身产业的创新,国家政策的支持及当地政府的重视也是必不可少的因素。

3.2.2 信息资源产业优势行业介绍

通过比较四川信息资源产业2014年产业营业收入比率的数据,我们发现,四川2014年的信息资源产业行业优势行业分别是其他未列明信息技术服务业,占比为0.0773,其次是学前教育,占比为0.0601,再次是专业化设计服务,占比为0.0520(见图3-10)。

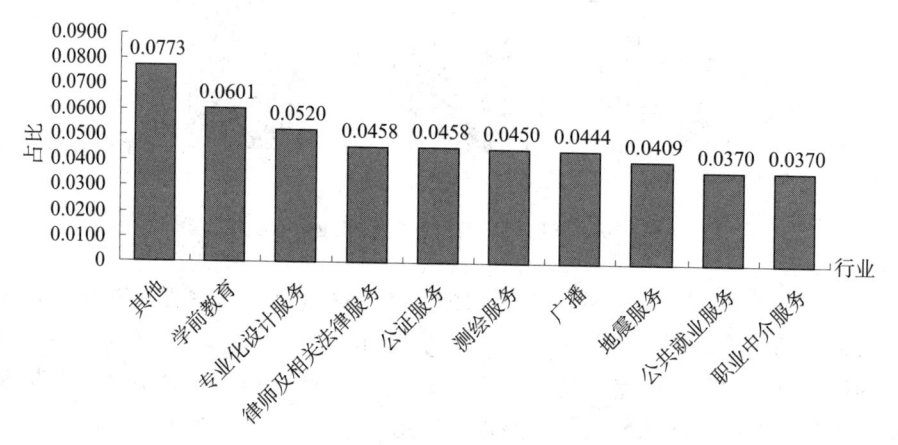

图3-10 2014年四川部分产业营业收入比率情况

3.2.3 信息资源产业发展趋势分析

2013年四川的信息资源产业指数得分为81.72,排名全国第16位,而2014年该指数得分为81.63,基本与2013年相同,排名也依旧维持在第16位。2013年,在四川得分排名附近的省市分别是湖南(第14位,81.98分)和云南(第15位,81.91分),这两个省份2014年的指数得分及排名分别为湖南(第18位,81.12分)及云南(第22位,80.34分),而2014年在四川得分排名附近的省市则分别是辽宁（第 14 位，81.81 分）和重庆（第 14 位，81.81 分），2013 年这两个省市的得分与排名分别是辽宁（第 12 位，82.80 分）及重庆（第 8 位，83.98 分），具体得分与排名如表 3-7 所示。

表 3-7 2013 年和 2014 年部分省市指数得分及排名

2013 年省市得分及排名			2014 年省市得分及排名		
省市	得分	排名	省市	得分	排名
重庆	83.98	8	辽宁	81.81	14
辽宁	82.80	12	重庆	81.81	4
湖南	81.98	14	四川	81.63	16
云南	81.91	15	湖南	81.12	18
四川	81.72	16	云南	80.34	22

接着我们将四川的两年得分数据与全国两年的平均得分进行比较，详情如图 3-11 所示。

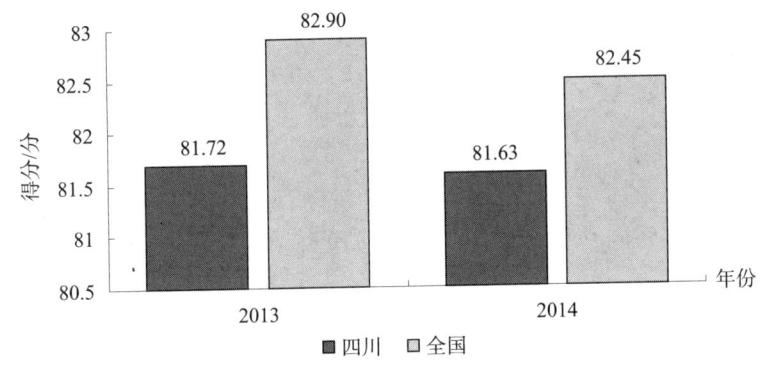

图 3-11 2013 年、2014 年四川和全国平均得分对比

从图中我们可以看出，虽然 2013 年和 2014 年四川的信息资源产业指数得分都没有达到全国平均水准，但是与其的差距有所减少，其中的因素除了 2014 年全国大部分省市的信息资源产业得分基本没有提升及少数领先城市的得分下降之外，四川的信息资源产业没有发生大的变化，状态平稳也是重要的因素。从表 3-7 中可以看出，除去我国几个信息资源产业极有优势的省市以及个别落后省市，其余的省市发展水平类似，基本徘徊在全国平均水平线附近，并且分差不大，排名波动受当年的得分情况变动较为明显，但是彼此之间并没有太多差距，都处于仍需要时间发展的阶段。

为了更细致地了解四川的信息资源产业发展趋势，我们选择将四川 2013

年和 2014 年的二级指标得分进行对比，具体数据如图 3-12 所示。从图中我们可以看出，2014 年四川的二级指标得分与 2013 年相比，在不同的方面有不同的变化，需要进行具体分析。

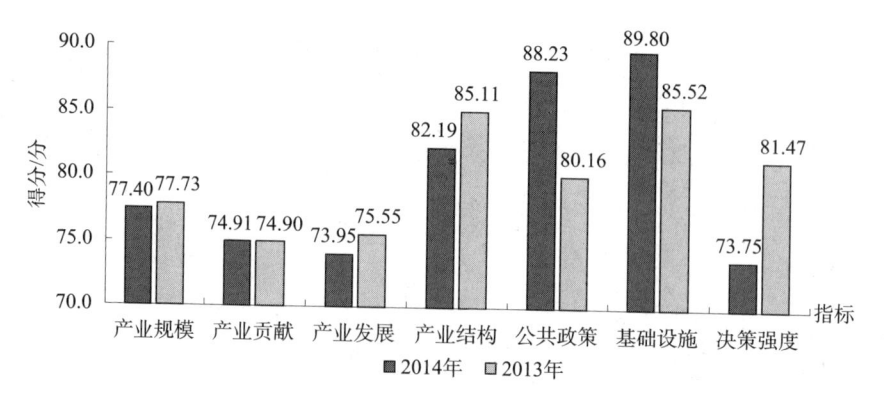

图 3-12　2013 年、2014 年四川二级指标得分

（1）产业规模

和 2013 年相比，2014 年四川的产业规模指标得分基本没有变化，仅降低了 0.33 分，可以认为四川的产业规模在近一年的时间内基本没有太多扩大，依然保持着原本的水平。

（2）产业贡献

2014 年四川的信息资源产业贡献和 2013 年得分相比仅提高了 0.01 分，表明一年的发展时间并没有使四川的信息资源产业贡献有所提高，其转换效益仍然需要改进。

（3）产业发展

2013 年四川的信息资源产业发展指标得分为 75.55，到了 2014 年这个数据变成了 73.95 分，当然，这并不能表明四川的产业发展不进反退，只能说明四川的产业发展速度比 2013 年增长有所变慢。

（4）产业结构

2013 年四川的信息资源产业结构指标得分为 85.11，而到了 2014 年该得分为 82.19，但是这两年的得分基本与全国的平均得分持平，由此表明四川的产业结构基本处于全国的平均水平，可以进行进一步的发展及优化。

（5）公共政策

2013 年四川的公共政策指标得分为 80.16 分，而 2014 年则增加了 8 分，达到了 88.23 分，而同年全国的平均得分只有 82.78，说明在这一年内有关的产业政策供给显著提升，如果给予足够的时间，那么四川的信息资源产业发展或许会有长足的进步。

（6）基础设施

2014年四川的基础设施指标得分与2013年相比也有较为明显的提升，达到了89.80分，但是这个得分也只是与全国的平均得分相近，说明四川在信息资源产业的基础设施方面仍然需要投入大量的时间与资源，才能够缩小与发达省市的差距，由此也可以看出，我国的信息资源基础设施的资源分配相对差异较为明显，需要国家及地方政策的支持来减小差距。

（7）决策强度

2014年四川的决策强度得分相比较2013年有明显的降低，甚至降至了全国平均得分以下，说明政府的关注度及决策度有所下降。

3.2.4　信息资源产业优势行业分析

信息资源产业优势行业的成因可以从地理位置、教育资源两个角度进行分析。

2014年，四川的优势行业为其他未列明信息技术服务业，其次是学前教育，再次是专业化设计服务。我们首先对于四川的地理位置进行了解，四川位于西南腹地，地处长江上游，东邻重庆，南接云南、贵州，西衔西藏，北连青海、甘肃、陕西；东部丘陵较多，西部山地较多。四川境内以山地为主，丘陵次之，平原和高原少。河网密布，水系发达，人口稠密，气候宜人，经济发展较快，交通干线密集。四川也是中国重要的工业基地之一。同时，四川的矿产资源十分丰富。然而这种优势并没有转化为信息资源产业的优势。换句话说，正是丰富的资源使得这里的人对于信息资源的需求不是十分强烈。

四川有着以长虹集团、九洲集团为代表的千亿电子信息产业，以攀钢集团、东方电气集团为代表的大型重点企业，以新希望集团和五粮液集团为民营代表的大型骨干企业。同时，其高等教育资源也相当丰富，有"985"院校2所，"211工程"大学3所，以及12所省级重点大学以及众多普通高校及独立院校。这些资源为其他未列明信息技术服务业以及专业化设计服务提供了良好的基础。

3.2.5　信息资源产业发展特点

在与其他省市比较信息资源发展指标之前，我们先将四川的各项二级指标与2014年全国的平均指标得分进行了比较，具体数据如图3-13所示。

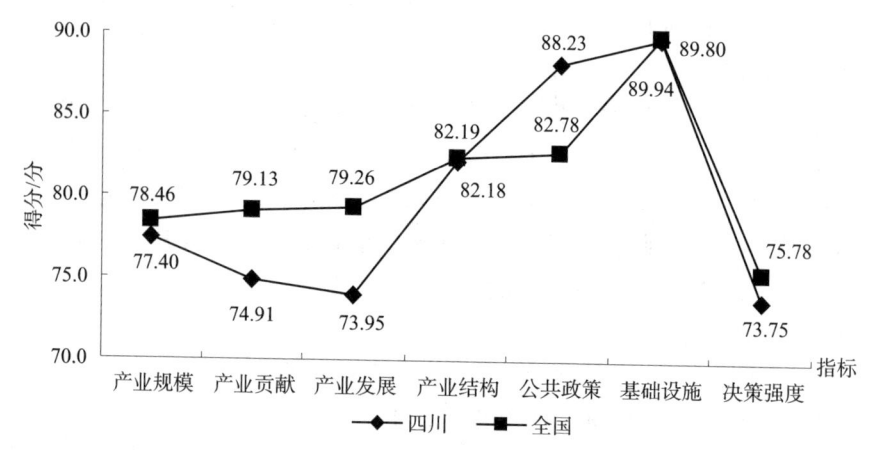

图 3-13　2014 年四川和全国二级指标对比

从图中我们可以看出，四川的各项二级指标基本低于全国平均得分，唯有公共政策这一指标得分领先，目前四川的综合排名第 16 位，在全国 31 个省区市中处于中间位置，那么排名还在其之后的省市信息资源产业发展情况又该如何？一线城市与其他城市的发展速度及程度差异之大可见一斑。

如表 3-8 所示，从产业规模来看，四川的 4 项三级指标排名都处于中上游，也是刚刚接近全国的平均水平，产业规模还有提升的空间。

表 3-8　2014 年四川三级指标得分及排名情况

指标		得分	排名	指标		得分	排名
产业规模	产值规模	76.60	15	产业结构	资源结构	93.28	16
	从业人口规模	77.02	12		产业密集	81.75	24
	法人单位规模	76.79	16	公共政策	产业政策供给	85.81	9
	上市企业规模	80.01	11		政务开放互动	90.66	6
产业贡献	就业贡献	73.30	26	基础设施	产业园区发展	88.46	12
	经济总量贡献	76.51	30		区域信息化	91.14	10
产业发展	产值规模增长	75.63	24	决策强度	决策层关注度	75.50	12
	法人单位发展增长	72.85	30		政府工作强度	72.00	12
	从业人口发展增长	73.35	25				

从产业贡献来看，四川的 2 项三级指标都严重偏低，虽然四川的信息资源产业发展属于中等水平，但是其将资源转化为收益的能力还有欠缺，如果能够在这一方面进行改进、提升，可能会对信息资源产业的发展给予一定程

度的帮助。

产业结构指标由资源结构和产业密集两项指标测定，其中，四川在资源结构指标上的排名较为落后。由于资源结构指标反映的是一个地区信息资源产业发展过程中对信息资源依赖程度的相对水平，而四川经济发达，经济发展方式多元化，其信息资源产业发展过程中不仅对于信息资源有所需求，对于其他类资源的需求也相对较高，因此造成了对于信息资源的依赖相对较低。

四川的基础设施指数从2013年到2014年提高了4.28分，相较于其他指数相比，进步相对明显。基础设施指数分为产业园区发展及区域信息化两个方面，四川在这两方面的排名位于中上游，在其前面的基本都为南方的经济发达省市，也从侧面证明出我国的信息资源产业发展整体趋势为东南高，西北低。

3.2.6 四川信息资源产业政策分析

通过前面的数据分析我们发现，在2013年，四川的二级指标得分中，公共政策的得分为80.16，到了2014年，这一得分上升到了88.23，提升了8.07分。这一提升幅度相较于上海来说是较为巨大的，同年四川的公共政策得分也要高于全国平均得分。那么，四川近几年究竟有哪些强有力的政策来支持信息资源产业发展呢，接下来我们就一探究竟。

3.2.6.1 四川信息资源产业政策发布情况

2014年，四川信息资源产业相关政策据统计共有392个，涉及了规划管理、工程勘探、广播、电视、市场调查、生态监测等行业。近两年，四川政府紧跟国家的号召，将建设重点放在了"大数据""互联网+"等方面，先后出台了《四川省加快大数据发展的实施意见》《四川省2015年"互联网+"重点工作方案》《支持成都高新技术产业开发区创建国家自主创新示范区十条政策》等政策，同时还有《四川省电子商务业发展工作推进方案》《四川省现代物流业发展工作推进方案》《四川省现代金融业发展工作推进方案》《四川省科技服务业发展工作推进方案》等方案推进其他信息资源产业发展。

值得一提的是，四川省政府在2014年还出台了《四川省人民政府关于深化政务公开工作的意见》，在意见中，四川省人民政府共提出了10点，包括：深入推进重点领域信息公开，围绕省委、省政府中心工作和群众关心、社会关注的重点领域，不断拓宽公开范围，深化公开内容；大力推行行政决策公开，坚持依法科学民主决策，完善重大行政决策听取意见制度、听证制度、社会稳定风险评估制度、合法性审查制度、集体决定制度、实施情况后评价制度和责任追究制度；全面推进行政权力运行信息公开；着力深化基层政务公开；推进公共企事业单位办事公开；加强行政机关内部事务公开；加强涉及群众利益重大政策解读；加强公开载体建设；加强制度建设和强化监督保障。这一项政策的实施，或许能够为四川的信息资源产业指标得分增添不少亮点（见表3-9）。

表3-9 四川信息资源产业重要政策发布情况

主要政策	着重方向
《四川省人民政府关于深化政务公开工作的意见》	旨在巩固党的群众路线教育实践活动成果，深入贯彻省委《关于建立健全作风建设长效机制的意见》和《关于认真贯彻"三严三实"要求进一步加强党员干部教育管理监督的意见》，充分发挥政务公开服务人民群众生产、生活和经济社会活动的作用，加强权力运行制约和监督，以公开促公正，以透明促廉洁，营造更加开放透明、风清气正、廉洁高效的政务环境
《四川省电子商务业发展工作推进方案》	坚持以深度融入实体经济、支撑全省经济社会持续健康发展为目标，以转变发展方式、调整经济结构、促进转型升级为主线，以打造本土平台、促进广泛应用、开展创新孵化为重点，以完善基础设施、健全支撑体系、优化发展环境为根本保障，进一步发挥电子商务产业在经济社会发展中的新兴先导型作用，加快构建服务社会经济、发展业态丰富、模式创新活跃、配套支撑完善、占领发展高地的电子商务产业发展体系。进一步巩固和提升四川省"中西部电子商务中心"地位，电子商务产业发展的综合水平进入全国"第一梯队"行列
《四川省科技服务业发展工作推进方案》	旨在完善科技服务体系，聚集资源、创新服务模式，培育和壮大科技服务市场主体，完善科技创新服务链，促进科技服务专业化、网络化、规模化、国际化发展，推动科技服务业成为经济重要支撑力量。到2017年，服务科技创新能力明显提高，技术市场体系更加完善，科技创新环境不断优化，科技创新效率进一步提升，科技服务业总收入达到3500亿元以上。到2020年，基本形成覆盖科技创新全链条的科技服务产业体系，科技服务市场化水平和国际竞争力明显提升，培育一批有知名品牌的科技服务龙头企业，涌现一批新兴服务业态，形成一批科技服务产业集群，科技服务产业规模显著扩大，在现代服务业中的比重明显提升，科技服务业成为转方式、调结构的重要力量。科技服务业总收入力争超过5000亿元
《四川省加快大数据发展的实施意见》	旨在依托现有机制和现有机构，建立大数据产业发展协调推进机制，建设大数据省级智库，组建政务数据与大数据产业发展服务机构，为大数据产业的综合研判、重大决策、有序推进提供支持。明确建立和完善大数据监督和技术反腐体系等重点任务
《四川省促进云计算创新发展培育信息产业新业态分工方案》	旨在强化云计算顶层设计，拓展云计算市场需求，提升云计算服务能力，提升云计算创新能力，培育云计算产业链，提升云计算安全保障能力，优化云计算发展环境等

3.2.6.2 四川信息资源产业政策文本分析

为了更好地了解四川信息资源的产业政策，笔者从上述几项政策中选择了其中的电子商务及科技服务产业政策进行深入的分析。

(1)《四川省电子商务业发展工作推进方案》

按照《四川省电子商务业发展工作推进方案》，四川将进一步巩固和提升"中西部电子商务中心"地位，电子商务产业发展的综合水平进入全国"第一梯队"行列。主要有以下几点目标：

① 总量不断扩大。力争到2017年，全省电子商务市场交易额超过2万亿元，网络零售交易额超过2600亿元；2020年，全省电子商务市场交易额超过4万亿元，网络零售交易额超过4500亿元。

② 应用更加广泛。经过5年努力，商贸企业电子商务普及应用率达90%，规模以上生产制造企业电子商务普及应用率达95%；城市、农村电子商务齐头并进，全面融入经济社会各领域、各环节。

③ 支撑坚强有力。力争到2020年，培育电子商务交易额超1000亿元的企业5家、超100亿元的企业20家以上、超10亿元的企业50家；打造支撑力强、辐射面广且各具特色的全国知名电商平台20个。

④ 贡献持续提升。电子商务市场交易规模占社会消费品零售总额比重逐年上升，成为带动就业、提供税收、拉动需求的重要途径；未来5年年均电子商务企业直接从业人员超过100万人次，间接带动从业人员800万人次以上。

在该方案中，首先对推进四川省电子商务业发展工作的重要意义作出阐释，指出电子商务是带动农业、提升工业、革命服务业的新经济产业，是经济社会发展的重要"引擎"。加快发展电子商务产业，是减少流通环节、降低企业成本、提高工作效率、拓展市场空间和创新经营模式的有效手段，是推动产业转型升级、化解过剩产能、提高综合竞争力的务实之举，是稳增长、调结构、扩消费、促就业、惠民生的重要抓手，对促进全省实现"两个跨越"具有重要意义和深远影响。

接着，方案又指出，当前和今后一个时期，随着新型工业化、新型城镇化深入推进，特别是经济转型升级、社会结构和消费观念深刻变革，电子商务产业将迎来加速发展的重要机遇期。高速发展将是总体趋势。近3年全国电子商务交易规模年均增长30%以上，未来5年将继续保持年均20%以上的增长。模式创新将注入强劲动力，以云计算和物联网为代表的新一轮信息技术变革加快兴起，O2O、C2B、P2P等新业态蓬勃发展，电子商务产业将颠覆传统的生产、流通和生活方式，跨界融合将成为根本取向。实现与三次产业特别是商贸流通、交通运输、金融旅游和城乡消费全产业链、供应链、价值链融合发展，成为新兴经济增长点，"渠道下沉"将成为各大电子商务企业的布局重点，重构经济格局将是必然结果。电子商务产业成为抢占产业制高点、掌握发展主动权的重要手段，对区域经济结构将产生重大影响。

四川的电子商务现状则呈现以下特点：起步较晚，但起点高、发展快。近3年四川的电子商务市场交易额年均增长60%以上。2013年突破8000亿元规模，居全国第六位、中西部首位。2014年1~8月，全省电子商务市场交易额达到7898.7亿元，同比增长57.9%；其中网络零售交易额830亿元，同比增长54.8%。主体队伍不断壮大。电子商务不断普及，初步形成与实体经济融合的发展态势。特色平台快速发展。一批大宗商品电子商务平台发展迅猛。

但是在快节奏的发展中，四川的电子商务产业发展也有着一些不足之处。首先是支撑体系比较薄弱。监管体系和统计体系较为滞后，电子认证、网上交易、电子支付等配套服务有待完善。其次是产业结构不尽合理，适合开展电子商务的居民日常消费产品不多且缺乏竞争力，各市（州）发展不够平衡。再次是大平台企业少。目前淘宝、天猫、京东、苏宁易购等占据全国绝大部分市场，在四川本土仅有天府商品交易所、中药材天地网等行业内较有影响的平台。最后是人才匮乏。我国电子商务中高端人才大部分集中在江浙、北京、上海等经济和电子商务发达地区，四川缺乏电子商务人才，制约了产业发展。

（2）《四川省科技服务业发展工作推进方案》

该方案对科技服务业进行了详细的阐述，表明该行业的重要意义。科技服务业作为现代服务业的重要组成部分和核心内容，具有人才和智力密集、技术含量和附加值高、创新性和渗透性强、发展潜力和辐射带动作用显著等特点，是全球产业竞争的战略制高点，是推动产业结构升级优化的关键。科技服务业包括研发服务（包括新技术、新产品、新材料、新工艺开发及小试、中试）、设计服务（包括产品设计、工业设计、建筑设计、工程设计、设计外包）、信息资源服务（包括大数据、云计算、服务外包、软件开发等信息技术服务以及科技资源服务）、科技文化融合、创业孵化服务、科技金融服务、科技中介服务（包括科技咨询服务、技术转移服务、知识产权服务）、检验检测服务等科技服务业态。

从该方案中我们可以得知，四川的科技服务业目前门类齐全，体系完整，具有良好的发展基础、发展条件和发展潜力。2013年四川科技服务业规模超过2000亿元，一些领域处于国内领先地位。在信息资源服务领域，四川拥有

1300家以上专业从事软件、信息服务企业和一批从事该领域研究及技术推广应用的高校院所。在研发设计服务领域，四川拥有266个科研机构，形成了一批独立的第三方研发、检测、设计公司，近年来还成长起一大批工业设计、创意设计、IC设计等专业从事研发设计的中小微企业。在科技中介服务领域，科技咨询服务机构数量众多，生产力促进中心数量达到144家，从业人员上千人次，2013年服务企业总数1.6万家以上，形成了一批咨询行业的知名品牌企业。科技情报信息、知识产权服务机构覆盖全省各市（州）。在创业孵化服务领域，创业及产业化服务体系不断完善。科技企业孵化器数量已超过50家（其中大学科技园7个），孵化面积200余万平方米，在孵企业超过3500家。

在该方案中，还提出了具体的目标。到2017年，服务科技创新能力明显提高，技术市场体系更加完善，科技创新环境不断优化，科技创新效率进一步提升，科技服务业总收入达到3500亿元以上。到2020年，基本形成覆盖科技创新全链条的科技服务产业体系，科技服务市场化水平和国际竞争力明显提升，培育一批有知名品牌的科技服务龙头企业，涌现一批新兴服务业态，形成一批科技服务产业集群，科技服务产业规模显著扩大，在现代服务业中的比重明显提升，科技服务业成为转方式、调结构的重要力量。科技服务业总收入力争超过5000亿元。

3.2.6.3 小　　结

从上述的两项政策分析中，我们可以看出，四川十分看重发展新兴信息资源产业这方面，根据本省的实际情况，接连出台了几项政策，更是在2015年紧紧追随国家的步伐，出台了相关政策支持"互联网＋"，大数据与云计算的建设，从而加快自身的现代化信息化建设。

四川作为我国西部地区的一颗明珠，其信息资源产业发展虽然呈现蒸蒸日上的态势，但是还存在许多短板。正如《四川省电子商务业发展工作推进方案》中所提到的，四川的电子商务产业虽然交易额增长快速，但是产业结构不尽合理，适合开展电子商务的居民日常消费产品不多且缺乏竞争力，各市（州）发展不够平衡，而且自己省份的大平台企业少。目前淘宝、天猫、京东、苏宁易购等企业占据了全国绝大部分市场，而在四川本土仅有天府商品交易所、中药材天地网等在行业内较有影响的平台。人才的匮乏也制约了四川省自身的电子商务发展。我国电子商务中高端人才大部分集中在江浙、北京、上海等经济和电子商务发达地区，而像四川这样的地区则少有人才问津。

其实不仅是电子商务产业，也不仅是四川一个省份，全国除北京、上海、广州及江浙地区，大部分省市面临着这样的问题，少数企业占据了全国大部分的市场，而剩余各省的产业只能去争夺少部分市场，导致企业没有足够的收益，从而没有更多的资金发展，长此以往恶性循环，使领先的企业逐步蚕食整个市场，从而彻底形成垄断，因此政府如何帮助优秀的中小企业发展，我们认为是下一步工作中的重要环节。

另外，人才、资源、科学技术的分配不均。大部分的信息资源产业科技人才都集中在一线发达省市，地域差距十分明显，落后地区往往高薪都无法招揽到一个高科技人才，同时因为地域不同，省市起点不同，自身发展速度也无法做到同步，往往是发达省市已经完成了这一步工作，有些省市还在做准备工作，要想追上发达省市，只能在新的领域加大投入，但是又有可能因为人才资源等的缺失，导致最后发展落后于其他省市。

因此，笔者认为，对于信息资源产业相对不发达的省市，政府可以考虑结合自身地域优势，着重发展一个或几个产业，同时加快基础设施及配套法律政策的建设，保护自身的新兴产业。

3.3 北京信息资源产业发展情况

2014年，北京信息资源产业发展指数得分为90.37，在全国31个省区市中排名第2位，次于江苏省。其在各项指标上的表现均名列前茅，其中，产业规模、产业贡献和基础设施指标均排全国第1位，产业结构指标均进入全国前3名，而产业发展、决策强度和公共政策指数也进入全国前5名。各项指标的具体得分及排名如图3-14、表3-10所示。由此可见，作为中华人民

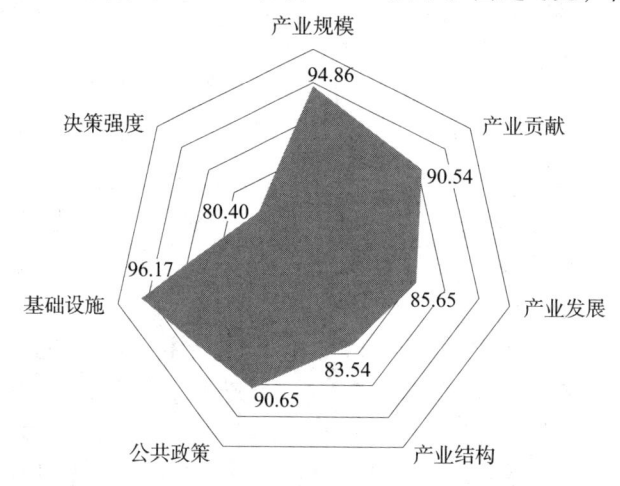

图3-14 2014年北京信息资源产业二级指标得分

共和国首都、直辖市、国家中心城市、超大城市,全国政治中心、文化中心、国际交往中心、科技创新中心,是中国共产党中央委员会、中华人民共和国中央人民政府和全国人民代表大会的办公所在地,北京的信息资源产业发展状况良好,同时,北京作为中国文化和政治中心,信息资源产业发展也遥遥领先于其他各省市。

表3-10 2014年北京信息资源产业二级指标得分及全国排名

指标	得分	排名
产业规模	94.86	1
产业贡献	90.54	1
产业发展	85.65	4
产业结构	83.54	3
公共政策	90.65	5
基础设施	96.17	1
决策强度	80.40	4

3.3.1 信息资源产业发展概况

2014年北京的产业价值指标得分为91.47,在全国31个省区市中排名第2位,第1位为广东,得分是91.69;最后一位是贵州,得分为75.20。北京产业环境指标得分为89.27,排名全国第3位,第1位为江苏,得分为92.15;第2位是浙江,得分89.94;最后一名是海南,得分为78.76。第2名和第3名之间差异不大,说明北京的产业价值指标在全国水平里处于领先地位。第1位与最后一位之间差异较大,说明我国产业价值指标发展不均衡,水平不一,需要对得分较低的省份重点关注和培养。同时应该总结发展较好的地区的发展理念和发展历程,作为落后地区的发展指南和发展目标。

如图3-15、图3-16所示,2014年,全国产业价值指标得分的平均值为81.87,产业环境指标得分的平均值为83.04。北京的产业价值指标得分与第1位相差0.22分,领先全国平均得分9.60分,说明北京作为我国的政治与经济发展中心,其产业价值在全国处于上游地位,领先于全国大部分城市,信息资源产业发展很好,和第1位相比仍有进一步发展的潜力。另外,北京的产业环境指标得分与第1位相差2.88分,领先全国平均值6.23分,说明北京的信息资源产业环境建设处于相对优势地位,和顶尖城市相差不大,而我国整体的信息资源产业环境的建设还有不足,各地区之间仍旧存在差异。

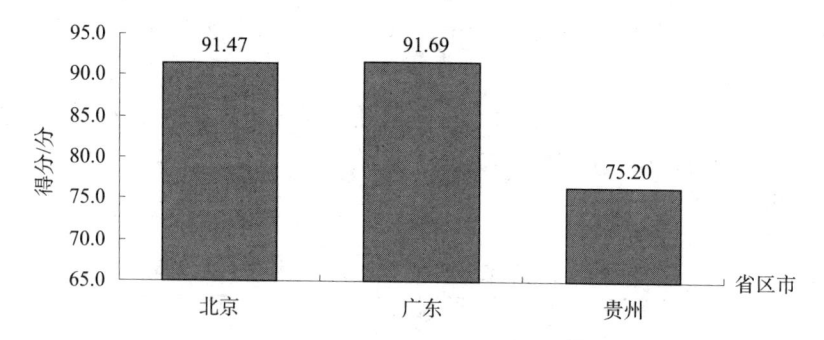

图 3-15　2014 年北京、广东及贵州产业价值指标得分

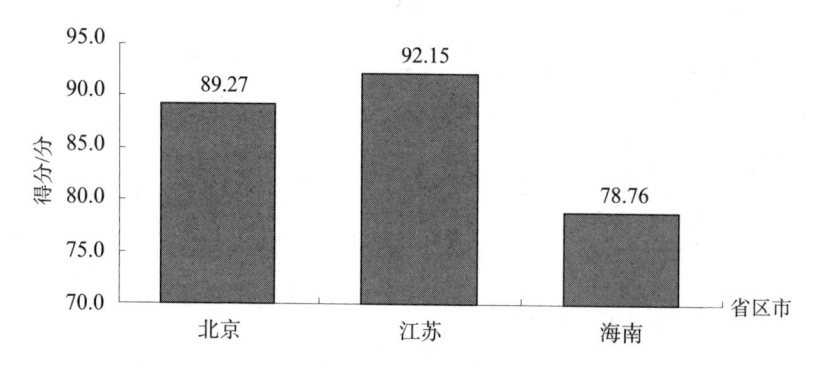

图 3-16　2014 年北京、江苏及海南产业环境指标得分

3.3.2　北京信息资源产业优势行业分析

在筛选北京的信息资源产业优势行业时，笔者决定以 2014 年北京所有的信息资源产业营业收入的比率（北京市信息资源产业营业收入与全国信息资源产业营业收入的比值）为评选标准，得出北京各行业的营业收入比率。之后按照从高到低排序，得出前 24 个优势行业。2013~2014 年北京的优势产业分别为：文化娱乐经纪人，其他文化艺术，比率均为 0.3474，排在所有行业第 1 位；图书出版，报纸出版，期刊出版，音像制品出版，电子出版物出版，其他出版业，比率均为 0.2948，排在所有行业第 2 位；接下来是农业技术推广服务，生物技术推广服务，新材料技术推广服务，节能技术推广服务，其他技术推广服务，比率均为 0.2897。综合其他省份的营业收入比率来看，北京的优势产业的收入比率更高，并且最高营业收入比其他省份最高的营业收入比高。可以看出北京作为全国文化中心，文化方面的信息资源产业有很大的发展，并领先于全国其他省份。这些领先行业都和文化有很大关联，也说明了文化的发展受到很大的重视和政策扶持，发展现状良好。

与同样发展迅速的上海比较,2013~2014年上海的优势产业分别为:货物运输代理,旅客票务代理,其他运输代理业,比率均为0.1334,排在所有行业第1位;接下来是会计、审计及税务服务,社会经济咨询,其他专业咨询以及市场调查,比率为0.1112。对比北京的会计、审计及税务服务方面却没有北京的营业收入比高,北京为0.1371,仍高于上海的优势产业的营业收入比率。但是在北京优势行业里却排在第24位之后,说明北京其他行业的发展在全国仍处于优势行业。北京信息资源产业的平均水平领先于全国其他省份,发展状况良好。

总的来说,相比其他省份的最高营业收入比,例如,江苏2014年的信息资源产业优势行业最高为地震服务0.18,四川2014年的信息资源产业行业优势行业分别是其他未列明信息技术服务业,比率为0.0773等。高出很大一部分,北京各大信息资源产业在全国范围内都属于优势行业。

3.3.3 信息资源产业发展趋势分析

2013年北京的信息资源产业指数得分为91.83分,排名全国第1位。2014年,该指数得分降到了90.37,排名下降到第2位。而2013年排在前5名的省市还有浙江、广东、江苏和上海,到了2014年排在其之前的省市为江苏,前5名还有广东、浙江和上海,连续两年排名没有较大变化,说明北京以及上述省市的信息资源产业的发展已经初具雏形,在没有较大的政策决议或影响因素的情况下,不会发生较大的波动与变化。同样,北京的信息资源产业处于全国领先地位,并且持续几年领先,说明北京的信息资源产业发展到了一个十分稳定和领先的水平,并且能够持续保持领先。说明目前北京信息资源产业相关目标、政策、方式和态度是正确的、能够持续发展的,应该继续保持这种状态,并且带领其他省市发展信息资源产业(见表3-11)。

表3-11 信息资源产业具体得分情况

2013年得分排名前5名的省市	得分	排名	2014年得分排名前5名的省市	得分	排名
北京	91.83	1	江苏	91.67	1
浙江	90.37	2	北京	90.37	2
广东	90.31	3	广东	89.80	3
江苏	88.62	4	浙江	89.47	4
上海	88.41	5	上海	87.01	5

为了详细地了解北京信息资源产业的发展情况与趋势，通过与2013年的数据进行对比，以此来说明。图3-17展示了北京2013年和2014年的信息资源产业指数得分情况及全国的平均分数。从图中可以看出，2013~2014年，北京的信息资源产业指数得分下降了1.46分，相较以往，有下降的趋势，全国平均得分从2013年的82.90降到了2014年的82.45，下降了0.45分，2013年北京比全国的平均得分多了8.93分，2014年仍超出了全国平均水平，分差变为了7.92分，可以看出北京的信息资源产业优势在逐渐减小。但是从北京优势行业的指数来看，水平仍处于很高的层次。这说明在大环境下各个省市都有很大的提升，在一定的程度上减小了与北京的差异。说明我国的信息资源产业在全国范围内有了很大发展。

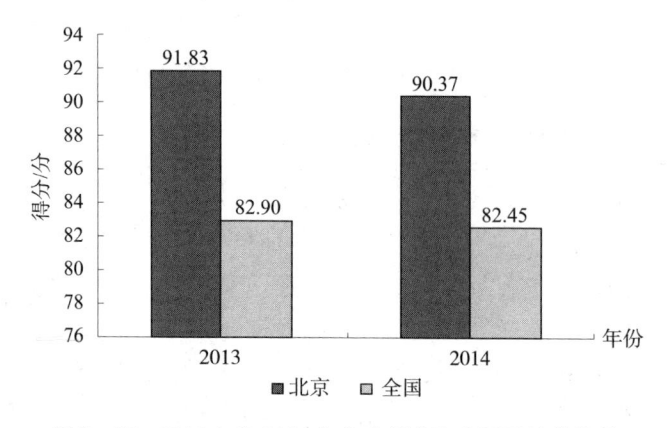

图3-17　2013年和2014年北京得分和全国平均值趋势

在分析完整体的得分情况之后，我们选取了二级指标得分进行进一步了解。从图3-18我们可以看出，2014年北京的各项二级指标得分基本都高于

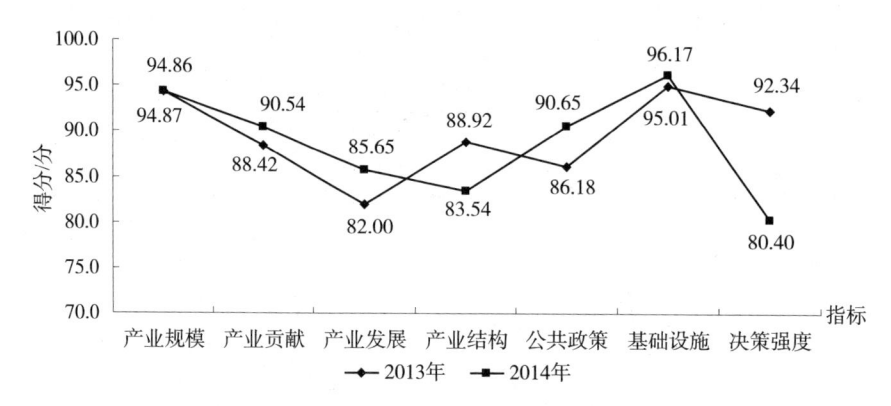

图3-18　2013年、2014年北京二级指标得分对比

2013 年,呈现向上发展的趋势,只有极个别指标低于 2013 年,但是这些指标的跌幅程度要高于其余指标的上升程度,这导致了 2014 年北京的得分较之 2013 年有所下降。但是整体来看还是一个增长的趋势,这也证明了上文的分析,北京的优势产业仍处于领先地位。

(1) 产业规模

从图 3-18 中可以看到,2013 年北京的产业规模得分为 94.87 分,2014 年也为 94.86 分,和 2013 年近似。与此同时,2013 年和 2014 年北京的产业规模指数得分都要高于同一年的全国平均指数得分(78.61 分和 78.46 分),说明北京的产业规模在这一年是维持稳定发展的,并且领先于全国其他省份。

(2) 产业贡献

2013 年北京的产业贡献指标得分为 88.42,同年全国的指标得分为 78.92;2014 年北京的产业贡献指标得分为 90.54,比 2013 年高出 2.12 分,同年全国的指标得分为 79.13,比 2013 年高出 0.21 分,说明北京的信息资源产业贡献数量和所占比例都有所提升,并且是高于全国平均发展水平的。

(3) 产业发展

2013 年北京的产业发展指标得分为 82.00,2014 年为 85.65,同比提高了 3.65 分,说明北京的信息资源产业是在加速发展的,而全国的得分从 2013 年的 79.74 分降到了 2014 年的 79.26 分,表明全国的产业发展速度是有所降低的,在全国都在降低的趋势下北京依旧在加速发展,这可能和有关政策相联系。

(4) 产业结构

在产业结构指数得分一项,2014 年北京的得分仅为 83.54,相较于 2013 年的 88.92 分,下降了 5.38 分,下降程度相对较多,全国的产业结构得分也从 85.94 降到了 82.18,下降 3.76 分,全国信息资源产业得分前 3 位中的广东在这一指标上也有所下降,但是这不能说明北京的信息资源产业结构出现了问题,可能是北京的信息资源产业在经历了前期的发展之后,开始进行内部的结构调整,市场内部对产业结构进行整合、发展,因此会有些许影响产业结构的分数。

(5) 公共政策

2013 年北京的公共政策得分为 86.18 分,2014 年增长为 90.65 分,增长了 4.47 分,说明经过一年的发展,北京市政府对信息资源产业的有关政策有所增多,值得一提的是,全国的平均得分从 2013 年到 2014 年上升了 3.14 分,表明国家对于信息资源产业重视程度也逐渐在提高,全国的公共政策也同步有所增加,在领先城市快速发展的同时,其他省份指数也在同步增长,全国的发展有望均衡。

（6）基础设施

与2013年的得分相比，2014年北京的得分上涨了1.16分，证明北京的基础设施正在进一步发展、完善中，并且北京的此项指标得分在90分以上，证明北京的基础设施相较于其他省市都是相对领先和完善的。作为首都，北京的基础设施一直处于全国领先水平，其完善也不需要很大的投资。所以提升空间不大，但是基础设施仍处于很高的水平。

（7）决策强度

2014年北京的决策强度指数得分较之2013年也有较为明显的降低，从92.34降到了80.40，幅度较大。这表明政府的政策强度相较于2013年有很大减少，对于这个原因，笔者认为可能与2014年北京信息资源产业发展已经比较成熟有关。相应的政策强度有所减弱，政策强度重心向其他各省市偏移，这样有利于全国范围内信息资源产业平衡发展，齐头并进。

3.3.4 信息资源产业优势行业分析

通过北京的全部信息资源产业的指数得分与全国的全部信息资源产业的指数得分对比，根据得到的百分比进行排列，2011～2014年北京的文化娱乐经纪人、图书出版行业、知识产权服务均处于全国比较靠前的位置。北京的文化娱乐经纪人、图书出版行业、知识产权服务高于全国平均水平。为何上述行业成为北京的信息资源产业优势行业呢？北京作为中国的政治、文化中心，有着大量的高等学府及科研机构以及文化传媒公司，所以上述行业处于全国领先地位是可以预见的。我们将从政治环境、经济优势、文化基础以及教育资源、科技环境和基础设施六个方面来分析。

要分析北京的信息资源优势行业形成的原因，首先应当从北京的政治环境说起。北京是中华人民共和国首都、直辖市、国家中心城市、超大城市，全国政治中心、文化中心、国际交往中心、科技创新中心，是中国共产党中央委员会、中华人民共和国中央人民政府和全国人民代表大会的办公所在地。作为政治中心，其发展和政策协助也在一定程度上有很大的优势。可以看出，信息资源产业发展良好离不开北京的政治环境。北京的政治环境给予了北京敏感的政策方向以及得天独厚的政策优势，先发展、先调控、好监控，给北京的信息资源产业发展提供了很好的政策支持。

北京的经济优势不仅体现在经济总量上，更体现在经济结构上，体现在现代领先产业形态上。比如北京的高科技产业、现代金融业、现代信息产业、现代文化产业、现代消费产业、互联网产业等在全国处于领先和优势地位，它代表了中国未来经济发展的方向。如果我们深入研究这些产业，深入研究了这些产业中优秀企业发展的案例，就会从中学到、悟到现代产业、现代企业发展的奥秘，为走向全国积累丰富的经验。北京的经济优势不在于它创造的有形财富，更多地在于它创造的无形财富上，它创富的方式科技含量更高，知识含量更高，智慧含量更高，是知识经济、脑力经济、智慧经济的集中代表。不论是百度的搜索，还是互联网的门户；不论是现代的网游，还是高科技的软件；不论是金融大鳄的创富传奇，还是教育文化的传播天下；不论是会议论坛展览的繁盛，还是模式创新的克隆天下，都是知识经济、脑力经济、智慧经济的体现，它代表了未来，代表了我国发展的方向，而这些也都是现代人追求的方向和目标。北京的经济优势不仅是国内优秀企业的聚集地，现代产业的聚集地，也是世界优秀企业的聚集地，国际现代产业的聚集地，无数世界级的企业落户于此，无数国际领先的产业布局于此，使我们有可能领略世界上最先进的技术，最先进的理念，最先进的管理，让我们不出国门就可以跟踪世界，与国际标准同行，与世界领先同步。

　　北京不仅是我国的政治中心，其教育资源也相当丰富。北京有清华大学、北京大学、中国人民大学等"985"重点高校，同时还有众多经济方面有较高知名度的大学，如对外经济贸易大学等，这些都为北京市的优势产业提供了众多的专业人才，为北京市的优势产业提供了区位优势，人才输出和科研环境相对比较发达。北京电影学院和中央戏剧学院等文化和娱乐的输出也同时促进了文化娱乐经纪人、图书出版行业、知识产权服务等优势的信息资源产业的发展。

　　北京作为我国的科技中心，有着中关村这个科技发展中心。它位于北京市海淀区，是中国第一个国家级高新技术产业开发区，第一个国家自主创新示范区，第一个"国家级"人才特区，是我国体制机制创新的试验田，也被誉为"中国的硅谷"。1988年5月，国务院批准成立北京市高新技术产业开发试验区，即中关村科技园区的前身；中关村科技园区管理委员会作为北京市政府派出机构对园区实行统一领导和管理。中关村是我国科教智力和人才资源最为密集的区域，拥有以北京大学、清华大学为代表的高等院校近41所，以中国科学院、中国工程院所为代表的国家（市）科研院所206家；拥有国家级重点实验室67个，国家工程研究中心27个，国家工程技术研究中心28个；拥有大学科技园26家，留学人员创业园34家。北京的科技环境相对于其他地区也是遥遥领先，处于世界先进水平。北京的人才优势体现在各个方面。政治人才上的优势，经济人才上的优势，文化人才上的优势，科技人才方面的优势，教育人才方面的优势，更重要的，它是高官、大师、巨匠、领袖、精英的聚集地,在北京政治、经济、文化活动的各个场所,各个地方,我们都能看到他们的身影,都能聆听到他们的智慧。向高人学习,与名人同行,我们即使不能成为高人、名人,至少也能有所提升,有所感悟,有所发展。

北京的文化优势相较于政治优势、经济优势而言,更为突出,更为明显。具体来说,它的文化优势体现在以下方面:

第一,历史文化优势独特唯一。北京的历史文化不仅体现在各种历史建筑、遗迹、文物、景点之中,更体现在市井街巷院落之中;不仅体现在各种故居、人物、活动之中,更体现在各种历史和文化的传承载体如典籍、档案、戏剧、传说、故事之中,仔细审视,北京的文化优势代表了中国文化的源远流长,博大精深,绚丽多彩。

第二,多元文化的汇聚优势。北京是中国多民族、多地区文化的汇聚地,北京是世界各国文化的汇聚地,这种汇聚因人才、文化、经济的汇聚、交融,而使北京成为多元文化的汇聚地,这种优势极其明显且是独一无二的。我们纵览全国各地文化、纵览世界各国文化,都可以在北京找到它的载体,吸收它的营养。

第三,北京不仅具有多种形式承载中国历史文化、全国各地文化、世界各国文化的载体,更是创造新的文化、新的历史的策源地、发生地,它有各种研究机构、名牌大学、多样化的传播媒体、传播平台,因此,北京又是现代文化的创造者、引领者、传播者。在北京学习发展,可以学到当代中国,当代世界最先进的文化,最前沿的文化,使我们的思想和行动走在世界的前列。

基础设施方面,北京的互联网以及一些配套的硬件设施都处于我国领先地位。不仅是网络方面,在交通和公共服务等方面也很领先。在设施发展良好的基础上,北京信息资源产业的发展就更加便利和迅速。

总之,北京的政策、文化、经济、教育和科技环境以及基础设施促使北京的信息资源产业发展迅速领先于其他省市。各个必要因素均衡发展,互相支持使得北京市的信息资源产业迅速并且稳定发展。

3.3.5 信息资源产业发展特点

如表3-12所示,从产业规模指标来看,北京产业规模下的四项指标产值规模、从业人口规模、法人单位规模和上市企业规模排名均在全国前2位,总的产业规模在全国范围内遥遥领先。

表3-12 2014年北京市三级指标得分及排名

指标		得分	排名	指标		得分	排名
产业规模	产值规模	93.89	2	产业结构	资源结构	95.48	2
	从业人口规模	94.77	1		产业密集	83.34	8
	法人单位规模	95.08	2	公共政策	产业政策供给	83.73	12
	上市企业规模	96.12	1		政务开放互动	97.56	2
产业贡献	就业贡献	86.31	2	基础设施	产业园区发展	94.20	4
	经济总量贡献	94.77	1		区域信息化	98.13	2
产业发展	产值规模增长	84.25	5	决策强度	决策层关注度	88.80	2
	法人单位规模增长	80.94	9		政府工作强度	72.00	12
	从业人口规模增长	91.78	2				

除了政府工作强度和产业政策供给这两项在全国前十名之外，其余的排名都很靠前。这说明北京的发展已经相当成熟，在相关政策扶持不是很多的情况下，其信息资源产业也同样快速发展，并且占据领先地位。这说明北京的信息资源产业已经不需要太多政策的扶持。我国的信息资源产业相关政策重心开始转向其他省份，有望全国范围内平衡各省市信息资源产业的发展。

从产业贡献来看，北京的两项产业贡献指标——就业贡献和经济总量贡献排名分别为全国第二位和全国第一位，分别高于全国平均水平10.91分和11.87分，北京的信息资源产业就业贡献已经处于顶尖城市。虽然2014年北京的信息资源产业就业贡献达到了86.31的分数，而江苏则是89.13分，北京的信息资源产业在就业贡献方面还有较大的进步空间。经济总量贡献虽然排名第一，说明北京市的信息资源产业将资源转化为经济利益的效率很高。

从产业发展来看，北京的3项产业发展指标都进入了全国前10位，其中从业人口规模增长排名全国第2位，虽然北京在产业发展指标和法人单位规模增长上排名并不突出，但这并不能表明北京的信息资源产业发展前景不佳。造成在这一指标上排名不高的原因，主要在于北京的信息资源产业营业收入规模、法人单位规模、产值规模基数较大，虽然有着较高的增长数量，但增长率却相对较小。

从产业结构来看,北京的产业结构这一指标排名全国第 3 位,其中资源结构排名第 2 位。关于这点,考虑到北京的地理位置使得其自然资源较为丰富,同时经济发展迅速,所以对信息资源的依赖程度已经很高,资源结构发展比较完善。而产业密集则排名第 8 位,为 83.34 分,虽然排名稍微靠后,不过全国的产业密集得分为 82.25 分,说明北京虽然在产业结构方面仍存在优势,与全国的水平相差并不大,但是还有一定的差距,仍有很大进步空间,以后可以多关注产业结构的发展。

在公共政策方面,北京的指标得分相对较为平庸,产业政策供给以 83.73 分的成绩排名第 12 位,而政务开放互动得分为 97.56 分,排名第 2 位,这说明北京市政府在公共政策方面并不均衡,但政府开放这方面做得很好,值得其他各省市学习,虽然在产业方面政策不是很多,但是产业发展没有受到限制。说明在产业政策供给方面是按照北京市现状的需求来供给,比较合理。

从基础设施来看,北京的产业园区发展为 94.20 分,排名第 4 位,说明北京的产业园区发展良好。北京的经济和科技都非常有优势,并且互相影响,促进发展。北京经济的快速发展带来了科技的进步与领先,科技发展又转过来促进北京的经济发展,基础设施自然得到改善,从而在大数据时代获得较多的优势,以中关村为代表的北京信息资源产业园区发展成熟而且迅速,未来北京市应当继续利用这些优势带动信息资源产业的发展。如果想在基础设施建设方面继续提升水平,可以走创新路线,或者是把资金投入其他需要的地方。

从决策强度来看,北京的政府工作强度仅为 72.00,排名第 12 名。相对于此项指标的第 1 名西藏(93.00 分)差了 21 分,说明北京对于信息资源产业的关注程度仍有所欠缺。可能是由于北京本身信息资源产业发展不需要太多的政策扶持,同时全国的平均得分也只有 75.43 分,这表明大多数的地区政府还没有充分重视信息资源产业的发展,没有给予一定强度、有效的政策支持,这也从另一方面说明我国的信息资源产业还有一定的发展空间。毕竟信息资源产业的发展仍不成熟,但是它可以带来非常大的提升和收益,所以还需要在一定程度上给予足够的关注度和政策扶持。如果各地区政府能够给予足够的关注,研究出一套有效的政策和对策来发展信息资源产业,那么其对经济和就业的贡献或许还会有较大的提升(见表 3-4)。

3.3.6 北京信息资源产业政策分析

下面针对北京信息资源产业政策发布的情况及重点政策的文本分析进行探讨。

3.3.6.1 北京信息资源产业政策发布情况

从全国范围来看，2014~2015年8月国家有关部门制定和发布了若干信息资源产业政策，其中以正式文件形式发布的主要包括《国务院办公厅关于印发2014年政府信息公开工作要点的通知》《国务院关于授权国家互联网信息办公室负责互联网信息内容管理工作的通知》等9项政策，这9项政策文件均以中央人民政府名义颁布，集中反映了国家在信息资源产业方面的重要政策目标、政策取向和政策措施的发展情况。

北京地区信息资源产业的政策分布均匀，按照信息资源产业的行业来分，电子出版物出版有4条相关政策；电影放映有2条相关政策；音像制品及电子出版物零售和图书、报刊零售分别有1条相关政策；印象制品批发、零售、出租有2条相关政策；房产中介服务有1条相关政策；公共就业服务有2条相关政策；期刊出版和音像制品出版各有1条相关政策；学前教育有22条相关政策；职业技能培训有35条相关政策；互联网信息服务有两条相关政策；呼叫中心有1条相关政策；环境保护监测有14条相关政策；市场调查有25条相关政策；固体矿产地质勘查有1条相关政策；医学研究和试验发展有2条相关政策；社会人文科学研究有2条相关政策；广告业有3条相关政策；新闻业有1条相关政策；广播有57条相关政策；电视有77条相关政策；电影和影视节目制作有2条相关政策；录音制作和数据处理和存储服务有1条相关政策；知识产权服务有21条相关政策；规划管理有25条相关政策；货物运输代理有1条相关政策。

同时，北京颁布了《北京市促进中小企业发展条例》《北京市关于加快培育和发展战略性新兴产业的实施意见》等地方性法规。

3.3.6.2 北京信息资源产业政策文本分析

2015年9月24日，《关于进一步创新体制机制加快全国科技创新中心建设的意见》正式发布，为北京市科技改革带来重大机遇，北京市将依据这一"行动指南"，创新体制机制，将首都创新优势转变成发展优势——全国科技创新中心建设再提速。

北京市委、市政府高度重视科技创新，将科技创新摆在首都发展的核心位置，以全球视野谋划和推动科技创新，不断深化改革，推动首都创新优势向发展优势转变，加快全国科技创新中心建设。日前出台的《关于进一步创新体制机制加快全国科技创新中心建设的意见》（以下简称《意见》），为坚持和强化首都城市战略新定位、深化科技体制改革指明了方向，成为今后一个时期深化科技改革发展的行动指南。

单位对科技成果首次有了自主处置的权利。在科技发展瞬息万变的今天，科技成果的转化如果要经过层层审批，就容易错失产业化的最佳时机。因此，北京市早在2011年就开始在中关村国家自主创新示范区开展市属事业单位科技成果处置权、收益权的改革试点，明确市属事业单位可以对其拥有的科技成果进行产权转让或注销产权，包括调拨、出售、转让等，但对一次性处置单价价值或批量价值800万元以上的科技成果，仍需经主管部门审核同意后报市财政部门审批。

在此基础上，《意见》首次对市属单位的科技成果明确赋予了自主处置权：对依法取得的科技成果，单位可自主决定合作实施、转让、对外投资和实施许可等科技成果转化事项。本着充分发挥市场作用、激发科研人员积极性和创造性的精神，提出建立符合科技成果转化规律的市场定价机制，探索科技成果市场交易制度。委托第三方专业技术转移机构代理高等学校、科研机构开展科技成果许可、转让、投资等工作，实现科技成果从实验室到市场的无缝衔接。

引导民间资本加入科技成果转化。要想做好科技创新，科技金融这个"钱袋子"不能少。关于这个关键环节，《意见》提出要围绕产业链部署创新链，围绕创新链完善资金链，深化金融创新，加快科技金融创新中心的建设。要探索设立自担风险的民营银行，建立信用信息共享机制，开展企业境外投资试点。完善科技信贷、创业投资、多层次资本市场、科技保险、融资租赁等科技金融服务体系，促进互联网金融健康发展。要支持全国中小企业股份转让系统扩容发展，推动北京区域性股权交易市场建设。引导民间资本依法设立科技成果转化创投基金，鼓励银行等金融机构为科技成果转化和产业化提供知识产权质押贷款等金融服务。

2009年以来，北京市科学技术委员会通过一系列市场化的制度设计和组织管理模式创新，与中央单位共建"首都科技条件平台"，引导丰富的科技资源为首都创新发展服务。截至2014年6月，引导和支持首都地区615个国家级、北京市级重点实验室、工程（技术）研究中心，价值186亿元的3.64万台（套）仪器设备向社会开放共享，形成了仪器设备、数据资料、科技成果和研发服务人才队伍共同开放的大格局。

探索组建科技成果转化实体，将加速解决科研仪器设备利用效率不高等问题，为科研机构推进科技成果转化提供新方式和途径。一方面可充分发挥科研人员和仪器设备的价值,另一方面所得收益可反哺与科技成果转化相关的市场经营活动。

人才是科技创新活动中最关键、最活跃的因素。《意见》指出,要进一步改革科技人才评价和激励机制,实行科技成果入股、股票期权、分红激励等办法,增强对关键岗位、核心骨干的激励。高等学校、科研机构经批准可采用协议工资等分配方式聘任高层次人才。中关村国家自主创新示范区内的高等学校、科研机构中从事科技成果转化和产业化的科研人员可列入示范区高端领军人才专业技术资格评价试点范围,评价合格的可获得高级工程师(教授级)专业技术资格。

《意见》明确提出,要提高职务发明成果转化收益划归研发人员比例,高等院校、科研机构科技成果转化所获收益可按70%及以上的比例划归科技成果完成人以及对转化做出重要贡献的人员所有。

如何对人才进行激励是科技创新的关键。中央领导曾明确要求改掉不符合时代要求的"文件",让科技人员可以入股、拿期权。以此对科技成果创造做出重要贡献的科研机构、科研人员给予更多奖励。《意见》再次推出的改革举措将有助于打通人才流动、使用、发挥作用中的体制机制障碍,建立以科研能力和创新成果等为导向的科技人才评价标准,打破"论文至上"论,让科技人员享有自由的创造空间、获得应有的社会尊重、更自信地创新创业。

《意见》提出,要探索建立"负面清单"管理模式,制定促进新技术产品应用的消费政策,引导市场加大对大气污染防治、污水处理、垃圾处理、健康养老、智能交通、城市安全运行和应急救援等民生领域技术创新成果的示范应用和推广普及。

新技术新产品的应用,政府采购的导向作用不可忽视。《意见》指出,要建立符合国际规则和产业发展的政府采购技术标准体系。探索建立面向全国的新技术新产品(服务)采购平台,深化首购、订购、首台(套)重大技术装备试验和示范项目、推广应用以及远期采购合约等采购机制以及"首购首用"风险补偿机制,带动新技术新产品在全社会的推广应用。同时可通过预留份额、评审优惠和合同分包等方式提高中小企业政府采购比例。

目前,新技术新产品采购和推广应用更多考虑的是生产企业的利益,而较少从用户的角度来思考问题,如购买成本、使用成本、经济风险和责任风险等。《意见》充分借鉴国内外先进经验,提出探索"首购首用"风险补偿机制。更多依靠市场和经济手段来鼓励用户购买、使用新技术新产品,有助于降低用户的风险,营造生产企业、政府、用户共同发力的市场应用环境。

为从用户端加大对新技术新产品应用的消费政策支持,《意见》提出鼓励新能源汽车租赁、合同能源管理、电子商务等商业模式创新，发展商业性的增值服务新业态。这些新机制、新业态既具有节能环保和"高精尖"经济结构的特征，又能培育新的消费增长点。

公众积极参与创新设计和消费创新产品是信息时代的特征之一。为适应这一趋势，《意见》首次提出建设创新参与平台，实施公众参与创新北京行动计划。任何创新的设计、产品、项目都可以通过平台进行对接提供给社会，这样将有更多的人成为创新的参与者和创新成果的受益者，有利于培育和弘扬创新文化。

《意见》提出，本市将引导民间资本依法设立科技成果转化创投基金，鼓励银行等金融机构为科技成果转化和产业化提供知识产权质押贷款等金融服务。

据了解，北京还将探索设立自担风险的民营银行、建立信用信息共享机制和开展企业境外投资试点，并完善科技信贷、创业投资、多层次资本市场、科技保险、融资租赁等科技金融服务体系建设。

创新政府投入模式，用好"钱袋子"，科技金融不可或缺。北京将通过提高财政性资金的杠杆效应和导向作用，扩大战略性新兴产业创投引导基金规模，引导社会资本支持创新型中小企业发展，推动结构调整和产业升级，促进创新型经济快速成长。

《意见》还提出支持全国中小企业股份转让系统扩容发展，推动北京区域性股权交易市场建设。据悉，截至2014年8月，"新三板"挂牌企业总数达到1107家，比年初增加700多家。2014年1月至7月，北京企业海外并购共完成21起，占全国海外并购案例总数的近1/4。

《意见》指出，实施《北京技术创新行动计划（2014～2017年）》，坚持突出创新导向，加大科技创新储备，积极培育先导技术和战略性新兴产业。围绕城市可持续发展和重大民生需求，突破一批关键共性技术和重大公益性技术，在破解城市发展难题的同时培育具有竞争力的产业。

构建"高精尖"的经济结构，要积极创新战略性新兴产业支持机制，围绕产业链部署创新链，形成若干产业链完整、规模效应明显、特色鲜明的高端产业集群。要进一步完善产业转型升级机制，实现高端引领、创新驱动、绿色发展。《意见》提出强化节能、节地、节水，以及人口、环境、技术、安全等产业准入标准，引导产业转型升级，促进产业向中高端跃升。

《意见》进一步明确要积极培育和加快发展要素市场，强化北京技术市场的桥梁和纽带作用，加快中国技术交易所、中国设计交易所等高端市场发展，促进技术、资本、人才等要素市场汇聚的公共技术服务平台建设，使之成为首都乃至全国经济转型发展的强大驱动力。《意见》提出要充分发挥中国（北京）国际服务贸易交易会、中国（北京）国际科技产业博览会、中国（北京）国际技术转移大会等会展平台要素聚集的作用，加快科技服务业发展改革。

目前，北京发展面临着城市拥挤、资源紧缺、环境容量饱和等现实困境，也面临着既要"瘦身"也要"健体"，构建"高精尖"经济结构等可持续发展问题，如何发挥科技创新支撑引领作用受到关注。

北京将继续推进以云计算、大数据、物联网等技术支撑的服务业应用创新和商业模式创新，培育和发展若干新型现代科技服务业态，促进服务业高端化发展。

《意见》坚持全球视野谋划和推动科技创新，提出进一步促进中国国际技术转移中心和北京国家技术转移集聚区集聚跨国技术转移资源，建设有国际影响力的国际技术转移枢纽。加快推进国内外创新主体"引进来""走出去"，引导国际知名企业在京设立研发中心和地区研发总部，鼓励海外风险投资机构来京发展。支持有条件的创新主体积极开展境外技术和品牌收购等国际市场开拓活动，参与国际科技合作和全球产业竞争。

北京作为首都，建设全国科技创新中心，就必须从国家战略的层面来认识科技创新中心建设，紧紧盯住世界科技革命的发展动态，紧紧抓住新一轮产业革命的重大机遇，要有更大胸怀、更大视野、更大合作推动跨国界、跨区域科技融合发展。

积极主动服务创新型国家建设，是北京作为全国科技创新中心应承担的责任。一方面服务国家科技重大战略布局，发挥中关村示范区先行先试优势，积极争取国家改革措施率先在京试点；另一方面着力推进京津冀协同发展，建立健全区域合作发展协调机制，优化区域分工和产业布局，打造京津冀创新发展战略高地。同时还要引导创新主体以联合研发、技术输出、标准创制、产业链协同等模式服务和辐射全国，增强首都科技对国家创新体系建设和产业转型发展的贡献。

2014年3月1日发布的《北京市促进中小企业发展条例》，鼓励中小企业加大技术创新投入，建设研发中心，提高技术研发、产品创新和科技成果转化的能力。科技行政部门、中小企业工作主管部门等有关行政部门对符合条件的中小企业，给予政策和资金支持。支持大企业联合中小企业承担科技重大专项、科技基础设施建设、各类科技计划项目和高新技术产业化项目。科技行政部门、中小企业工作主管部门等有关行政部门应当提供有针对性的指导和服务。

市场开拓方面，中小企业服务机构、行业协会和其他中小企业行业组织可以有计划地组织中小企业参加国内外展览展销活动。拥有自主知识产权、自主品牌的中小企业参加国内外相关展销会以及新产品和新技术推介活动的,市中小企业工作主管部门、商务、科技、文化等相关部门应当给予支持,从而促进信息化背景下的技术创新和产业发展。

关于服务保障部分中的一条,本市设立市和区、县中小企业公共服务平台,为中小企业提供政策咨询、创业辅导、信息传递等公共服务;引导各类社会中介机构为中小企业提供市场营销、产权交易、技术支持、人才引进、财务指导、法律咨询等社会化专业服务。从而给各企业带来技术支持和人才支持,在一定程度上引导了信息资源产业的发展和壮大。

关于服务保障中的另外一条,市和区、县人民政府及有关部门对中小企业办理行政许可、审批、年检和其他服务、管理事项,应当简化程序、缩短期限、减少层级、优化流程,提高行政管理效率和服务水平。为产业发展提供更加高效的路径,促进北京市信息资源产业的高效发展和高质量发展。

3.3.6.3 小　　结

北京的信息资源产业一直处于全国领先水平,2014 年,北京信息资源产业政策支持分布均匀,在各个信息资源产业都有涉及。北京信息资源产业在各项指标上的表现均名列前茅,作为中华人民共和国首都、直辖市、国家中心城市、超大城市,全国政治中心、文化中心、国际交往中心、科技创新中心,是中国共产党中央委员会、中华人民共和国中央人民政府和全国人民代表大会的办公所在地,北京市的信息资源产业发展状况良好,同时,北京市作为中国文化和政治中心,信息资源产业发展也遥遥领先于其他各省。

同时针对中关村科技园区的政策也促进了中关村科技园区的发展,从人才激励和财税优惠等方面促进着北京科技中心中关村科技园区的发展。从中国创业投资发展的历程来看,在发展前期,国有创业投资充当了创业投资行业发展的先驱性力量,其产生是政府主导、主动推动高新技术企业投融资体系方面的新的制度安排。然而面临着国有资产管理体制的体制约束,面临着国有资本保值增值的基本任务以及随之展开的绩效考核等方面的矛盾,其本身受到国有资产管理和待发展的创业投资行业的双重困扰。为此,必须重新界定国有创业投资的职能作用,建立新的国有创业投资的考核、激励机制,为国有创业投资退出建立绿色通道,分步骤推进国有企业"走出去""引进来"的机制创新。在政府主导下推动中关村与国际的接轨,从而带来更广阔的发展空间。2010 年 12 月北京市人大常委会通过的《中关村国家自主创新示范区条例》第 45 条规定,市和区、县人民政府及有关部门设立创业投资引导资金和基金,采取阶段参股、跟进投资、风险补助等多种方式,支持境内外创业投资机构在示范区开展不同阶段的投资业务。一方面,鼓励创业投资主体多采用与海外合资成立混合基金的模式、吸引民间资本以股权多元化、转变成间接投资方式（如做基金的基金）等形式，与国内外一流创业投资机构加强交流，以利于经验的交流和先进投资理念的孕育。另一方面，依托我国领军型国有创投公司在实践中根据各自的约束条件所探索出的多元化的集团化组织发展模式，以中关村科技园区庞大的园区资源为依托，带动北京信息资源产业的发展。

北京拥有十分丰富的科技资源，高等学校、科研机构也比较集中，犹如一座"金山"。但若要让"金山"发挥效力，就要盘活科研资产，克服科技创新活动中存在的交叉重复、分散封闭和"孤岛"现象。就需要政策和政府的支持，在更贴近发展需求的政策指导下，更好更快地发展。

3.4 广东信息资源产业发展情况

2014年，广东信息资源产业发展指数得分为89.80，在全国31个省区市中排名第3位，次于江苏和北京。其在各项指标上的表现均名列前茅，其中，产业发展和公共政策指标得分为全国第1位，产业规模指标得分名列全国第2位，产业贡献、产业结构、基础设施和决策强度指标得分均进入全国前十名。

3.4.1 信息资源产业发展概况

各项指标的具体得分及排名如图3-19和表3-13所示。

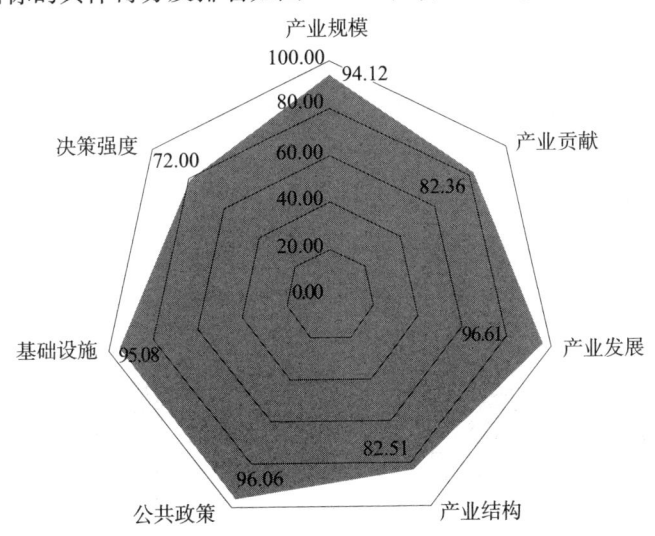

图3-19 2014年广东信息资源产业二级指标得分

表 3-13 2014 年广东信息资源产业二级指标得分及全国排名

指标	得分	排名
产业规模	94.12	2
产业贡献	82.36	6
产业发展	96.61	1
产业结构	82.51	14
公共政策	96.06	1
基础设施	95.08	5
决策强度	72.00	22

2014年，广东的产业价值指标得分为91.69，在全国31个省区市中排名第1位；该指标最后一位是贵州，得分为75.20分。产业环境指标得分为87.91，排名全国第4位，第1位为江苏，得分为92.15；最后一位是海南，得分为78.76。

如图3-20、图3-21所示，2014年，全国产业价值指标得分的平均值为81.87，产业环境指标得分的平均值为83.04。广东产业价值指标得分位居第一，领先全国平均得分9.82分，说明广东作为华南地区的经济领跑者，其产业价值全国也是处于顶尖地位。广东的产业环境指标得分与第1名相差4.24分，领先全国平均4.87分，说明广东信息资源产业环境建设处于相对优势地位，但和该指标的顶尖城市仍有差距，有着较大的发展潜力。从中也可以看出，我国整体信息资源产业环境的建设还有不足，各地区之间仍存在较大差异。

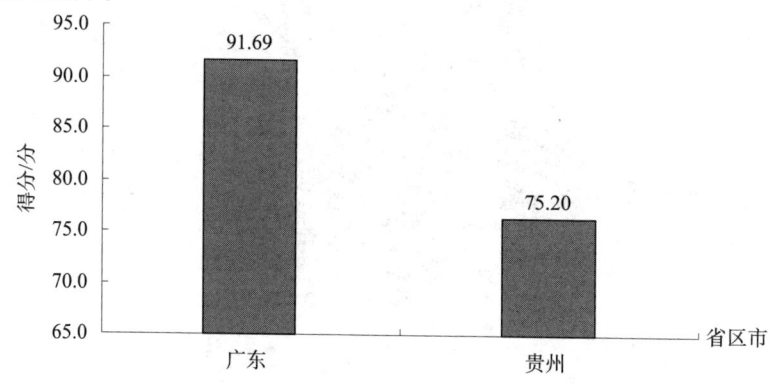

图 3-20 2014 年广东、贵州产业价值指标得分

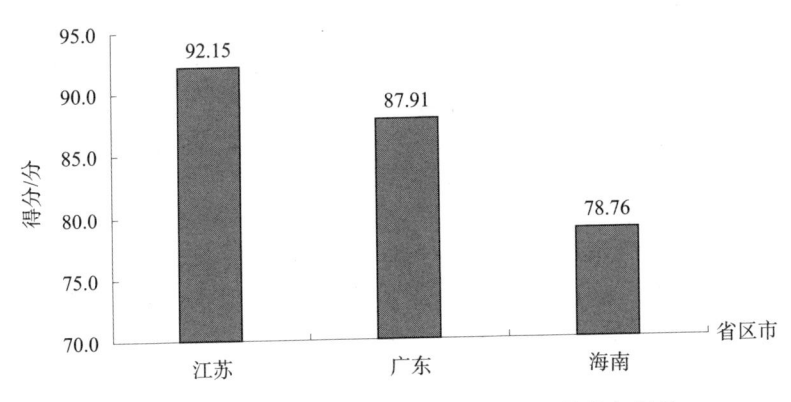

图 3-21　2014 年江苏、广东、海南产业环境指标得分

3.4.2　信息资源产业优势行业介绍

在选择广东的信息资源产业优势行业时，笔者以 2014 年广东所有的信息资源产业营业收入的比率（广东省信息资源产业营业收入与全国信息资源产业营业收入的比值）为评选标准，通过比较可以得出，2013～2014 年广东的优势产业分别为：货物运输代理和旅客票务代理，排在所有行业第一位；接下来是其他资本市场服务、学前教育、货物运输代理、旅客票务代理及其他运输代理业。

贸易代理主要功能是职业代理人在委托人授权范围内，直接从事对委托人发生效力的贸易行为。代理人有权代表委托人进行签订买卖合同、购销商品等商务活动，并向委托人收取佣金作为报酬；其他贸易经纪业主要功能是在贸易方面的经济活动中，以收取佣金为目的，为促成他人交易而从事居间、行纪或者代理等经纪业务；其他资本市场服务业属于证券分析与咨询业，主要功能是通过取得监管部门颁发的相关资格的机构及其咨询人员为证券投资者或客户提供证券投资的相关信息、分析、预测或建议，并直接或间接收取服务费用。

广东各行业中营业收入占全国比重表现最突出的贸易代理与其他贸易经纪业均属于贸易代理与经纪业，而其他资本市场服务业属于证券分析与咨询业。其余高于行业平均比重的行业中也多为与商业代理、分析、咨询相关的行业。

3.4.3　信息资源产业发展趋势分析

2013 年广东信息资源产业指数得分为 90.31 分，排名全国第 3 位。2014

年，该指数得分降到了89.80，但是排名并没有变化，仍排在第3位。而2013年排在其前面的城市分别是北京和浙江，到了2014年排在其之前的城市依次为江苏和北京。连续两年得分和排名均没有较大变化，说明广东的信息资源产业的发展已经初具雏形，在没有较大的政策决议或影响因素的情况下，不会发生大的波动与变化（见表3-14）。

表3-14 2013年、2014年广东信息资源产业得分与排名对比表

2013年得分排名前五位的省市			2014年得分排名前五位的省市		
省市	得分	排名	省市	得分	排名
北京	91.83	1	江苏	91.67	1
浙江	90.37	2	北京	90.37	2
广东	90.31	3	广东	89.80	3
江苏	88.62	4	浙江	89.47	4
上海	88.41	5	上海	87.01	5

为了详细地了解广东信息资源产业的发展情况与趋势，与2013年的数据进行对比来说明。图3-22展示了广东2013年和2014年的信息资源产业指数得分情况及全国的平均分数。从图中可以看出，2013~2014年，广东的信息资源产业指数得分下降了0.51分，相比较以往，有下降的趋势，全国平均得分从2013年的82.85降到了2014年的82.45，下降了0.40分，可以看出无论是广东还是全国的平均水平在得分上均趋于平衡。

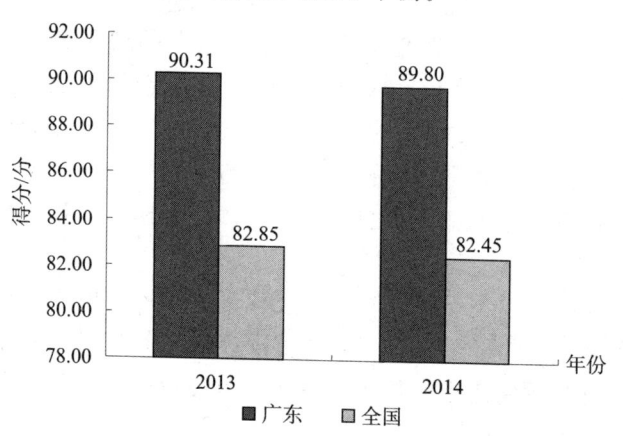

图3-22 2013年、2014年广东信息资源产业得分趋势

在分析完整的得分情况之后，我们选取了二级指标得分，来进行进一

步了解，具体数据如图 3-23 所示。从图中我们可以看出，2014 年广东的各项二级指标得分基本与 2013 年持平，但是在公共政策指标得分上有较大的提高，增长了 11.55 分；在决策强度指标方面下降较大，降低了 13.85 分。

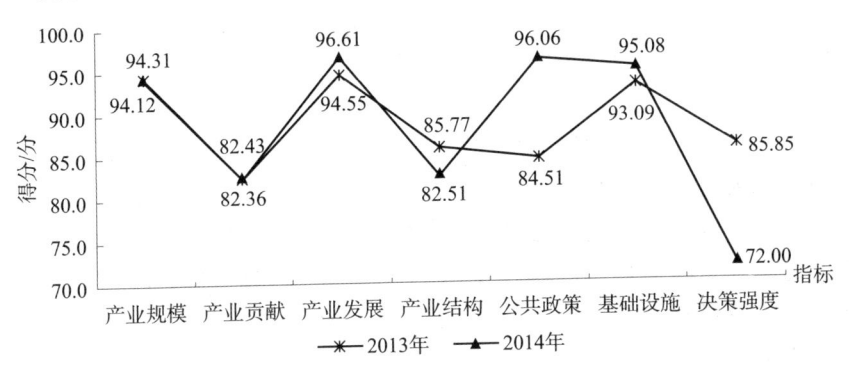

图 3-23 2013 年、2014 年广东二级指标得分对比

（1）产业规模

从图中可以看到，2013 年广东的产业规模得分为 94.31 分，2014 年则为 94.12 分，基本与 2013 年持平。与此同时，2013 年和 2014 年广东的产业规模指数得分都要高于同一年的全国平均指数得分（78.61 分和 78.46 分），说明广东的产业规模在这一年基本维持了稳定发展。

（2）产业贡献

2013 年、2014 年广东的产业贡献指标得分分别为 82.43、82.36，2013 年、2014 年全国的指标得分分别为 78.92、79.13，说明广东的信息资源产业贡献在全国处于稳定靠前的水平。

（3）产业发展

2013 年广东的产业发展指标得分为 94.55，2014 年是 96.61 分，同比上涨了 2.06 分，说明广东的信息资源产业是在加速发展的，而全国的得分从 2013 年的 79.74 分降到了 2014 年的 79.26 分，表明全国的产业发展速度是有所降低的，广东在全国都在降低的趋势下依旧在提高，可能和相关政策有联系。

（4）产业结构

在产业结构指数得分方面，广东 2014 年的得分仅为 82.51，相较于 2013 年的 85.77 分，下降了 3.26 分，下降较为明显，全国的产业结构得分也从 85.94 分降到了 82.18 分，下降了 3.76 分，虽然得分有所下降但这并不一定说明广东的信息资源产业结构出现了问题，可能是广东的信息资源产业在经历了前期的发展之后，开始进行内部的结构调整，市场内部对产业结构进行整合、发展。

（5）公共政策

2013年广东的公共政策得分为84.51分，2014年增长为96.06分，增长了11.55分，说明经过一年的发展，广东省政府对信息资源产业的有关政策有较大的提高，值得一提的是，该指标全国的平均得分从2013年到2014年上升了3.14分，表明全国各省份对于信息资源产业重视程度均逐渐提升。

（6）基础设施

与2013年的得分相比，2014年广东的得分上涨了1.99分，证明广东的基础设施正在进一步发展、完善中，并且广东的此项指标得分在95分以上，说明广东在基础设施上已经相对完善，水平很高。

（7）决策强度

2014年广东的决策强度指数得分较之2013年也有一个较为明显的降低，这表明政府的政策强度相较于2013年有所减少，针对这一点我们觉得应该考虑到政策的延迟性。

3.4.4 信息资源产业优势行业分析

2014年广东的优势产业为学前教育、其他资本市场服务、货物运输代理、旅客票务代理及其他运输代理业。可以看出，广东的信息资源产业优势行业集中在贸易代理与经纪业和证券分析与咨询业。为何这两个行业成为广东的信息资源产业优势行业呢？我们将从地理位置、思想开放程度以及教育资源三个方面来分析。

要分析广东的信息资源优势行业形成的原因，首先应当从广东的地理位置说起。广东是我国南部重要省市，经济、金融、贸易、航运中心。广东地处中国大陆南部。东邻福建，北接江西、湖南，西连广西，南临南海，珠江口东西两侧分别与香港、澳门接壤，西南部雷州半岛隔琼州海峡与海南相望。广东充分发挥毗邻香港、澳门的优势，深化区域金融合作，全力建设金融强省，对周边地区的金融辐射力越来越强。广东已基本形成了以货币、外汇、产权等市场为主体的金融市场体系。完善的金融体系为广东的证券分析与咨询业提供了良好的市场环境。

广东在全国率先实行改革开放政策，促进了经济快速协调发展，现如今已成为中国第一经济大省，经济最发达、最具市场活力和投资吸引力的地区之一。近年来，广东更是在许多经济指标上列各省第一位。如地区生产总值、社会消费品零售总额、居民储蓄存款、专利申请量、税收、进出口总额、旅游总收入、移动电话拥有量、互联网用户、货物运输周转总量等。广东也是中国思想、文化最开放的省份,居粤的外国人士达百万。开放的思想环境、充满活力的投资市场为广东的贸易代理与经纪业注入动力。

广东不仅在地理位置和思想开放上独具优势,优良的教育资源也是广东优势行业形成的重要原因。广东有中山大学、华南理工大学两所"985"重点高校,同时还有众多具有知名度的大学如暨南大学、南方科技大学等,这些都为广东的优势产业提供了各种人才,为广东的优势产业提供了区域优势,同时促进了贸易代理与经纪业、证券分析与咨询业等优势行业的快速发展。

3.4.5 信息资源产业发展特点

如表3-15所示,从产业规模指标来看,广东的产业规模下的四项指标,均进入了全国前10位,并且都要远高于全国的得分,其中产值规模和法人单位规模均位居全国首位,产业规模整体水平在全国范围内处于领先地位。

表3-15　2014年广东三级指标得分及排名

指标		得分	排名	指标		得分	排名
产业规模	产值规模指数	97.32	1	产业结构	资源结构指数	91.44	23
	从业人口规模指数	93.76	2		产业密集指数	83.31	10
	法人单位规模指数	100.00	1	公共政策	产业政策供给指数	96.03	2
	上市企业规模指数	81.31	8		政务开放互动指数	96.09	4
产业贡献	就业贡献指数	75.59	7	基础设施	产业园区发展指数	95.21	3
	经济总量贡献指数	89.13	5		区域信息化指数	94.96	6
产业发展	产值规模增长指数	95.74	1	决策强度	决策层关注度指数	72.00	17
	法人单位发展增长指数	94.58	2		政府工作强度指数	72.00	12
	从业人口发展增长指数	99.52	1				

从产业贡献来看,广东的两项产业贡献指标——就业贡献和经济总量贡献也都排名全国前十位,其中就业贡献排名第7位,远高于全国平均水平,然而广东的信息资源产业就业贡献与顶尖城市相比,还是存在不小的差距。北京2014年的信息资源产业就业贡献达到了86.31的分数,江苏则是89.13分,广东的信息资源产业在就业贡献方面还有较大的进步空间。经济总量贡献虽然排名第5位,但是得分达到了89.13的分数,相较于江苏的84.00分,

说明广东的信息资源产业将资源转化为经济利益的效率较高。

从产业发展来看,广东的3项产业发展指标都进入了全国前3位,其中产值规模增长指数、从业人口规模增长指数均位于第1名;法人单位规模增长排名全国第2位。可以看出广东在产业发展指标上位于全国领先。在将来的一段时间里相信广东的信息资源产业会持续发展。

从产业结构来看,广东的产业结构这一指标排名位于整体中游水平。其中资源结构排名位于中下游,考虑到广东的其他指标均位于前列,经济发展迅速,所以对信息资源的依赖程度便需要有相应提高,在今后的发展中应更加注意资源结构的优化。而产业密集则排名第十位,为83.31分,全国的产业密集指数得分为82.25分,说明广东虽然在产业结构方面存在优势,但是与顶尖省市仍有差距。

在公共政策方面,广东的指标得分也表现优秀,产业政策供给以96.03分的成绩排名第2位,而政务开放互动得分为96.09分,排名第4位。这说明广东省政府在公共政策方面下了很大的功夫。

从基础设施来看,基础设施指标得分为95.21分,排名第3位,说明广东基础设施发展较为正常的;而区域信息化指标得分则为94.96,排名第六位,这不仅得益于广东的优越地理位置,同时也因为其作为华南地区经济中心,信息的交换量十分巨大,经济的快速发展带来了科技的进步与领先,从而获得较大的优势,未来广东应当继续利用这些优势来带动信息资源产业的发展。

从决策强度来看,广东的两项指标均表现不佳。其中政府工作强度仅为72.00,相对于此项指标的第1名西藏(93.0分)差了21分,说明广东对于信息资源产业的关注程度有所欠缺。同时全国的得分也只有75.43分,这表明大多数的地区政府均没有充分重视信息资源产业的发展。决策层关注度指数得分也只有72.0分,这也从另一方面说明广东的信息资源产业在决策强度上有着很大的发展空间,如果地方政府能够给予足够的关注,那么其对经济及就业的贡献或许还会有较大的提升(见表3-4)。

3.4.6 广东信息资源产业政策分析

下文将针对广东信息资源产业政策的发布具体情况及重点政策进行文本解读与分析探讨。

3.4.6.1 广东信息资源产业政策发布情况

如图3-24所示,广东2014年按细分行业分共出台了619项与信息资源产业相关的政策,其中市场调查、电视、职业技能培训名列前三甲,分别为

121项、119项、80项。市场调查和电视作为日常生活中不可缺少的两者占有较高的数量显而易见。但职业技能培训相关政策数量很高说明广东较为注重职业人才的培养。广东2014年提出了一系列信息化发展政策中关于人才培养、人才保障的内容。如《广东省信息化促进条例》《广东省人民政府办公厅关于印发广东省云计算发展规划（2014~2020年）的通知》等都详细规定各级人民政府应当加强信息化人才培养，做好信息化人才引进工作；各高等院校、科研机构等企事业单位以及行业协会等社会组织采取多种形式，培养技术研发、市场推广、服务咨询等实用型和创新型的信息化人才。另外我们也能看见，政策对行业整体呈两极分化。既有市场调查、电视、职业技能培训这样受到极大关注的行业，也有很多行业无人关注。在93个细分行业中有63个行业没有任何政策直接涉及，而测绘服务、医学研究和试验发展、文艺创作与表演、信用服务、工程管理服务、音像制品及电子出版物批发、音像制品批发零售出租七个细分行业仅有一个政策直接涉及。

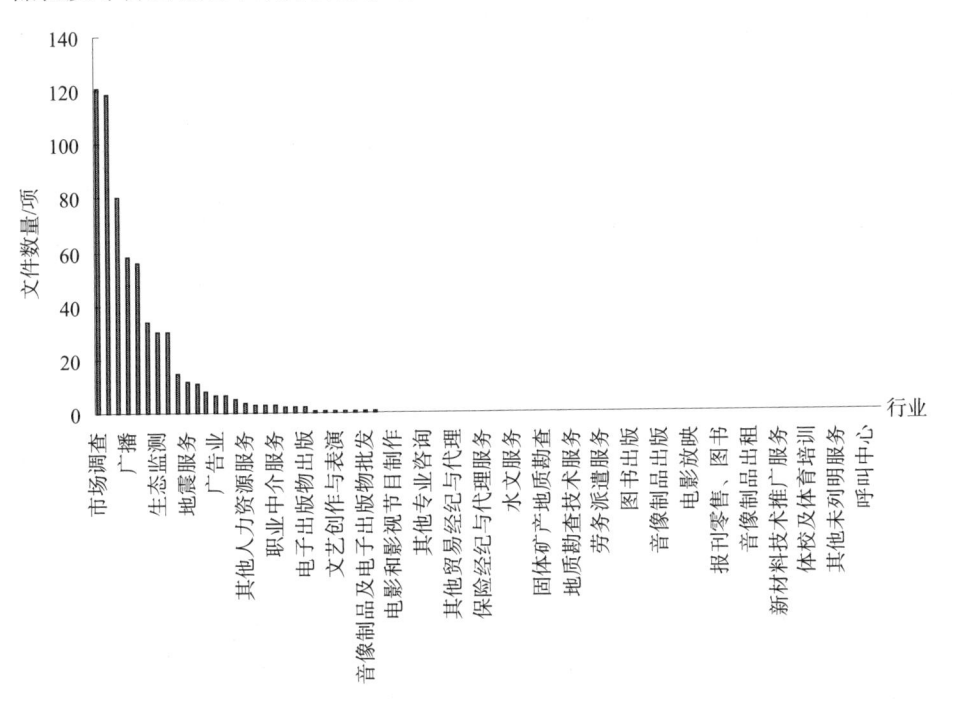

图 3－24　2014 年广东细分行业的政策数量

3.4.6.2　广东信息资源产业政策文本分析

2014年广东出台了一系列与信息资源产业发展密切相关的地方行政法规及地方规范性文件。其中最为重要也最具有法律效力的是广东省第十二届人民代表大会及其常务委员会于 2014 年 5 月 29 日广东省十二届人大常委会第九次会议表决通过的《广东省信息化促进条例》。《广东省信息化促进条例》（以下简称《条例》）共有 8 章 76 条，分别是总则、信息化规划与建设、信息资源开发利用、信息技术推广应用、信息产业发展、信息安全保障和监管、法律责任、附则。

《条例》涉及了广东信息资源产业发展的方方面面，着重明确了以下几点内容：

一是顺应时代发展的要求，积极发展新兴信息技术行业。在《条例》中多次提到物联网、云计算、大数据等新兴信息技术。《条例》第 17 条明确指出"省人民政府应当推进全省云计算、物联网、大数据等新信息技术公共服务平台建设。"将云计算、物联网、大数据等新信息技术放在了全省的工作任务上，足见其重视程度。在《条例》第 4 章信息技术推广应用的第 37 条至第 40 条更是详细规定广东省各级地方人民政府及其信息主管部门的具体职能，要求其对物联网、云计算、大数据等技术提供基础设施建设、关键技术标准制定、产业支持及推广等。

二是进一步促进电子政务的发展。《条例》第 18 条提出"省人民政府应当统筹部署全省电子政务基础设施建设，加快建成全省统一的电子政务网络、信息资源共享交换体系、信息资源公开服务体系、基础信息资源库、政务信息资源数据中心等公共基础设施。市、县级人民政府应当按照省统一部署，统筹本级电子政务基础设施建设。"在以往电子政务的基础上提出了统筹建设、全省统一的目标。第 41 条指出"县级以上人民政府应当建立网上政务服务平台，逐步设立单位专属网页，有条件的可以设立个人网页，提供政府便民服务。行政机关及法律、法规授权的具有管理公共事务职能的组织应当推进网上办事，非涉密的行政许可和公共服务事项应当按照规定实现网上办理。"明确电子政务的具体事务的实行细节，确保电子政务走进广大人民群众中。

三是指出了广东信息化发展过程中存在的急需解决的问题，信息化发展缺乏统筹规划，基础建设差等。第 7 条指出"省人民政府应当统筹整合全省信息化资源，完善经济欠发达地区的信息化基础设施和服务体系，促进信息化均衡发展，推进全省信息网络融合和信息资源共享，促进生产服务、生活服务、公共服务的信息化成果平等共享。"强调信息化发展的整体性和共享性。《条例》还要求县级以上人民政府及其有关部门将信息通信基础设施建设纳入城乡建设控制性详细规划；县级以上规划主管部门在审批建设工程规划许可和建设工程规划验收许可时应考虑其是否符合公众通信基站建设设计标准和规范，是否预留基站和室内无线分布系统所需的机房、电源、管道和天面的空间等有利于信息化基础建设的条件；要求国家机关、公共场馆以及路灯、道路等公共建筑、公共设施应当开放用于支持信息通信基础设施建设；要求政府及其有关部门应当支持光纤到户配套改造，建设单位、业主单位应当为光纤到户改造提供便利条件，并不得违规收取任何费用。

四是促进信息化的普及，使其为广大群众能够共享。《条例》明确信息化所带来的促进生产服务、生活服务、公共服务的一系列成果应该由广大人民群众共同享有。《条例》规定电信、互联网、广播电视等业务经营者不得与项目建设单位、物业服务企业、业主委员会等签署排他性、垄断性协议，限制公民平等选择服务商的权利；规定公共服务机构要准确、便捷地提供与民众生活相关的公共信息服务；规定政府要为群众提供网上办事、建立个人网页；规定了保护公民隐私的条款，在政府机关、医院、学校、公园、图书馆、博物馆、广场、政务中心等公共场所免费为老百姓提供无线接入网络服务的条款。《条例》还对垃圾信息也作了限制，规定信息网络和信息系统的运行、使用单位应当建立和完善信息发送、传播管理制度，发现违法、有害信息，应当立即停止传输，采取技术措施予以消除并报告有关部门。此外，《条例》第45条明确规定"县级以上人民政府应当推动信息服务的普及应用，加大信息无障碍设施建设和技术、产品开发的扶持力度，促进残疾人、老年人等社会成员平等参与信息社会生活。"对残疾人、老年人享受信息化提供了保障。

五是注重城乡和区域均衡发展。为促进地区之间、城乡之间信息化水平协调发展，《条例》第14条明确指出"电信网、互联网、广播电视网等公共信息基础设施建设，应当向欠发达地区和农村延伸，依法实行城乡统筹、互联互通和资源共享。"表示对经济欠发展区域的信息化基础建设的重视，引导电信、互联网、广播电视等行业向欠发达地区和农村延伸，促进城乡统筹、互联互通和资源共享；《条例》第48条指出"县级以上人民政府及其有关部门应当加强农业农村信息基础设施建设，建立和完善农业农村信息服务体系，开发、利用和整合农业农村信息资源，开展面向农村的信息化知识和技能培训，推动信息技术在农村生产服务、生活服务、公共服务等方面的应用。"从法律层面保障了农村信息化的良好发展。

六是加强同外部区域的合作发展。《条例》第8条规定"省人民政府应当加强与其他省、市、自治区的信息化合作。省人民政府应当推进与香港、澳门地区的信息化基础设施互联互通、信息服务业发展和电子商务应用以及标准化和应急保障的交流与合作。"充分利用自身的地理和历史文化优势，与香港、澳门地区进行互联互通，为信息资源产业的良好发展和国际化打下坚实基础。

除《广东省信息化促进条例》外，广东各级政府部门还出台了一系列围绕着广东省发展大数据、云计算、物联网等新兴信息技术的地方规范性文件，部分重要文件如表3-16所示。

表3-16 广东信息资源产业重要政策发布情况

文件名称	发布部门	主要内容
广东省人民政府办公厅关于印发广东省云计算发展规划（2014~2020年）的通知	广东省政府	对广东省"云计算"相关产业发展的规划。明确了具体目标要求、保障措施和发展的重点工程
东莞市人民政府办公室关于加快推进我市云计算发展的实施意见	东莞市政府	对东莞市云计算的指导思想、发展目标、主要任务、重点示范应用项目、保障措施进行了详细的规划
阳江市人民政府办公室关于印发阳江市物联网发展行动计划的通知	阳江市政府	加快阳江市物联网持续健康发展，指出了阳江市物联网发展的工作思路和发展目标，明确指出阳江市接下来的主要任务是（1）完善物联网基础设；（2）建设物联网公共技术服务平台；（3）深化智慧城市普及应用；（4）推进物联网应用示范工程
广东省经济和信息化委员会关于加快工业和信息化领域生产性服务业发展的实施意见	广东省经济和信息化委员会	对广东省内工业和信息化领域生产性服务业进行了整体的工作部署。确定了"促进工业化、信息化和服务化融合"的发展导向并对信息化所需要的人才进行大力培养和保障
广东省人民政府办公厅关于印发推进珠江三角洲地区智慧城市群建设和信息化一体化行动计划（2014~2020年）的通知	广东省政府	围绕珠三角地区经济社会发展实际需求，着力推进信息基础设施、公共服务平台、信息网络应用的一体化发展，对珠三角地区的信息化建设提出了具体的目标措施。将电子政务信息资源共享平台、物联网与物流服务平台、产业云服务平台等新兴信息技术列为重点

3.4.6.3 小　结

近年来，广东高度重视新兴信息技术的发展，大力推进云计算、物联网、大数据等基础设施的建设、产品技术的研发和应用示范的建立。中国科学院云计算产业技术创新与育成中心落户东莞，国家超级计算深圳中心和中国电信广州云计算数据中心投入试运行，国家超级计算广州中心进入实质建设阶段。这使得广东信息技术实力进一步提高，其逐渐拥有一批具有较强自主创新能力和市场影响力的本土云计算企业以及云计算数据中心、公共平台。电子政务也随之升级，省网上办事大厅覆盖省直各部门及21个地级以上市和所有县（区），并正在向镇（街）和农村延伸。顺应信息技术在全球范围迅速发展的大势，发挥自身优势，进一步完善自身新兴信息技术的基础设施、加强核心技术的公关、树立示范企业的带头效应，广东在2014年对信息资源产业进行了主要政策引导。

从2013年与2014年广东信息资源产业指数得分对比中也可以看出。2013年广东的基础设施得分已经很高，为93.09分，在全国位于顶尖水平，在2014年继续提高了1.99分，达到95.08分，公共政策得分更是有了大幅度的提升。

以云计算为例，广东在《广东省人民政府办公厅关于印发广东省云计算发展规划（2014~2020年）的通知》中确立了云计算的基础设施建设工程有：（1）无线城市群建设。加快3G网络升级建设，推进4G网络向全省覆盖。扩大WLAN在珠三角地区重要区域和公共场所的覆盖规模。加快省内教育密集区、商务中心区域、产业园区、旅游景点、家庭社区和交通网络的无线网络覆盖，优化移动云计算应用环境。（2）云计算数据中心建设。加快推进深圳、广州超级计算中心建设，实现规模化运营服务。加快建设东莞、佛山、珠海、惠州等市面向政府和公共服务的云计算数据中心。加快茂名、梅州等粤东、西北地区远程备份和灾备云计算数据中心建设，支持汕头大数据协同创新产业园等数据园区建设。重点支持互联网骨干企业及电信运营企业发展云计算数据中心，满足企业和个人用户的多样化需求。（3）云计算公共平台建设。支持深圳、广州超级计算中心等建设综合型云计算公共平台。支持电信、移动、联通、世纪互联、群英网络等企业提供存储设备、服务器、应用软件、开发平台等云服务。发挥省云计算产业联盟的作用，组织产业链各环节企业联合开发面向重点行业、企业及个人用户的各类云计算平台。

在基础设施建设的同时规划也确定了云计算核心产品和关键技术创新工程：（1）云基础设备和云终端研发。积极开展低耗能芯片、数据中心设备的研发，对基于云计算应用的智能手机、平板电脑、智能电视等新型终端产品及配套产品开展技术协同攻关，实现广东云技术基础设备终端制造水平的整体提升。（2）基础和应用软件研发。支持开发云操作系统、中间件、安全管理、数据存储软件等云计算基础软件。联合研发云计算重点应用领域的相关应用软件，以及应用于云基础设施和云终端设备的嵌入式软件。开展服务器、存储与网络设备虚拟化技术研究。（3）技术创新体系建设。建设一批面向云计算企业的技术创新服务平台，培育一批具有较强竞争力的创新型企业，强化企业技术创新人才队伍和创新团队建设，加快建立以企业为主体、市场为导向、产学研相结合的技术创新体系。

可以想象全省宽带的普及与提速和三网融合建设对广东云计算发展有着重要意义。制定宽带接入网络建设相关支持引导政策；加快推进小区光纤入户、政企单位光纤宽带接入；加快推进深圳、广州、佛山、云浮等市的三网融合试点工作，推进广电、电信双向业务进入实质性商用阶段，建设覆盖全省的地面数字电视和移动多媒体广播电视网，这些都支撑云计算技术和应用迅速普及。在不久的将来，广东的云计算等新兴信息技术的发展一定会进入一个新的阶段，其带来的一系列信息资源产业也将迅速发展，迸发活力。

3.5 贵州信息资源产业发展情况

2014 年，贵州信息资源产业发展指数得分为 78.92，在全国 31 个省区市中排名第 28 位，处于相当落后的位置，相比 2013 年贵州指数得分排名第 27 名，显示贵州省信息资源产业发展有明显的滞后情况。

3.5.1 信息资源产业发展概况

贵州省在各项指标上的表现同样处于落后的位置，各项指标的具体得分如图 3-25 及表 3-17 所示。

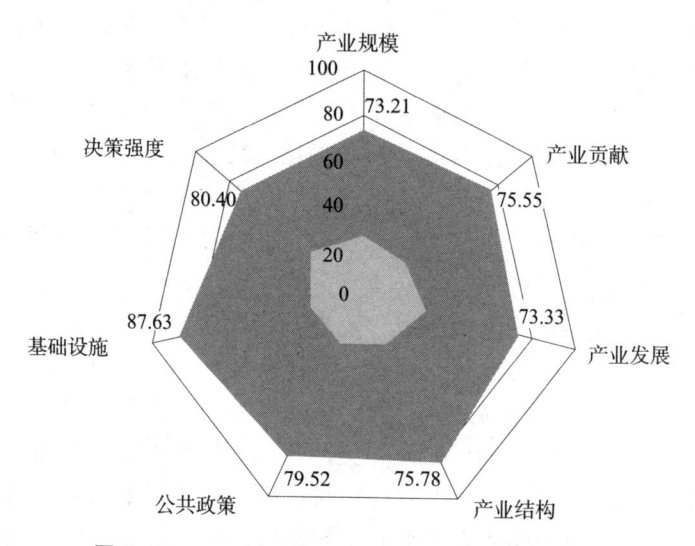

图 3-25 2014 年贵州信息资源产业二级指标得分

3 中国典型省区市信息资源产业发展情况

表3-17 2014年贵州信息资源产业二级指标得分及全国排名

指标	得分	排名
产业规模	73.21	27
产业贡献	75.55	24
产业发展	73.33	30
产业结构	75.78	31
公共政策	79.52	23
基础设施	87.63	26
决策强度	80.40	4

2014年贵州的产业价值指标得分为75.20，在全国31个省区市中排名最后一位，第一位为广东，得分是91.69；发展不太良好的西藏得分也超过贵州，为76.45分。贵州产业环境指标得分为82.67，排名全国第14位，第一位为江苏，得分为92.15；最后一名是海南，得分为78.76。具体得分如图3-26和图3-27所示。

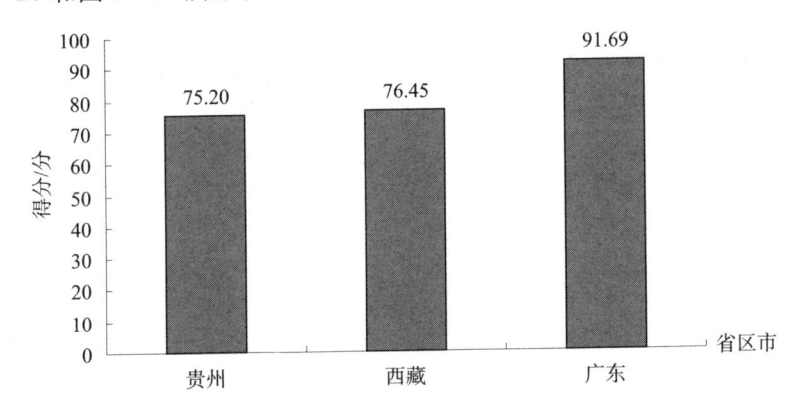

图3-26 2014年贵州、西藏、广东产业价值指标得分

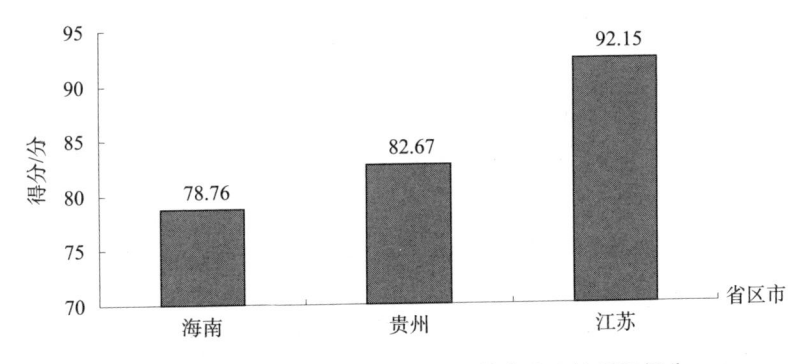

图3-27 2014年海南、贵州、江苏产业环境指标得分

2014年，全国产业价值指标得分的平均值为81.87，产业环境指标得分的平均值为83.04。贵州的产业价值指标处于全国第31位，现在处于一个比较落后的状态，说明贵州的信息资源产业的产业价值还没有很好地被利用开发。贵州的产业环境指标得分的表现相对来说就好了一些，处于全国第14位，在中游的位置，说明贵州的产业环境是比较正常的，但是与上海、江苏等地还有一些差距，这一点也显示出我国各地区之间还存在较大差距，落后地区还需要政策或其他方面的扶持。

3.5.2 信息资源产业优势行业介绍

贵州地处祖国西南内陆，位于云贵高原东部。西靠云南，东接湖南，北面是四川，南边是广西，既不属于边疆，不濒临大海，又不属于中原，处在"不边不内"的位置。贵州省这种地理区位比较特殊和尴尬：边疆地区的优惠政策贵州难得分享，沿海贸易的辐射力量难以波及贵州；中原地区的重点投入和贵州无关，来自首都北京的恩泽更不可能滋润黔中。

相比于北京、上海等发展迅速的城市，首都北京作为改革开放的中国形象，用国家的巨额经费进行改造，仅为举办亚运会和迎接奥运会，投放的建设资金就让贵州咋舌惊叹；东方明珠上海曾经召开APEC会议，举办世界博览会，又批准建立中国（上海）自由贸易试验区，成为太平洋西岸金融中心；濒临大海的港口、渔村因为国家的扶植，转眼变成经济特区；连接俄罗斯、蒙古和中亚、南亚的边境小镇，伴随着国际贸易开通，很快发展成繁荣的口岸。而贵州为了开发一个项目，为了打通一个出海通道总是几经周折。

社会发展是不可能克服区位的制约。贵州与中央政府的空间距离造成了严重的信息阻隔。贵州因信息阻隔，人们就不会对贵州给予充分关注，许多企业也就不会到贵州进行投资发展，因此很少有机遇降临贵州。

如今，在信息资源产业发展上，短短两年时间，贵州已经实现了多个率先，在全国率先建设全国首个国家大数据综合试验区、大数据产业发展集聚区、大数据产业技术创新试验区，率先建成全国第一个省级政府数据集聚、共享、开放的"云上贵州"系统平台，率先设立全球第一个大数据交易所，率先制定大数据发展应用地方法规，率先举办国际大数据产业博览会暨全球大数据时代峰会，率先举办"云上贵州"大数据商业模式大赛，率先创建贵阳大数据战略重点实验室并提出块数据理论，率先创建大数据资产评估实验室并推动大数据资产评估标准化等。

贵州虽然之前处于较落后的位置，但在新的发展形势下也有一些新兴的项目开始启动，也表明了中央政府和贵州省政府对发展的重视。现如今，大数据开发有着巨大的商业价值，形成各种产业的发展"拐点"。作为西部省份的贵州，结合自身生态自然条件、产业基础支撑等优势，也开始着手发展大数据产业。在贵安新区重点建设以大数据、云计算、物联网为主要内容的战略性新兴产业。新区引进了三大通信运营商数据中心等十余个大数据项目，全面推进富士康绿色隧道数据中心等一批项目，超算中心、云存储服务平台、云计算管理平台和区域互联网数据交换中心等建设工作也都在进行中。贵州全力打造的大数据"七朵云"分别是电子政务云、工业云、电子商务云、智能交通云、食品安全云、智慧旅游云和环保云，各个云之间相互配合，达到更好地服务老百姓的目的。

2016年3月，贵州省政府开启了多彩贵州"广电云"村村通工程，这个工程是2016年贵州省政府工作报告明确的重要工作任务，是2016年贵州省政府十件民生事实之一。2016年底，贵州将实现新建乡镇至未通达的11097个行政村的广播电视光缆干线，开通至行政村的多彩贵州"广电云"传输信号。按照国家统计局《全面建成小康社会统计监测指标体系》确定的目标，到2020年，多彩贵州"广电云"户户用和有线电视城乡入户率要达到60%。

多彩贵州"广电云"村村通工程的实施，可以将数字广播电视节目，政务、民生、致富等农民所需信息传递到千家万户，对于落实大扶贫和大数据战略，巩固农村宣传思想文化阵地，加快构建覆盖城乡的现代公共文化服务体系具有重要意义。各地也可以充分利用多彩贵州"广电云"工程，积极探索开展农村电子商务、天网工程、在线教育、远程医疗等多功能应用，有效服务社会管理、农村民生和农民致富。

"块数据"更是贵阳市自己提出的概念，主要是基于用户行为数据、企业数据、社交平台数据和感知设备等各类数据，结合政府开放的数据，贵阳将形成一个区域块上集聚的大数据公共平台。通过块上数据的存储、管理、共享、开放与服务，支撑智慧城市云计算应用示范。在贵阳的"块数据"城市建设过程中，还要推进条块结合，推进块上数据与经济、社会、政府的各种行业数据进行连接，实现高度关联的行业条状数据与城市块状数据的融合发展。

为推动大数据产业切实落地，贵阳市正在实施"6789"4个系列的大数据产业项目。其中，"6"系列项目是利用大数据提升政府治理能力项目。"7"系列项目主要是大数据基础平台建设项目。"8"系列项目即大数据改善民生项目。"9"系列项目即高端制造项目。

在产业和应用之外，大数据的发展，大大提升了政府治理能力，更好地服务民生。通过建成电子政务云网上项目联审联批平台，省级具有行政审批权的56家部门及308项行政许可和400多项行政服务事项已全部进驻政务中心公开集中办理,大大提升了行政审批效率。

随着交通云、旅游云、环保云、食品安全云等云平台建成投运,为老百姓和企业提供了更加精准化和个性化的服务,初步实现了让"数据多跑路,百姓少跑腿",有效提升了政府的公共服务能力。

其中,"智慧贵州"APP为老百姓带来了许多的便利,"智慧贵州"APP是覆盖贵州的移动互联网"信息服务云平台",基于新闻资讯整合传播平台、城市公共信息查询平台、市民生活信息服务平台、移动电子票务分销平台、城市应用产品推荐平台、智慧政府应急发布平台、移动电子商务(O2O)平台和城市手机游戏互动娱乐平台共八大平台,提供包括资讯、直播、爆料、政务、天气、违章查询、医院查询等即时服务,让老百姓不出门不出户就能实现生活中许多的需求。

"智慧贵州"APP是由贵州广电传媒集团与苏州广电传媒集团共同打造的手机APP软件,该手机软件提供包括新闻资讯等八大功能平台。"智慧贵州"APP结合贵州现有和将发展的城市信息化建设,融合先进的城市运营服务理念,建立广泛覆盖和深度互联的城市信息云平台,对城市公共资源、市民生活信息等多方面要素进行全面感知,为市民提供民生服务分享信息平台,提升城市运行效率和公共服务水平,为政府社会管理和公共服务提供智能决策依据及手段。其中的主要功能有:(1)新闻资讯整合传播;(2)城市公共信息查询;(3)市民生活信息服务;(4)智慧政府应急发布;(5)O2O移动电子商务;(6)城市手机游戏互动娱乐;(7)移动电子票务分销;(8)城市应用产品推销。

虽然贵州的信息资源产业的发展受到各方面的限制,包括地理位置、发展政策等因素,但贵州省政府在近两年中也抓住机遇,在大数据时代发展中,利用发达地区、不发达地区的数据价值相差无几,目前大数据处理技术水平也差不多的形势,大力发展大数据技术,西部地区发展未必会输于北京、上海、广州。

3.5.3 信息资源产业发展趋势分析

2013年贵州的信息资源产业指数得分为79.55,排名全国第27位。2014年,该指数得分降到了78.92,排名也同时下降了一位,处于全国第28位。贵州连续两年排名下降了一位,说明贵州的信息资源产业的发展还没有进入一个好的状态,在没有较大的政策决议或影响因素的情况下,不会有可观的发展和上升趋势。

为了详细地了解贵州信息资源产业的发展情况与趋势,通过与2013年的数据进行对比来说明。图3-28展示了贵州2013年和2014年的信息资源产业指数得分情况及全国的平均分数。从图中可以看出,2013~2014年,贵州的信息资源产业指数得分下降了 0.63 分，相比较以往，有下降的趋势，全国平均得分从 2013 年的 82.90 降到了 2014 年的 82.45，下降了 0.45 分，2013 年贵州与全国的平均得分之差为 3.35 分，2014 年这个分差变为了 3.53，可以看出贵州的信息资源产业发展相对于全国发展的滞后性。

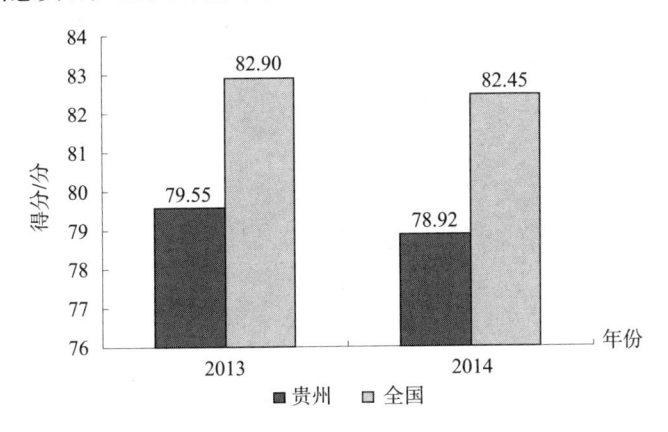

图 3-28　2013 年、2014 年贵州和全国信息资源产业得分对比

在分析完整体的得分情况之后，我们选取了二级指标得分，来进一步了解，具体数据如图 3-29 所示。从图中我们可以看出，2014 年贵州的各项二级指标得分基本高于 2013 年，呈现向上发展的趋势，只有极个别指标低于 2013 年，但是这些指标的跌幅程度要高于其余指标的上升程度，这导致了 2014 年贵州的得分较之 2013 年有所下降。

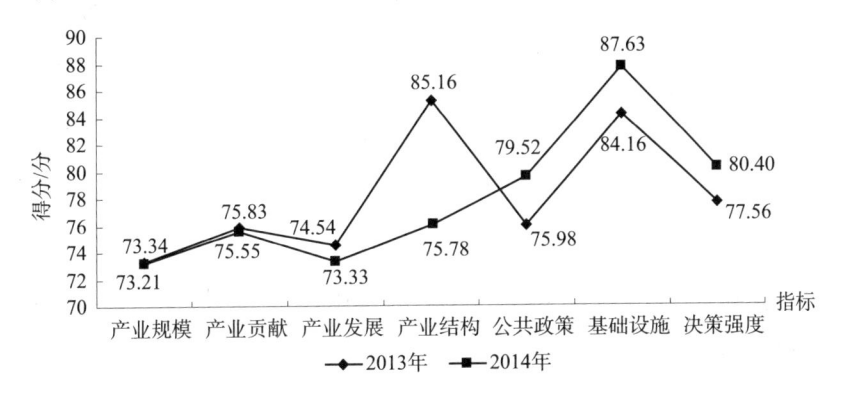

图 3-29　2013 年、2014 年贵州二级指标得分对比

（1）产业规模

从图中可以看到，2013 年贵州的产业规模得分为 73.34，2014 年则为 73.21 分，基本与 2013 年持平，说明贵州的信息资源产业在这一年基本维持稳定发展，规模没有发展扩大，也就直接导致了发展趋势的限制。

（2）产业贡献

2013年贵州的产业贡献指标得分为75.83，同年全国的指标得分为78.92；2014年贵州的产业贡献指标得分为75.55，比2013年下降了0.28分，同年全国的指标得分为79.13，比2013年高出0.21分，说明贵州的信息资源产业贡献数量和所占比例都有所下降，并且是低于全国平均发展水平的，发展还是处于滞后的状态。

（3）产业发展

2013年贵州的产业发展指标得分为74.54，2014年为73.33，同比下降了1.21分，说明贵州的信息资源产业是处于发展滞后的状态，而全国的得分从2013年的79.74分降到了2014年的79.26分，表明全国的产业发展速度是有所降低的，贵州在全国发展速度放缓的情况下可能也受到了一些影响。

（4）产业结构

在产业结构指数得分一项，贵州2014年的得分仅为75.78，相较于2013年的85.16分，下降了9.38分，下降程度比较明显，全国的产业结构得分从85.94降到了82.18，下降3.76分，全国信息资源产业得分前三位中的北京和广东在这一指标上也有所下降，说明在产业结构上全国可能有所调整导致发展放缓，而贵州在这一年中产业结构优化的成果还是有的，例如在发展大数据技术的过程中，产业结构也得到了提高。

（5）公共政策

2013年贵州的公共政策得分为75.98，2014年增长为79.52分，增长了3.54分，说明经过一年的发展，贵州省政府对信息资源产业的有关政策有所增多，也跟政府大力促进大数据建设的形势有所关系，值得一提的是，全国的平均得分从2013年到2014年上升了3.14分，表明国家对于信息资源产业重视程度逐渐在提高，也逐渐在推出更多的相关政策。

（6）基础设施

与2013年的得分相比，2014年贵州的得分上涨了3.47分，证明贵州的基础设施正在进一步发展、完善中，加紧步伐跟上全国发展的速度。基础设施的建设是直接促进信息资源产业发展的保障。

（7）决策强度

贵州2014年的决策强度指数得分较之2013年有较为明显的降低，这表明政府的政策强度相较于2013年有所减少，对于这个原因，笔者认为可能与西南地区整体发展情况有关。西南地区整体的信息资源产业的政策强度可能有所降低，也导致了贵州的得分变化。

3.5.4 信息资源产业优势行业原因分析

如今，信息技术尤其是互联网技术快速发展，人类制造的数据呈爆炸式增长。保障大数据信息安全的重要性和紧迫性已成为全球共识。同时贵州产业布局必须守住生态和发展两条"底线"，大数据既是绿色产业也是朝阳产业，符合贵州的发展实际，因此成为贵州的必然选择。

有专家学者认为，网络时代的"三线数据基地"与贵州的"大三线"后方基地"异曲同工"，其"深挖洞，广备份"、数据进山洞、防电磁攻击和自然灾害等具体做法，使得贵州山区的数据中心别具特色，对保障信息安全有较强现实意义。贵州的能源、气温等条件适合发展大数据，在装备制造、军用工业等方面基础较好。贵州电力充沛、水火并济，能源富足、稳定可靠，是"西电东送"的起源，工业用电平均价格明显低于国内其他地区。

大数据的服务器耗电量大，维护成本高，贵州的能源优势能够为大数据企业提供廉价、稳定的电力资源，降低企业运行成本。此外，随着高铁时代的到来，贵州物流逐步通畅，交通日益便捷。

专家认为，贵州的产业发展基础良好。目前，三大运营商数据中心在贵安新区已开工建设，建成后，将使贵阳周边特定区域集聚20万到30万个机架、上百万台的服务器，数据存储规模可达 EB 以上，居国内首位、全球靠前的数据聚集地之一。贵阳市信息产业已初步形成了以电子元器件、视听产品等为主的电子信息制造业，以软件产品、数字内容、信息技术服务等为主的软件服务业。

与此同时，中关村、富士康第四代产业园等落户贵阳和贵安新区，可为发展新一代信息技术产业提供重要支撑；以传统军工企业为核心的航空电子装备行业快速发展，大幅提升产业自主创新能力；锂离子电池正极材料、电子浆料和电子级磷化工产品、半导体材料和稀土磁性材料等已具备良好基础。贵阳综合保税区的建设，将利用其独特的体制机制和政策优势，为互联网产业的发展提供强大动力。

同时，在地理位置方面，贵阳和贵安新区地质结构稳定，远离地震带，灾害风险低，对于大数据中心、云计算中心的基础平台搭建，具有独到优势。近年来贵阳坚持生态文明建设，环境质量持续提升，有利于高新技术产业特别是软件产业的发展。

作为即将大力发展的大数据优势行业，大数据将带动四个层面的产业发展：一是直接带动基础设施服务产业；二是通过信息要素成本的降低，推动基于数据中心的数据处理、数据内容和增值应用产业发展；三是带动包括智能终端和网络服务器制造、电子元器件和信息材料在内的信息制造产业发展；四是信息技术渗透到经济社会方方面面，产生很多新业态，如智慧城市中的电子商务、智能交通、数字城管、互联网金融等。这些都能对贵州的信息资源产业发展起到极大的推动作用。

对于欠发达的贵州来说，在大数据产业尚未形成垄断、整个行业处于竞相布局阶段的背景下，发展大数据产业是实现后发超越的创新性产业方向，是统筹经济发展与生态文明建设的必由之路，能够大幅缩小与东部等发达地区的差距。

在发展大数据这个问题上，贵阳大步流星，在短短两年多的时间里，无论是在顶层设计、建章立制，还是基础设施建设和招商引资等方面，都实现了飞快地发展。关键原因有三个，首先是中国正处在经济新常态下，供给侧改革提出了去产能的要求，很多企业都在考虑转型的问题，却还没有找到方向，这就给了贵阳一个成长的缝隙。其次，贵阳的产业基础弱，存量少，别无选择，因此，一旦给了一个发展大数据的机会，贵阳就能全身心扑进去，而政府、企业、社会共同参与的格局，更是加快了大数据的发展。

最后，一个非常重要的因素就是容错环境。任何新生事物的发展，特别是在创新领域，都需要有容错环境，没有容错就没有创新。贵州的贵阳市是一个具有较高容错性的城市，既不像一线城市那么敏感，又是汇聚人口和资源的省会城市，是一个很好的实验体。

从传统的考量标准看，虽然暂时看不到 GDP 的增加和税收的增加，但各种要素的集聚已经能够看到：就业增加了，外出打工的人回来了，在外地上学的贵州籍大学生也回来了，甚至还有人从硅谷回来了。从产业的角度来看，通过大数据的发展，可以实现传统产业的转型升级，或者用"互联网+"解决农民脱贫问题，将贵州的品牌产品和传统产业推销出去。这个变化就是一个开始，虽然还处在积蓄能量的阶段，但就像滚雪球一样，经过几年努力，有了一定的体积和重量以后，就会自动越滚越大，形成一个趋势。

大数据的发展也在一定程度上提升了政府治理能力。贵阳市通过大数据对相关部门的行政行为、执法行为进行全过程的监督，将政府权力关进了数据的铁笼。一位专家说："按照政府制定的法律流程监督每个环节，通过数据来判断每个环节的进行中是否依法执行，这就是数据铁笼的基本设想。"

在这个过程中，贵阳市利用大数据，在监督权力运行的同时，倒逼政府职能的转变，甚至于政府规则的转变。互联网大数据不仅改变着企业，也改变着政府的思维。突发事件如此，日常管理也是如此，当大数据对权力的监督、对社会的管理服务都成了常态，这也就是贵阳的创新所在。

目前，为支持大数据产业发展，贵州省委省政府、贵阳市委市政府已出台多项配套政策，形成了较为完善的政策体系。但是贵州要迎接"云时代"的到来，仍面临一些难题。

在人才方面，还是暴露了贵州与发达地区的差距，想要招到既有数据学背景，又能做经营分享的很难，不像在浙江、上海等地比较容易。所以贵州省政府为了给贵州提供人才，特地成立了大数据研究院，贵州大学、贵州师范大学还分别成立了大数据学院，但培养的人需要四年才能毕业，通过什么方式把这个时间段消化掉，成为一个让相关部门倍感紧迫的问题。贵州应明确思路，营造一个好的企业生态环境，进一步完善高端人才的引入机制，加强高等教育和职业教育，培养更多本土优秀人才。

贵州发展大数据应避免一哄而上、跑马圈地，同时还须完善产业配套的政策。贵州信息产业链短，企业之间没有形成有效的产业链延伸发展模式，亟须解决园区基础设施建设、公共服务平台、各类创新平台建设相对滞后的问题，工业设计、物流信息化、电子商务、科技金融等生产性服务业发展水平也亟待提升。

3.5.5 信息资源产业发展特点

如表 3-18 所示，从产业规模指标来看，贵州的产业规模下的四项指标都处于全国落后的位置，发展情况的滞后也导致了产业规模难以扩大的问题，所以贵州的信息资源产业面需要扩大，可利用大数据建设吸引更多的投资，扩大产业规模，同时也需要完善政策的支持。

表 3-18 2014 年贵州三级指标得分及排名

指标		得分	排名	指标		得分	排名
产业规模	产值规模	73.51	26	产业结构	资源结构	77.04	31
	从业人口规模	73.61	26		产业密集	77.04	31
	法人单位规模	73.35	26	公共政策	产业政策供给	80.19	23
	上市企业规模	72.00	17		政务开放互动	78.86	21
产业贡献	就业贡献	74.34	16	基础设施	产业园区发展	86.98	21
	经济总量贡献	76.77	27		区域信息化	88.28	26
产业发展	产值规模增长	74.30	29	决策强度	决策层关注度	80.40	5
	法人单位发展增长	73.39	27		政府工作强度	80.40	5
	从业人口发展增长	72.29	29				

从产业贡献来看，贵州的两项指标有所差距，虽然经济总量贡献处于全国第 27 位，比较落后，但是在就业贡献上处于全国第 16 位，达到了全国中游水平，贵州比较好地利用了劳动力成本较低的优势，为当地的就业情况作出了一定贡献，贵州的信息资源产业也为就业创造了较多价值。

从产业发展来看，贵州的三项指标均处于全国落后的位置，产值规模、法人单位规模、从业人口规模三个方面的发展都缺少进步，贵州处于较不利于发展的地理位置，所以想要在信息资源产业上发展起来，贵州省政府乃至西南地区整体还需多下功夫。

从产业结构来看，贵州在资源结构和产业密集两方面都处于全国最后一名，说明贵州在产业结构上出现了较大的问题，亟须改善。资源结构的建设缺乏和产业密集度低也是导致贵州信息资源产业发展滞后的直接原因。

在公共政策方面，贵州在产业政策供给和政务开放互动两方面上也处于全国较落后的位置，但相比于发展得分较好，说明贵州省政府在地理位置不利的情况下，利用政策方面来加速发展，也是很好的思路，但贵州省政府在公共政策方面仍还需要下很大的功夫来完善，特别是在新兴行业大数据建设上，应尽快形成完善的政策法规，以实现快速发展。

从基础设施来看，贵州同样缺乏良好的表现，在就业上有较大贡献的贵州应当利用这一点来带动信息资源产业基础设施的发展，利用好劳动力成本较低的优势，加快基础设施的建设，为整个信息资源产业的发展提供良好的基础保障。

从决策强度来看，贵州的决策层关注度得分排名全国第 5 位，政府工作强度得分排名在全国第 5 位，这充分说明了贵州省政府对信息资源产业发展的重视并大力促进发展，但是在发展过程中地理位置原因或者其他原因导致了发展的滞后，贵州省政府亟须思考改革提高的思路，来带动贵州信息资源产业的发展。同时全国的平均得分只有 75.78 分，这表明大多数的地区政府还没有充分重视信息资源产业的发展，这也说明贵州省政府对信息资源产业发展的重视程度之大，也说明我国的信息资源产业还有很大的发展空间，如果各地区政府能够给予足够的关注，给予足够的政策扶持，那么信息资源产业对经济和就业的贡献就会有较大的提升（见表 3-4）。

3.5.6 贵州信息资源产业政策分析

下面将针对贵州信息资源产业政策的发布情况及重点政策进行文本的分析解读与探究。

3.5.6.1 贵州信息资源产业政策发布情况

贵州发展大数据具有生态优势、能源优势、产业优势和基础设施优势，此外，贵州发展大数据还具有政策优势。近年来，贵州出台了一系列政策支持大数据产业发展，比如《国务院关于进一步促进贵州经济社会又好又快发展的若干意见》《黔中经济区发展规划》《"十二五"国家战略性新兴产业发展规划》以及《中共贵州省委贵州省人民政府关于加快信息产业跨越发展的意见》《贵州省人民政府关于加快培育和发展战略性新兴产业的若干意见》等文件（见表3-19）。

表3-19 贵州信息资源产业重点政策发布情况

主要政策	着重方向
《关于加快大数据产业发展应用若干政策的意见》	贵州省和贵阳市、贵安新区每年各安排不少于1亿元资金，用于支持大数据产业发展及应用。为支持数据中心建设，贵州省提出数据中心用电执行大工业电价，可优先列入大用户直购电范围，支持大数据基地建设自备电厂，以降低数据中心用电成本；经认定聘用时间超过一定时限的大数据企业高管人员和核心技术人才，在个人所得税、住房、户籍等方面加大支持力度
《贵州省大数据产业发展应用规划纲要（2014~2020年）》	根据众多文件的部署和要求制定，旨在为贵州大数据产业发展提供指导。从发展机遇和优势、指导思路与发展目标、重点任务、重大工程、保障措施五个方面全方位对发展进行指导
《贵州大数据产业行动计划》	旨在系统研究贵州大数据产业的规划、布局、政策和落地的相关支持条件，为加快贵阳市大数据产业发展提供指导，计划期为2014~2016年
《关于加快大数据产业人才队伍建设的实施意见》	贵阳将依托高校培养储备大数据人才，支持大数据企业培养引进人才，支持大数据人才创新创业，提升大数据人才待遇，并对相关院校、机构、企业、团队和个人等给予政策支持
《贵安新区推进大数据产业发展三年计划（2015~2017）》	为抢抓全球大数据战略资源，加快贵安新区大数据研究和产业化布局，大力发展大数据产业，促进贵安新区经济结构调整加快产业转型，培育数据产业，以服务"两化融合"工程、智慧城市体系，规划期为2015~2017年

3.5.6.2 贵州信息资源产业政策文本分析

2014年2月25日，贵州省人民政府印发《关于加快大数据产业发展应用若干政策的意见》和《贵州省大数据产业发展应用规划纲要（2014~2020年）》。意见明确，将从多方面发力，推动大数据产业成为贵州经济社会发展的新引擎。纲要提出贵州将以三个阶段推动大数据产业稳步快速发展,到2020年成为全国有影响力的战略性新兴产业基地。

意见提出从基础设施建设、企业引进和培育、产业投融资体系建立、人才队伍建设等多方面发力,打造大数据产业发展应用新高地,推动大数据产业成为贵州省经济社会发展的新引擎。并指出"按照'基础构建、集群聚集、创新突破'的思路,科学规划大数据产业布局,建基地、引人才、聚企业、抓应用、保安全、促创新,建设信息资源聚集地,打造大数据产业发展应用新高地,推动大数据产业成为我省经济社会发展的新引擎。到2017年,形成1~2个大数据产业示范园区,引进和培育30户大数据龙头企业,聚集500户创新型大数据相关企业,通过大数据带动相关产业规模达3000亿元,引进大数据领军人才100名,引进和培养高端人才5000名,建成全国领先的大数据资源中心和大数据应用服务示范基地。"

该意见分别从加快大数据基地建设、大力引进和培育大数据企业、创新机制培育市场、支持大数据科技创新、加快信息基础设施建设、建立大数据产业投融资体系、加强人才队伍建设、强化组织领导八个方面进行了指导要求。可以很明确地看出,贵州制定了许多奖励政策来大力促进大数据产业的发展。

比如在大力引进和培育大数据企业上,投资1000万元及以上的大数据企业,从企业投产运营之日起3年内,企业所缴纳的省级以下税收地方财政留存增量部分,由企业所在地市、县政府全额补助给企业,用于支持企业发展;投产运营3年以上、5年以内的,以减半方式给予支持。

符合国家税收优惠政策规定的大数据企业,经认定后可享受第1年至第2年免征企业所得税、第3年至第5年按照25%的法定税率减半征收企业所得税的优惠。

省外大数据及关联企业总部迁至我省或在我省设立区域性总部的,依据其缴纳的税收、吸纳就业和产业水平等情况,由所在市、县级政府给予一次性不超过500万元的落户奖励。

世界500强、国内电子百强企业以及国家规划布局内重点软件(集成电路设计)企业,在我省投资5亿元以上建立研发生产基地,涉及的国有土地使用权出让收益,按规定计提各种专项资金后的土地出让收益市、县留存部分,可用于支持项目建设。

还有一些具体的减免优惠政策都为吸引大数据企业提供了良好的着陆环境,贵州通过政策的吸引,通过引进行业领先企业与培育本地企业相结合的模式,着力拓展大数据产业链。推进数据中心集群建设,开展数据存储服务,形成数据资源洼地。

在大数据产业的人才队伍建设上，贵州省推出了《关于加快大数据产业人才队伍建设的实施意见》，文件明确，贵阳将依托高校培养储备大数据人才，支持大数据企业培养引进人才，支持大数据人才创新创业，提升大数据人才待遇，并对相关院校、机构、企业、团队和个人等给予政策支持。

此实施意见提出，贵阳支持大数据人才创办企业、开发项目、自主创新。对拥有1名领军人才和3名以上核心成员的大数据产业创新创业团队或初创企业，将给予最高500万元创业启动资金；对将大数据成果转化应用的企业或团队，最高资助200万元；对获得国家、贵州省科技进步奖或制定大数据产业发展相关标准的大数据产业团队或个人，给予5万元至100万元不等的奖励，对获得大数据相关发明专利的团队或人才，按每件1万元给予奖励。

在提升大数据人才待遇方面，贵阳将对相关高层次人才或急需紧缺人才发放"贵阳市人才服务绿卡"；对相关人才学历职称等条件不符合《贵阳市引进高层次人才办法》，年缴纳个人所得税在3万元及以上，在贵阳市购房并签订5年以上服务协议的，一次性给予10万元购房补贴；创办大数据企业或直接引进、柔性引进到大数据企业、科研机构工作的高层次人才，免费入住高级人才公寓；聘用时间超过1年的高管人员和核心技术人才，年纳税个人所得税在3万元及以上的，前三年由税收缴纳地以其个人所得税中财政留用部分为标准，给予个人奖励。

此政策对应《关于加快大数据产业发展应用若干政策的意见》的发展要求，大力推进建设大数据的人才队伍，以保证人才的使用与产业的建设发展能够得到同步，更好地推进整体性的建设。

在重点建设贵安新区上，贵州推出了《贵安新区推进大数据产业发展三年计划（2015～2017）》。按照计划，贵安新区3年内将培育10家核心龙头企业、500家大数据应用和服务企业，引进和培养2000名大数据产业人才梯队，建成国内重要的大数据产业示范区；建设6个以上行业资源云平台，支持6类以上大数据商业应用系统的研制，支撑智慧城市建设；创新投融资方式，力争大数据发展基金、大数据创业投资基金等资金规模达到20亿元，通过大数据带动相关产业规模达到1500亿元。

按照计划，贵安新区将实施完善"贵安云谷"基础设施、建立大数据资源平台、搭建公共服务平台、加速产业集聚示范等重点工程和项目。其中，贵安新区将以"贵安云谷"为载体，承接数据存储、分析应用、配套服务等项目的落地建设，重点加强信息基础设施建设，全面推进园区综合信息设施管网及大容量光纤骨干网建设，争取与贵阳市共同申报国家级互联网骨干直联点及开展综合保税区国际互联网直连通道工程，确保两地通信网络出口带宽提升一个数量级。2016年实现云谷宽带全覆盖，2017年将贵安新区建设成为区域性关键网络节点。同时，通过支持建立和引进大数据研发中心、工程技术（研究）中心等技术创新和产业化机构，开展大数据分析关键算法与业务模型研究以及关键技术产品攻关，支持大数据企业、高校院所设立博士后科研流动站（工作站）、工程（技术）研发中心、重点实验室等人才发展平台等措施，优化技术创新支撑环境。

该发展贵安新区的计划，同时也是按照《贵州省大数据产业发展应用规划纲要（2014~2020年）》中的指导思路，从发展优劣势分析、发展目标分析等方面进行制定，全面为贵安新区的信息资源产业发展提供完善的计划统筹。

3.5.6.3 小　　结

2014年，贵州信息资源产业发展指数得分为91.67，在全国31个省区市中排名第28位，处于相当落后的位置。所以贵州的信息资源产业的发展水平不尽人意，在地理位置和自然环境的不利条件影响下，贵州只能通过利好的产业政策来大力推动信息资源产业的发展。近两年以来，人类社会制造的数据爆炸性增长，大数据时代已然到来，大数据既是绿色产业也是朝阳产业，符合贵州的发展实际，因此成为贵州的必然选择。

贵州省政府抓住时代的机遇，2014年2月25日，贵州省人民政府印发《关于加快大数据产业发展应用若干政策的意见》和《贵州省大数据产业发展应用规划纲要（2014~2020年）》。意见明确，将从多方面发力，推动大数据产业成为贵州经济社会发展的新引擎。纲要提出贵州将以三个阶段推动大数据产业稳步快速发展，到2020年成为全国有影响力的战略性新兴产业基地。

在2015年贵州已经看到了大数据推动下的信息资源产业发展劲头之强，2015年，中国文化大数据产业项目落户贵阳，总投资约300亿元；贵阳市政府与戴尔开展大数据及云计算合作，通过共建云联合实验室、搭建混合企业云平台以及开展相关大数据人才培训等方式，建立广泛而深入的合作伙伴关系；成立全国首家大数据交易所，即贵阳大数据交易所，经过半年多的发展，目前贵阳大数据交易所的交易金额已突破6000万元人民币，会员数量超过300家；全球首次以大数据为主题的峰会和展会——贵阳国际大数据产业博览会暨全球大数据时代贵阳峰会（简称"数博会"）举行，马云、马化腾、雷军、周鸿祎等互联网界领军人物齐聚并发表演讲，科技企业大数据相关项目"云"集贵阳，引发一场大数据的"头脑风暴"和"智慧盛宴"。目前，2016年数博会筹备工作已经启动，拟定于2016年5月26日至29日召开，2015年许多事件已经让我国的大数据行业目光成功地转移到了贵州。

大数据是引领和支撑贵州弯道取直、后发赶超的大战略、大引擎和大机遇，贵州发展大数据产业也得到国家层面和业界的广泛认可，《贵州省大数据产业发展应用规划纲要（2014~2020年）》中提到，2016~2017年将是贵州发展大数据产业的集群聚集期，到2017年，贵州将建成国内一流的数据资源中心，打造形成国内一流大数据产业基地和科技密集型的新一代信息技术产业集聚区。通过大数据带动相关产业规模达到3000亿元，引进培养5000名大数据产业高端人才。围绕这些目标，贵州正在大数据产业发展道路上探索和迈进。

3.6 江苏信息资源产业发展情况

2014年，江苏信息资源产业发展指数得分为91.67，在全国31个省区市中排名第1位，而且相比于2013年江苏以88.62分位列第四的情况，可以看到江苏这一年来对信息资源产业的关注和发展。由此可以看出，江苏这几年在综合水平发展的同时，信息资源产业也在飞速发展着。江苏与上海、浙江、安徽共同构成的长江三角洲城市群已成为六大世界级城市群之一。江苏人均GDP、综合竞争力、地区发展与民生指数（DLI）均居全国第1位，成为中国综合发展水平最高的省份，已步入"中上等"发达国家水平。

3.6.1 信息资源产业发展概况

江苏在各项指标上的表现均名列前茅，一级指标中，产业环境指标得分为全国第一位，产业价值位列全国第二；二级指标得分中，产业贡献、产业发展、公共政策以及决策强度指标得分均位列第二，产业规模、基础设施指标得分位列全国第三，产业结构指标得分也均进入全国前十。由此可以看出，江苏2014年在一级指标、二级指标各方面都发展得很好，同时也说明了我国信息资源产业发展比较不平衡，水平各异，发展比较好的在各个方面可能都比较占优势，需要对各个方面比较弱势的地区进行重点关注和培养。同时也应该总结发展比较好的地区的经验和历程，起到带头示范效应。江苏各项指标的具体得分及排名如表3-20及图3-30所示。

表3-20 2014年江苏信息资源产业二级指标得分及全国排名

指标	得分	排名	指标	得分	排名
产业规模	89.60	3	公共政策	95.44	3
产业贡献	86.57	2	基础设施	95.76	3
产业发展	94.70	2	决策强度	84.95	2
产业结构	83.08	7			

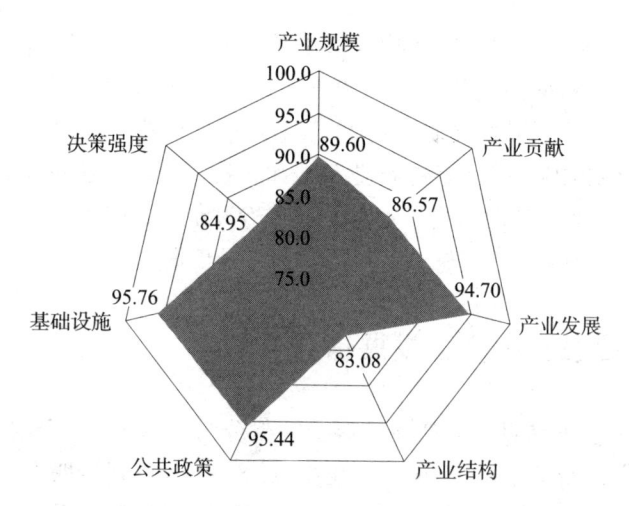

图3-30　2014年江苏信息资源产业二级指标得分

2014年江苏的产业价值指标得分为91.19，在全国31个省区市中排名第三位，第一位为广东，得分是91.69；最后一位是贵州，得分为75.20分。我们可以看到产业价值得分前几名相差比较小，然而第一名和最后一名之间差距很大。这也体现了我国信息资源产业。发展比较好的城市之间信息资源产业差距比较小，但两极分化还是比较严重。江苏产业环境指标得分为92.15，排名全国第一位；最后一名是海南，得分为78.76（见图3-31和图3-32）。

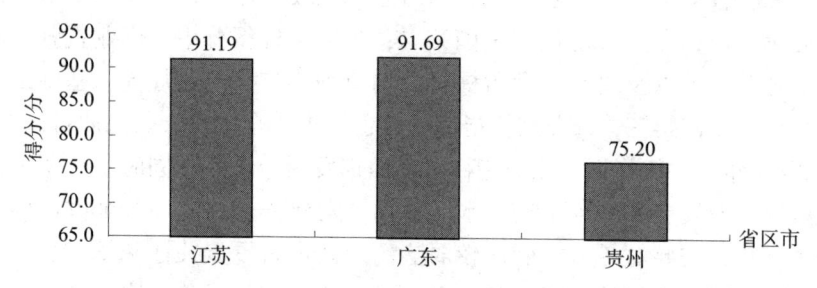

图3-31　2014年江苏、广东及贵州产业价值指标得分

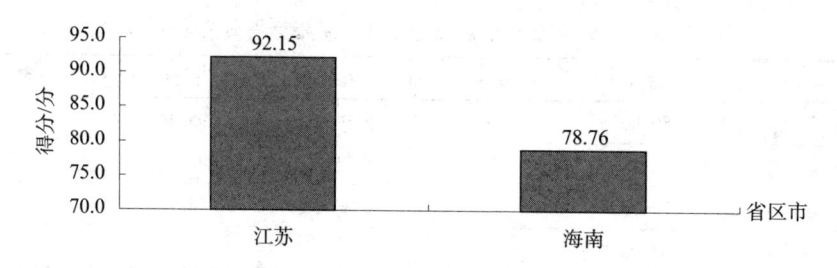

图3-32　2014年江苏、海南产业环境指标得分

2014年，全国产业价值指标得分的平均值为81.87，产业环境指标得分的平均值为83.04。江苏的产业价值指标得分与第一名相差0.5分，领先全国平均得分9.32分，说明江苏作为信息资源产业发展的领头羊，产业价值已跻身全国前列，远远领先于其他城市。江苏的产业环境指标得分位列全国第一，领先全国平均水平9.11分，领先海南13.39，说明江苏的信息资源产业环境建设处于绝对优势地位，同时我国整体的信息资源产业环境的建设还有不足，各地区之间仍旧存在较大差异。产业环境的建设是一个需要多方面协同努力的环节，当然也是信息资源产业得到较好发展很重要的一个方面，因此需要有关部门更加重视产业环境的均衡发展和建设工作。

3.6.2 信息资源产业优势行业介绍

在筛选江苏的信息资源产业优势行业时，笔者决定以2014年江苏所有的信息资源产业营业收入的比率（江苏信息资源产业营业收入与全国信息资源产业营业收入的比值）为评选标准，具体数据如图3-33所示。通过比较可以得出，2013~2014年江苏的优势产业分别为：地震服务、水文服务、公共就业服务业、职业中介服务业、劳务派遣服务业、其他人力资源服务业、生态监测、环境保护监测、博物馆、职业技能培训、文化艺术培训、教育辅助服务、其他未列明教育、金融信息服务、金融信托与管理服务、广告业、测绘服务业，在江苏这些行业的排名全国第一位；接下来是科技中介服务、数据处理和存储服务、信息技术咨询服务、信息系统集成服务、其他资本市场服务、其他科技推广和应用服务业，在江苏这些行业的排名全国第二位。由

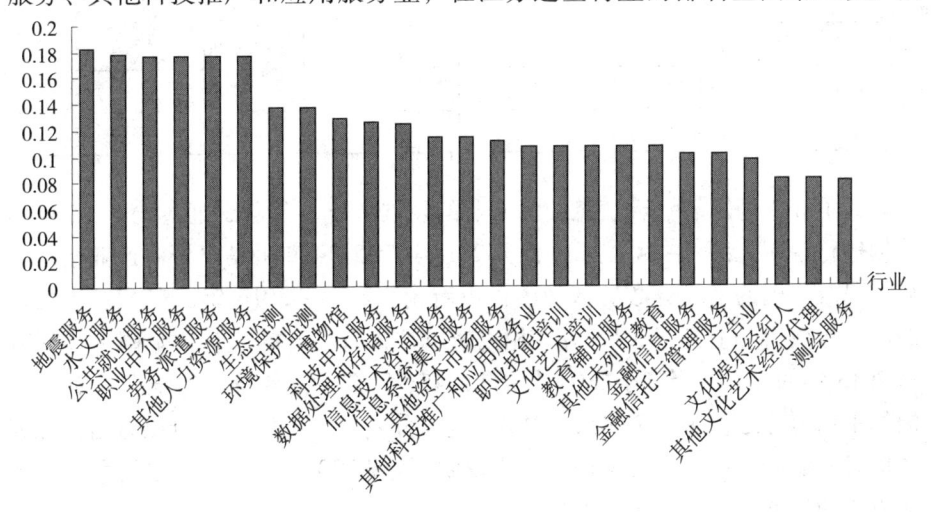

图3-33 2014年江苏部分产业营业收入比率

此可以看出，江苏在一些自然服务比如地震服务、水文服务等方面位列前茅，在就业方面也为民众做出了很大的贡献。另外，江苏作为我国的教育大省，在教育相关信息资源产业也有着出色的表现，包括职业技能培训、文化艺术培训、教育辅助服务等。而在金融方面，江苏在新兴的金融信息服务业、金融信托与管理业务方面也是全国的佼佼者。此外，在信息技术服务业方面，江苏也有较快的发展如数据处理和存储服务、信息技术咨询服务、信息系统集成服务等。最后，在科技中介与推广应用方面，江苏也是卓有成效的。综上，江苏在这些行业的优秀表现都说明了政府对信息资源产业的重视和大力支持。

3.6.3 信息资源产业发展趋势分析

2013年江苏的信息资源产业指数得分为88.62，排名全国第四位。2014年，该指数得分上升到了91.67，并且排名由原来的第四名上升到第一名。两年指数得分与排名相比较，说明江苏的信息资源产业发展势头迅猛，在多方的关注和努力下，获得了明显进步（见表3–21）。

表3–21 2013年、2014年江苏信息资源产业具体得分情况

2013年得分排名前五位的省市			2014年得分排名前五位的省市		
	得分	排名		得分	排名
北京	91.83	1	江苏	91.67	1
浙江	90.37	2	北京	90.37	2
广东	90.31	3	广东	89.80	3
江苏	88.62	4	浙江	89.47	4
上海	88.41	5	上海	87.01	5

为了详细地了解江苏信息资源产业的发展情况与趋势，通过与2013年的数据进行说明。图3–34展示了江苏2013年和2014年的信息资源产业指数得分情况及全国的平均分数。从图中可以看出，2013~2014年，江苏的信息资源产业指数得分上升了3.05分，相比较以往，有上升的趋势，全国平均得分从2013年的82.85降到了2014年的82.45，下降了0.4分，2013年江苏与全国的平均得分之差为5.77分，2014年这个分差变为了9.22，可以看出，江苏的信息资源产业优势在逐渐增大，也反映了江苏2013~2014年在信息资源产业方面的发展远远领先于其他城市。

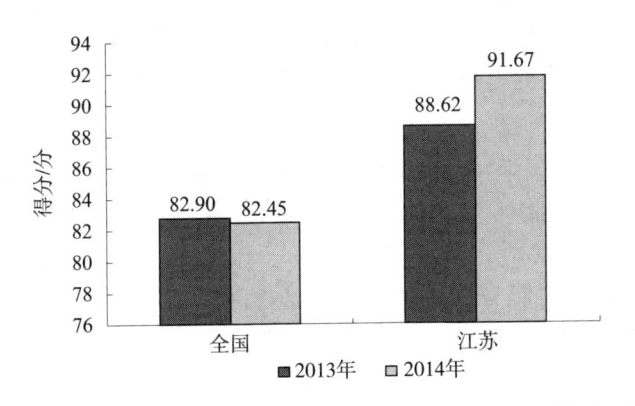

图 3-34 2013年、2014年江苏和全国信息资源产业发展得分对比

在分析完整体的得分情况之后,我们选取了二级指标得分进行进一步了解,具体数据如图3-35所示。从图中我们可以看出,2014年江苏的各项二级指标得分基本都高于2013年,呈现向上发展的趋势,只有极个别指标低于2013年,但是这些指标的跌幅程度要高于其余指标的上升程度,这导致了2014年江苏的得分较之2013年有所下降。

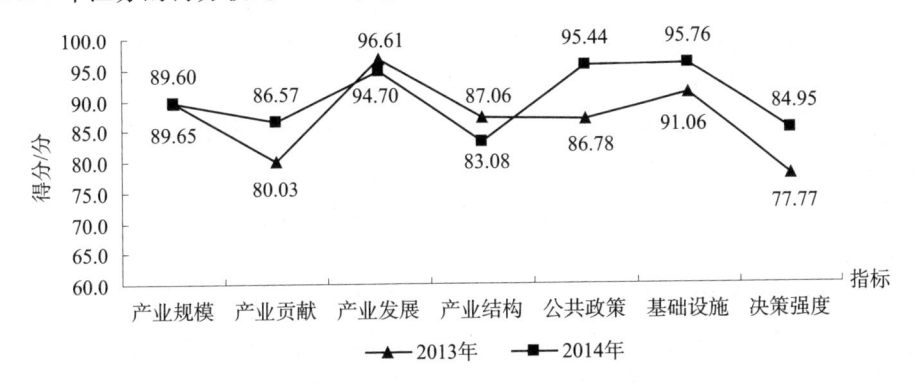

图 3-35 2013年、2014年江苏二级指标得分对比

(1) 产业规模

从图中可以看到,2013年江苏的产业规模得分为89.65分,2014年则为89.60分,基本与2013年持平,与此同时,2013年和2014年江苏的产业规模指数得分都要高于同一年的全国平均指数得分(78.61分和78.46分),说明江苏的产业规模在这一年基本维持稳定发展。

(2) 产业贡献

2013年江苏的产业贡献指标得分为80.03,同年全国的平均得分为78.92;2014年江苏的产业贡献指标得分为86.57,比2013年高出6.54分,同年全国的平均得分为79.13，比2013年高出0.21分，说明江苏的信息资源产业贡献数量和所占比例都有很大的提升，并且是远远高于全国平均发展水平的。

(3) 产业发展

2013年江苏的产业发展指标得分为96.61，2014年为94.70，同比下降了1.91分，说明江苏2014年在产业发展这块趋势放缓，而全国的平均得分从2013年的79.74分降到了2014年的79.26分，表明全国的产业发展速度也是有所降低的，江苏下降幅度虽然比全国平均降幅更大，但产业发展指标得分依然名列前茅。

(4) 产业结构

在产业结构指数得分一项，江苏2014年的得分仅为83.08，相较于2013年的87.06分，下降了近4分，全国的产业结构得分也从85.94降到了82.18，下降3.76分，全国信息资源产业得分前三位中的北京和广东在这一指标上也有所下降，但是这不能说明江苏的信息资源产业结构出现了问题，可能是江苏的信息资源产业在经历了前期的发展之后，开始进行内部的结构调整，市场内部对产业结构进行整合发展。

(5) 公共政策

2013年江苏的公共政策得分为86.78分，2014年增长为95.44分，增长了8.66分，说明经过一年的发展，江苏省政府对信息资源产业的有关政策有大幅增长，江苏的信息资源产业指数从2013年的第四名到2014年的第一名，这与政府的关注度也有很大的关系。值得一提的是，全国的平均得分上升了3.14分，表明国家对于信息资源产业重视程度逐渐在提高。

(6) 基础设施

与2013年的得分相比，2014年江苏的得分上涨了4.70分，增幅比较明显，说明江苏的基础设施正在大力建设、完善中，也反映了江苏省政府对信息资源产业基础建设的重视程度，并且江苏的此项指标得分在90分以上，说明江苏的基础设施相较于其他省市都是相对领先及完善的。

(7) 决策强度

江苏2014年的决策强度指数得分较之2013年也有一个较为明显的上涨，上升了7.18分，这表明政府的政策强度相较于2013年有大幅增强。

综上所述，江苏省政府2014年二级指标普遍有较大的提升且都排在全国前几名，其中公共政策、基础设施、决策强度几个方面增幅显著，表明江苏省政府对信息资源产业的重视，在产业贡献方面也有很大的提升。同时，我们也可以看到在产业发展、产业规模方面，江苏2014年几乎没有大的进展，说明除了政府重视之外，也要多多关注企业本身的发展与进步。

3.6.4 信息资源产业优势行业分析

2014年江苏的优势产业为地震服务、水文服务、公共就业服务业、职业中介服务业、劳务派遣服务业、其他人力资源服务业、生态监测、环境保护监测、博物馆、职业技能培训、文化艺术培训、教育辅助服务、其他未列明教育、金融信息服务、金融信托与管理服务、广告业、测绘服务业，在江苏这些行业排名全国第1位；以及科技中介服务、数据处理和存储服务、信息技术咨询服务、信息系统集成服务、其他资本市场服务、其他科技推广和应用服务业，可以看出，江苏的信息资源产业优势行业集中在地震、水文、海洋等公共服务业、人力资源服务业、信息技术服务业、专业咨询服务、科技推广与应用、教育服务业等行业。为何这几个行业成为江苏的信息资源产业优势行业呢？

从地理位置角度考虑，江苏地处中国大陆沿海中部和长江、淮河下游，东濒黄海，北接山东，西连安徽，东南与上海、浙江接壤，是长江三角洲地区的重要组成部分，因此，江苏信息资源产业的迅速发展与其优越的地理条件也是密不可分的。江苏傍江临海，是中国人口密度最高的省份之一，总面积10.67万平方公里，占全国总面积的1.11%，全省常住人口7549.5万人。地处温带，属亚热带季风海洋性气候，四季分明，气候温和，雨量充沛。连绵近1000公里的海岸线拥抱着约980万亩的黄金滩涂。辽阔的平原地形、温和的气候条件、四通八达的水运，给便利的交通营造了良好的环境。对人力资源服务业、科技发展、水文服务等都十分有利。

从产业发展环境来看，江苏地处长江三角洲，素有"鱼米之乡"之称。改革开放以来，国民经济持续稳定快速增长，综合实力明显增强，社会经济的迅速发展为江苏信息产业打下了坚实的物质基础；发达的科技教育事业，使江苏信息产业发展具有智力、人才和信息资源的优势；良好的地理环境使江苏处于信息传输集散中心及生产加工基地的位置；长江经济带的开放和国家首批"三金"工程试点省份的确立，这些都给江苏信息产业发展提供了良好的机遇。全球经济已经进入数字时代，信息成为现代经济增长的主要源泉，使得信息产业成为经济发展新的增长点。信息化水平的高低也成为衡量各国综合国力与竞争力的重要指标，信息通信技术（ICTs）的惊人进步正在深刻地改变着经济和社会生活方式，正在产生的数字鸿沟也成为各国愈来愈重视的问题。高新技术产业规模快速倍增，成为推动产业转型升级的主导力量，高技术优势产业不断壮大，新能源、新材料、新医药产业规模均处于全国前列，对经济增长的贡献显著提升。高技术新兴产业迅速崛起，物联网、纳米科技、智能电网等产业初步形成,将成为下一轮发展的重要支撑。高新技术业态快速发展,互联网信息服务、数字内容等新业态与新的商业模式融合发展,信息服务业销售收入突破2000亿元,对经济增长的贡献率达10%左右,涌现出"同城""焦点科技"等一批在全国有影响的综合性门户网站和信息内容服务商。

从经济发展角度来看,2014年,面对严峻复杂的国内外经济形势和艰巨繁重的改革发展稳定任务,在江苏全省上下认真贯彻中央和省委、省政府决策部署,坚持稳中求进工作总基调下,统筹推进稳增长、促改革、调结构、重生态、惠民生、防风险各项工作,全年经济在新常态下平稳运行、稳中有进,主要指标增幅保持在合理区间,综合实力再上新水平,结构调整取得新进展,发展质量呈现新提升,民生改善收到新成效。初步核算并经国家统计局核定,全省实现生产总值65088.3亿元,按可比价格计算,比2013年增长8.7%。分产业看,第一产业增加值3634.3亿元,比2013年增长2.9%;第二产业增加值31057.5亿元,增长8.8%;第三产业增加值30396.5亿元,增长9.3%。具体来说,农业生产形势较好。全年粮食总产量达3490.6万吨,比2013年增加67.6万吨,增长2%,实现总产"十一连增"。现代农业发展较快,全年新增设施农业面积86.5万亩,高效设施农业面积占比达16.5%。

工业生产缓中趋稳。全年规模以上工业增加值比2013年增长9.9%。全省规模以上工业企业实现主营业务收入142387.9亿元、利润总额8839.8亿元,比2013年分别增长7.5%、12.8%;总资产贡献率为16.5%,主营业务收入利润率为6.2%,呈逐季不断提升态势;企业亏损面为12.9%,比年初收窄10.3%。

服务业发展态势良好。全年服务业增加值增速比GDP高0.6%;占GDP比重达46.7%,比2013年提高1.2。全省规模以上服务业单位实现营业收入9860亿元,比2013年增长12%,增速比2013年同期提高1.1%;营业利润1091.5亿元,增长8.4%。

现代服务业加快发展。全年金融业增加值增长11.7%,公路客货运周转量增长10.1%,铁路客货运周转量增长6.4%,民航旅客吞吐量、货邮吞吐量分别增长12.5%、17.2%,规模以上港口货物吞吐量增长5.7%,软件业务收入增长24.4%,邮政业务总量、业务收入分别增长33.2%、28.5%,快递业务量、业务收入分别增长50.8%和40.6%,租赁和商务服务业营业收入增长19%。

固定资产投资稳定增长、结构优化。全年完成固定资产投资(不含农户)41552.8亿元,比2013年增长15.5%。其中,国有及国有控股投资9319.1亿元,增长22.3%;民间投资28077.7亿元,增长14.8%,占全部投资的比重为67.6%。从产业看,第一、第二、第三产业分别完成投资207亿元、

20300.5亿元、21045.3亿元，占全省投资总量的0.5%、48.9%和50.6%，分别增长29.8%、10.3%和20.8%。其中，科学研究和技术服务业投资增长64.3%，教育投资增长45.4%，水利、环境和公共设施管理业投资增长37.5%，卫生和社会工作投资增长33.3%，信息传输、软件和信息技术服务业投资增长32.3%，交通运输、仓储和邮政业投资增长29.1%。全省新开工项目35794个，比2013年增长10.8%；完成投资22431.5亿元，增长20.9%。全省房地产开发投资8240.2亿元，增长13.8%，其中住宅投资增长14.6%。商品房新开工面积14220.4万平方米，比2013年下降13.1%，其中住宅新开工面积下降15%。全年商品房销售面积9846.8万平方米，比2013年下降14%；其中，住宅销售面积8800.9万平方米，下降13.6%。

城乡区域协调发展水平提高。加快推进新型城镇化和城乡发展一体化，城乡统筹发展取得新成效。全省城镇化率达到65.2%，比2013年提高1.1%。苏南转型升级步伐加快，苏中整体发展水平提升，苏北全面小康社会建设取得新成效。全年苏南、苏中、苏北地区规模以上工业增加值分别比2013年增长7.6%、11.6%和12.4%，苏北高于全省2.5%；公共财政预算收入分别增长8.2%、12.7%和12.9%，苏北高于全省2.8%；固定资产投资分别增长10.5%、20.1%和22.3%，苏北高于全省6.8%；社会消费品零售总额分别增长12.3%、11.9%和12.9%，苏北高于全省0.5%。实施沿海开发六大行动方案，沿海开发建设取得新进展。沿海地区规模以上工业增加值、公共财政预算收入、固定资产投资分别比2013年增长12%、13.2%、20.8%，高于全省平均2.1%、3.1%、5.3%。

价格水平涨幅平稳。全年居民消费价格比2013年上涨2.2%，比2013年回落0.1%。其中，城市和农村均上涨2.2%。居民收入继续增加。根据城乡一体化住户调查，全年全省居民人均可支配收入27173元，比2013年增长9.7%。其中，工资性收入15707元，增长9.4%；经营净收入4421元，增长10.7%；财产净收入2300元，增长7.8%；转移净收入4745元，增长10.5%。城镇居民人均可支配收入34346元，增长8.7%。城镇居民人均可支配收入中位数31348元，比2013年增长10.1%。城乡居民收入差距进一步缩小。全年农村居民可支配收入增幅比城镇居民人均可支配收入高1.9%，城乡居民收入比从2013年的2.34:1缩小为2.30:1。2014年全省经济在新常态下实现了总体平稳、稳中有进、进中提质。同时也要清醒地看到，国内外环境仍然错综复杂，经济发展还存在不少困难和挑战，经济结构性问题和一些深层次矛盾日益显现。

从教育资源角度考虑，江苏科学教育水平居全国前列。第一，江苏是经济文化大省,有着人文区位优势,其信息产业发展有着比较好的基础,电子工业是全国最强的,尤其是南京市原电子部部属大厂相当多,这些力量如果能组合成一个整体,就可以形成中国最大的信息产业基地。第二,目前,江苏已有国家级高新技术开发区4个,江苏的大专院校科研单位,其技术创新、科研开发能力强,智力优势比较明显,某些高新技术领域,如计算机、电子元件、航空航天工程等已有比较好的基础。第三,江苏有比较好的改革和开放的基础。这些都有利于切实推进和加快江苏经济信息化的进程。全省拥有中国科学院院士和中国工程院院士88人,从事科研活动人员32.3万人,科技力量与科研能力,仅次于北京、上海,居全国第3位;对外科技和教育交流频繁,江苏已与世界上40多个国家和地区建立了科技合作关系,与近30多个专家组织建立了工作关系,江苏各类学校已与国外近300所大中学校建立了交流与合作关系;实现了高等教育大众化,全省共有普通高等学校105所,在校学生达91.33万人,高等学校数和在校生人数位居全国第一,也是中国第一个实现高等教育由精英教育向大众化教育转变的省份。大批优秀的人才、密集的科研院所为江苏省信息技术服务业、咨询业、科技推广与应用、教育服务业提供了良好的人才基础和教育环境。

3.6.5 信息资源产业发展特点

从产业规模指标来看,江苏产业规模的四项指标全部进入了全国前五位,并且远高于全国的平均得分,反映了江苏产业规模在全国范围内遥遥领先的总体水平(见表3-22)。

表3-22 2014年江苏信息资源产业三级指标得分及排名

	指标	得分	排名		指标	得分	排名
产业规模	产值规模	89.26	4	产业结构	资源结构	92.42	20
	从业人口规模	87.97	3		产业密集	83.96	4
	法人单位规模	94.96	3	公共政策	产业政策供给	92.90	3
	上市企业规模	84.62	5		政务开放互动	97.98	1
产业贡献	就业贡献	89.13	1	基础设施	产业园区发展	95.85	2
	经济总量贡献	84.00	15		区域信息化	95.68	4
产业发展	产值规模增长	94.38	2	决策强度	决策层关注度	90.90	1
	法人单位发展增长	98.66	1		政府工作强度	79.00	6
	从业人口发展增长	91.08	3				

从产业贡献来看，江苏的两项产业贡献指标——就业贡献和经济总量贡献差距较大，其中就业贡献排名全国第一位，指标得分也有89.13的高分，但是江苏的经济总量贡献指标得分只有84分，位列全国第15名的水平，两者水平相差较多，说明江苏的信息资源产业对劳动力、人才的利用还不够，将资源转化为经济利益的效率较低，这恐怕也是江苏虽然总体信息资源产业指数名列第1位，但产业贡献却表现平平的主要原因之一。

从产业发展来看，江苏的四项产业发展指标都进入了全国前四名，其中法人单位规模增长排名全国第1位，在信息资源产值、从业人口、法人单位数方面的大幅增长，展示了江苏信息资源产业方面强劲的发展势头和良好的发展环境。

从产业结构来看，江苏的产业结构这一指标较2013年有较大幅度的下降，其中资源结构排名第20名，暗示了江苏在资源安排方面可能存在比较严重的问题，需要进一步调整。而产业密集则排名第4位，为83.96分，与排名第1位的上海相差仅0.91分，说明江苏产业密集水平较高。因此在产业结构方面，江苏主要关注的问题还是资源结构方面需要深度调整。

在公共政策方面，江苏的指标得分排名第1位，产业政策供给以92.90分的成绩排名第3位，而政务开放互动得分为97.98分，稳居第一，这说明江苏省政府在公共政策方面已经达到了很高的水平，需要继续保持，为全国的公共政策发展树立榜样。

从基础设施来看，江苏的产业园区发展为95.85分，排名第2位，说明江苏的产业园区发展还是颇具优势的；而区域信息化指标得分则为95.68，排名第4位，这可能主要得益于江苏处于长江三角洲的黄金地段，再加上政府对信息资源产业的重视，使得江苏基础设施总体指标得分位列全国第一。

从决策强度来看，决策层强度为90.90，位列全国第一，且全国的得分只有76.13分，这表明江苏省政府较为重视，同时也揭示了大多数的地区政府还没有充分重视信息资源产业的发展，这也从另一方面说明我国的信息资源产业还有一定的发展空间，如果各地区政府能够给予足够的关注，那么其对经济及就业的贡献或许还会有较大的提升（见表3-4）。

3.6.6 江苏信息资源产业政策分析

下面将针对江苏的信息资源产业政策发布情况与政策文本进行详细的解读与分析。

3.6.6.1 江苏信息资源产业政策发布情况

到 2014 年底为止,江苏信息资源相关政策大概有 595 项,其中各相关行业的政策数量各有不同,具体政策数量如图 3-36 所示。

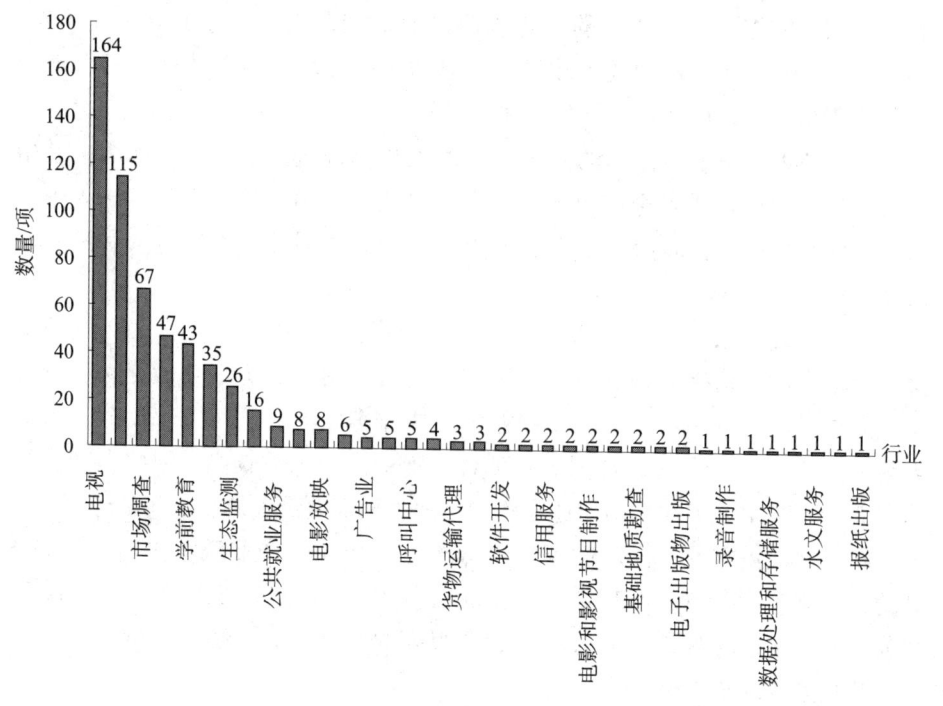

图 3-36　2014 年江苏信息资源产业政策发布情况

从图中我们可以清楚地发现,电视行业、市场调查、学前教育、生态监测、公共就业服务、电影放映等行业的政策比较丰富,这一方面可能是传统行业信息化政策体系比较完善,如教育、电影放映等,另一方面,生态监测、公共就业服务、软件开发等也确实是江苏信息资源产业发展领先的行业。同时,我们也要看到江苏在很多新兴产业尤其是信息服务业方面的政策还十分缺乏,很多细分行业都没有针对行业发展的具体政策,这对扶持引导新兴产业的发展是十分不利的,也不利于构建完善的信息资源产业政策体系。

3.6.6.2 江苏信息资源产业政策文本分析

江苏在信息资源产业政策方面属于政策较多,涉及范围比较广,执行力度较强的省份。下面具体以 3 项代表性政策为例,进行政策的内容文本分析。

《江苏省物联网产业"十二五"发展规划》的制定与实施,对于江苏抢抓机遇,明确方向,突出重点,加快培育和壮大物联网产业具有重要意义。

物联网是新一代信息技术的重要组成部分，加快发展物联网产业不仅是江苏提升信息产业核心竞争力、发展创新型经济的战略选择，也是提升经济和社会信息化水平的重要抓手，对经济发展和社会生活都将产生深远影响。规划在充分调查研究的基础上，集中行业主管部门、专家学者、重点企业和科研机构等多方面的智慧，并与国家和省相关规划进行了衔接，保证主要观点、目标任务、发展重点和政策措施与上位规划一致。规划的编制凝聚了行业共识，充分反映了各方面意见，有利于发挥引导作用，推动"十二五"期间全省物联网产业加快发展。总体来看，规划有着以下特点：充分体现了抓当前和谋长远的有效结合。既立足当前，着力解决当前物联网产业发展中遇到的突出矛盾和问题，同时又着眼长远，着力增强发展后劲。为此，规划强调了四个突出：一是突出技术创新与人才队伍建设，突破关键核心技术，以创新驱动抢占产业发展制高点；二是突出产业基地建设，以无锡国家传感网创新示范区为重点，加快产业集聚；三是突出应用示范，依托示范应用促进产业发展，走应用牵引、市场主导的发展路线；四是突出区域协调发展，充分调动省内各地区的积极性和主动性，形成一点为主、多点联动的发展格局。规划内容由发展现状、发展环境分析、总体要求、主要任务、保障措施五个部分组成。

江苏是国内物联网产业起步较早和相对集中的地区，2010年全省物联网产业实现业务收入810亿元。主要特点概括为五个方面：一是以无锡为核心，苏州、南京为支撑的产业集聚区基本形成；二是江苏科教资源为物联网产业发展奠定了良好基础；三是物联网在各行业得到广泛应用；四是省内一批技术创新与市场应用能力较强的骨干企业正在快速成长；五是支撑服务体系不断完善。存在的问题主要有三个方面：一是企业规模偏小，以骨干企业为核心、创新型中小企业为支撑的产业集群有待形成；二是创新体系不够完善，产学研用合作不够紧密，技术创新、应用创新和商业模式创新未能有效结合；三是应用规模和层次偏低，难以支撑带动产业快速发展。从国际、国内来看，物联网都是当前和今后一段时期新一代信息技术产业的重要发展方向，各方面都给予了高度重视和支持。

"十二五"时期，江苏物联网产业面临的机遇和挑战并存，机遇大于挑战，必须采取有力措施，着力突破核心关键技术，加快产业资源集聚，大力推广示范应用，促进产业快速发展，才能确保在物联网新一轮竞争中的优势地位。"十二五"时期，江苏物联网产业发展的指导思想是：深入贯彻落实科学发展观，以抢占物联网产业制高点为目标，以创新为驱动，以应用为先导，以示范工程为依托，着力攻克一批关键技术，研发一批重点产品，打造一批龙头骨干企业，聚集一批产业领军人才，不断巩固和拓展先发优势，将江苏省打造为国内领先的物联网产业高地。具体发展目标有三个方面：一是总量规模。到2015年，全省物联网产业业务收入突破4000亿元。二是创新能力。建立和完善产学研相结合的自主创新体系，突破一批制约产业发展的核心关键技术，申请发明专利2000项。三是人才队伍。加大物联网人才的培养和引进力度，培养各类物联网人才10万人次以上，引进领军人才200人次、创新创业团队100个。

为实现以上目标，规划提出6项主要任务。一是突破一批制约物联网产业发展和应用推广的核心技术、关键技术。二是着力发展相关重点产业领域，加快提升产业的规模总量。三是着力优化产业规划布局，推动集约发展。四是推进重点领域应用示范，培育良好的市场环境。五是构建服务支撑体系，建立健全适应物联网产业发展的服务体系。六是加强人才队伍建设，强化物联网产业发展的智力支撑。物联网产业是战略性新兴产业，在发挥企业主体作用的基础上，加强各项政策措施的支持是关键。规划有针对性地提出6项关键措施。一是加强组织协调。建立物联网产业发展工作推进机制和考核激励机制，加强统筹协调。二是加大政策扶持。用好用足各方面的优惠政策和扶持措施，并有针对性地给予重点支持。三是开展应用示范。加强顶层设计，抓好物联网应用示范工程建设。四是推进重大项目。组织实施一批重点应用示范和重大产业项目。五是拓宽融资渠道。引导和鼓励社会各类资金加大对物联网企业的投入力度。六是提高服务水平。大力宣传政策规划，优化服务流程，为企业提供便捷高效的服务。

《江苏省电子信息产业"十二五"发展规划》主要针对电子信息产业作出了一系列规划，电子信息产业作为国民经济的战略性、基础性和先导性产业，它对调整产业结构、转变发展方式、促进社会就业和维护国家安全具有十分重要的作用。当今世界信息技术发展日新月异，竞争格局不断变化，机会和挑战并存。制定和实施《江苏省电子信息产业"十二五"发展规划》，对于抢抓发展机遇，加快电子信息产业转型升级、增强核心竞争力，提升发展质量和效益，实现由大到强转变具有重要意义。

规划重点强调了四个结合：一是立足当前与谋划长远相结合。既要深刻认识全球金融危机对江苏省电子信息产业发展所产生影响的长期性、复杂性，着力解决当前问题，保持产业平稳健康发展，又要抢抓发展机遇，着力解决长期积累的深层次矛盾，加快实现产业转型升级，增强发展后劲。二是市场的基础性作用与政府引导推动相结合。既要坚持市场配置资源的基础性作用，强化企业的市场主体地位，又要发挥好政府在规划引导、政策激励和统筹协调等方面的作用，积极营造良好的发展环境。三是自主创新与深化国际科技合作与交流相结合。既要坚持走开放式创新道路，深化国际科技合作和交流，又要加快确立企业创新主体地位，重点支持和引导创新要素向企业集聚，促使企业真正成为研究开发、技术投入、创新活动、创新成果应用的主体，促进全产业链整体升级和创新。四是整体推进与重点突破相结合。既要从产业规模结构、质量效益等方面整体推进电子信息产业转型升级；又要善于整合各方力量，整合各种资源，突破制约产业发展的关键技术和重点领域，提升产业的核心竞争力。

规划内容由发展现状、发展环境分析、总体要求、主要任务、保障措施五个部分组成。2010年，江苏电子信息产业实现主营业务收入18535亿元，约占全省工业经济比重的20%，占全国电子信息产业1/4，形成了集成电路、新型显示、计算机、现代通信、数字视听等优势产品集群。与此同时，下一代信息网络、电子核心基础产品、高端芯片、物联网等新一代信息技术产业也呈现出快速发展的良好态势，自主创新能力不断增强，产业集聚发展效果日益显著。存在的主要问题：一是对外依存度较高；二是关键核心技术亟待突破；三是企业研发投入占比较低；四是产业政策环境需要进一步优化。从全球范围来看，电子信息产业仍是当前创新最活跃、带动性最强、渗透性最广的领域。新一代信息技术正在步入快速成长期，带动整个产业格局的变革。国内外市场环境的变化也促使我们要加快产业结构的转型升级，抢抓发展机遇，积极应对挑战。

"十二五"期间，江苏要以科学发展为主题，以加快转变发展方式为主线，以实施创新驱动战略、提高自主创新能力为强大动力，进一步夯实产业发展基础，深化信息技术应用，大力推动产业向价值链高端攀升，加快实现江苏电子信息产业跨越式发展。具体发展目标主要有三个方面：一是总量规模。到2015年，全省电子信息产业实现主营业务收入3.7万亿元，年均增长15%左右，继续保持全国领先。二是产业结构。到2015年，产品内销比重超过50%，新一代信息技术产业占全行业的比重达35%以上。三是自主创新能力。以企业为主体的"政、产、学、研、用"相结合的行业技术创新体系建立健全，创新水平显著提升。全省电子信息产业专利申请数量年均增长50%以上，获得授权数量年均增长30%以上。

规划提出五个方面的任务：一是推动优势产业高端发展，继续保持集成电路、新型平板显示、现代通信和网络、计算机、新型元器件产业在行业中的优势地位。二是加快培育新兴产业，重点在物联网、太阳能光伏、绿色照明、应用电子、电子专用装备等方面打造产业发展新的增长点。三是大力实施创新驱动战略，发挥重点高校、研发机构和创新型龙头企业的作用，集成创新资源和力量开展攻关，突破一批制约产业发展的关键核心技术。四是积极开拓国际国内两个市场，加快培育和构建以技术、品牌、质量、服务为核心的新优势。五是着力优化产业布局，进一步推进沿江沿沪宁线信息产业带建设，引导、支持和推动苏中、苏北地区发展特色优势信息产品，聚集形成一批特色电子信息产业园。

规划提出六个方面的保障措施：一是加强对规划的宣贯引导，对规划中明确的重点领域和重点任务进行目标任务分解，做好规划落实工作。二是加大财税金融支持力度，统筹用好国家和省各类支持电子信息产业发展的政策。三是推动集约集聚发展，加强电子信息产业基地园区建设，发挥产业聚集、辐射与带动效应。四是支持技术进步投入，引导和鼓励企业加大技术创新和技术改造投入，申报和参与国家科技重大专项等重点项目，推动企业自主创新能力提升。五是加强人才培养引进，满足产业不断发展的需要。六是进一步提高行业服务水平，完善行业运行监测体系，为产业发展营造良好的生态环境。

《江苏人民政府关于加快推进信息通信基础设施建设的意见》是江苏应对全省南北、城乡信息通信基础设施建设发展水平不均衡，苏北及农村地区仅相当于全国平均水平这一现状的措施。信息通信基础设施是信息化发展的重要基础和支撑，其建设利用水平已成为衡量一个国家或地区经济社会发展水平、综合竞争力及现代化的重要标准之一。加快信息通信基础设施建设，实现信息通信基础设施率先发展，是江苏加快"两个率先"进程的重要内容和关键措施。意见明确提出了江苏加快推进信息通信基础设施建设的发展目标、主要任务和保障措施。江苏信息通信基础设施建设发展的总体目标是，到"十二五"末达到国家一类地区水平。主要发展指标如下：进一步完善覆盖城乡政务、经济、社会、文化等领域的信息通信公共服务平台，全省城镇楼宇光纤通达率达90%以上，城市、乡镇、行政村家庭互联网带宽接入能力分别普遍达100M、20M、12M，移动电话普及率达114部/百人，家庭宽带互联网普及率达80%，计算机普及率达70台/百人，有线电视入户率达85%，互动电视用户占有线电视用户总数的比例达40%。

着眼发展目标和主要差距，结合国内外发展趋势，制定了三大主要任务。一是加快推进信息通信基础网络建设。以推进"三网融合"为契机，加强全省城乡光纤宽带网络建设，提升骨干网传输和交换能力；建设国家广电骨干网江苏核心枢纽节点，建成城乡一体的数字化、双向化广电网络；支持各运营商加快建设新一代移动通信网络，在全国率先实现全覆盖；加快无线宽带网络建设，实现国家级高新技术园区、沿江城市（含县级市）城区全覆盖，其他市、县城区热点全覆盖；推进现有基础网络向以 IPv6 为核心的下一代互联网演进。二是加强信息通信公共服务平台建设。推动国家级数据服务中心建设，支持有条件的地区和企业建设云计算基础设施，加快物联网服务平台建设；推进政务信息资源共享交换平台建设，加强农村、教育、民政、医疗、社保等民生服务平台建设，建设无线城市、智慧城市综合服务平台；加强信息安全保障设施建设，加快利用地下人防工程建设地下通信枢纽和数据容灾备份中心的研究与试点。三是重点支持苏北和农村地区信息通信基础设施建设。组织开展苏北和农村地区信息通信基础设施示范县、乡建设与评选工作，大力提高农村地区信息终端普及率，鼓励和支持运营商为农村用户提供实用价优的终端、业务及资费，大力开展农村信息化应用培训和特色信息服务，总结推广"沙集模式"经验，推进农村电子商务建设。

为保障"十二五"目标任务实现，意见着重从组织领导、政策扶持、建设管理、监督考核、营造环境五个方面提出了相关措施办法。一是加强组织领导。成立由分管副省长任负责人的省信息通信基础设施建设联席会议，统筹推进信息通信基础设施建设各项工作。联席会议下设办公室，由省政府分管副秘书长任主任，省经济和信息化委员会、省新闻出版广电局、省通信管理局分管负责同志任副主任，省有关部门参加。各市、县也要成立相应的组织机构。二是加大政策扶持。"十二五"期间，省财政将安排专项资金支持信息通信基础设施建设，引导社会各类资金积极参与；对于重要信息基础设施建筑工程建设给予用电、城市道路挖掘占用费以及人防有关费用优惠；制定江苏省信息通信基础设施迁移改造补偿办法，做好信息通信基础设施迁移和损坏补偿工作。三是强化建设管理。建立健全各类建设项目信息通信配套设施集约化建设标准规范，并严格加以实施；创新信息通信基础设施共建共享模式，健全共建共享机制，深入推进各类通信网基础管线和基站共建共享。四是强化督查考核。建立全省信息通信基础设施建设发展情况统计监测体系，制定目标责任考核办法，签订年度目标责任书，加强年终考核。五是营造良好环境。加强无线电频率台站管理，加大无线电监测和干扰查处力度；加强舆论引导，加大科普宣传力度，积极消除公众对基站、广播电视发射塔电磁辐射的片面认识；严厉打击盗窃、破坏信息通信基础设施的违法行为，切实维护信息基础设施安全。

3.6.6.3 小　结

根据上述分析，可以看出江苏信息资源产业政策的发布具有以下特点：

(1) 政策体系逐渐完善,处于全国领先水平

法规建设不断健全。江苏首个规范信息化发展的地方法规——《江苏省信息化条例》于2011年9月23日通过省人大常委会审议,2012年1月1日起施行;《江苏省政府信息化服务管理办法》政府规章已通过省政府常务会议审议。规划工作顺利完成。《江苏省国民经济和社会信息化"十二五"规划》和《江苏省"十二五"信息通信基础设施建设发展专项规划》编制完成并正式发布,全省性的电子信息产业、软件与信息服务业、电子政务、信息安全等"十二五"发展规划相继编制完成。配套政策同步出台。省政府关于推进信息通信基础设施建设、基层政务信息公开和政务服务、深化行政权力网上公开透明运行、农村信息化、社区信息化等一系列工作意见陆续发布。

另外,从全国范围来看,江苏信息资源产业各项指标都是名列前茅的,这与政府政策的支持与引导有着密不可分的关系。从图3-30、表3-20中可以看到,江苏公共政策指标得分为95.44分,在全国名列第二;决策强度得分为84.95分,在全国排名也是第二位。这说明江苏在政策的制定和执行方面都处于全国的领先水平。表明江苏省政府对信息资源产业比较重视并且在政策规划方面取得了很好的成绩。

(2) 注重信息资源产业基础设施的建设,提高硬件配备

由图3-30、表3-20可知,江苏基础设施指标得分为95.76,在全国范围内排名第三位,与第一名差距也比较小,体现了江苏在信息资源产业方面政府所做出的努力极其重视程度。江苏省经济和信息化委员会印发的《关于印发江苏省信息基础设施建设试点示范工程认定办法的通知》规定了信息基础设施试点工程的申报条件,体现了江苏省政府对信息资源产业基础设施建设的支持和政策引导。《江苏省"十二五"信息通信基础设施建设发展专项规划》则在"十二五"规划中对信息通信基础建设作出了规划,同时还出台了一系列相关政策如《关于规范基础电信运营企业校园电信业务市场经营行为的意见》《省政府关于加快推进信息通信基础设施建设的意见》《省政府办公厅关于加快实施宽带普及提速工程的意见》等政策,在信息通信基础设施的建设方面作出了一系列努力。

(3) 政府对信息资源产业财政支持大,高度重视信息资源产业发展

政府通过资金支持、税收政策、试点支持等手段对信息资源产业的相关企业进行经济上的支持,如《江苏省新兴产业创业投资引导基金管理办法》《关于印发"物联网发展专项资金管理暂行办法"通知》《江苏省财政厅关于印发进一步推进乡镇财政信息化建设意见的通知》等。

（4）注重信息资源产业对引导国民经济转型与产业升级的作用

信息资源产业对引导国民经济转型与产业升级的作用，一方面表现为信息资源产业与工业、农业相结合，促进传统产业转型与升级。《关于开展万家"数字企业"创建活动的实施意见》《省政府办公厅关于加快推进农村信息化工作的意见》等提高了工业、农业的信息化水平；另一方面，大力扶持新兴企业、高科技产业以及第三产业，推进经济结构调整，引导国民经济转型。

3.7 内蒙古信息资源产业发展情况

在宏观了解到2014年我国各地区的信息资源产业发展情况之后，我们已经发现我国的信息资源产业发展呈现"东南高，西北低"的趋势，而且呈现出发达地区信息资源产业发展迅速，相对欠发达地区的信息资源产业发展也较为落后。为了深入了解各地区信息资源产业的发展究竟如何，我们选取了华北地区的内蒙古，对其信息资源产业发展情况进行了详尽分析。

3.7.1 信息资源产业发展概况

2014年，内蒙古的信息资源产业指标得分为78.70，在全国31个省区市中排名倒数第2名，仅仅比青海高出0.65分，各项指标的具体得分及排名如图3-37及表3-23所示。

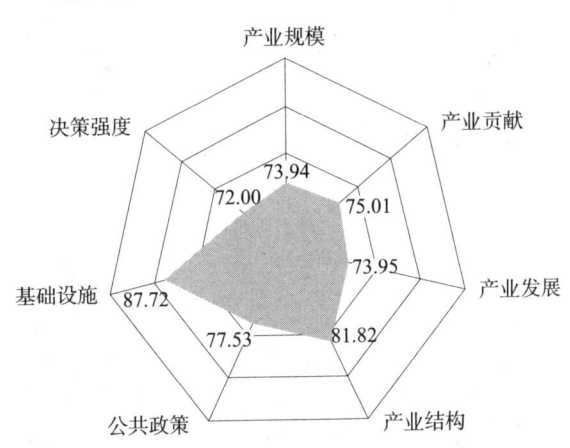

图3-37 2014年内蒙古信息资源产业二级指标得分

表 3-23 2014 年内蒙古信息资源产业二级指标得分及全国排名

指标	得分	排名
产业规模	73.94	25
产业贡献	75.01	28
产业发展	73.95	26
产业结构	81.82	25
公共政策	77.53	25
基础设施	87.72	24
决策强度	72.00	22

2014 年内蒙古的产业价值指标得分为 78.07，在全国 31 个省区市中排名第 27 名，第 1 名为广东，得分是 91.69，最后一名为贵州，得分为 75.20 分。内蒙古的产业环境指标得分为 79.34 分，排名全国第 29 名，第 1 名为江苏，得分为 92.15 分；最后一名是海南，得分为 78.76，具体得分如图 3-38 和图 3-39 所示。

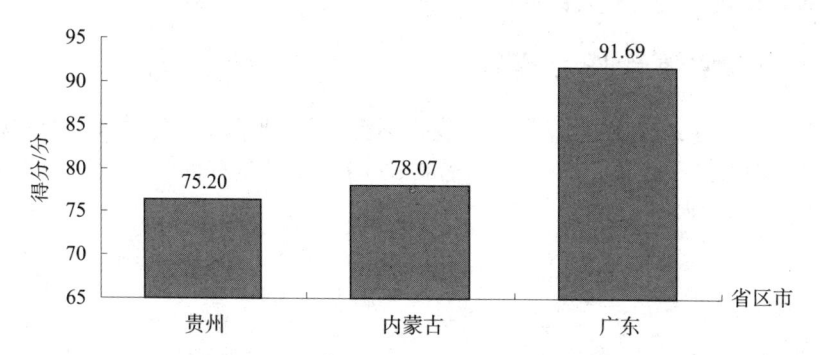

图 3-38 2014 年贵州、内蒙古、广东产业价值指标得分

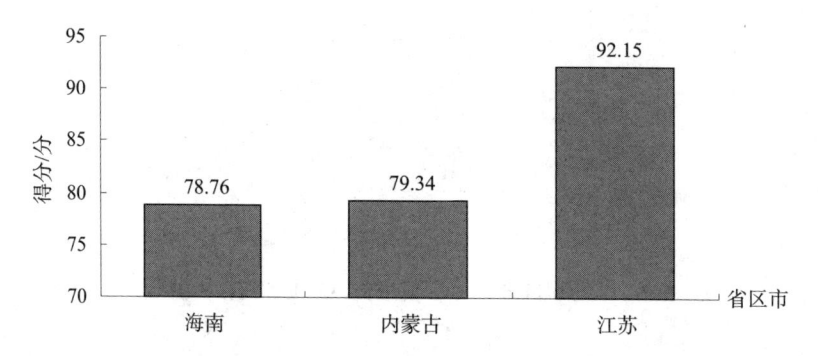

图 3-39 2014 年海南、内蒙古、江苏产业环境指标得分

2014年，全国产业价值指标得分的平均值为81.87，产业环境指标得分的平均值为83.04。内蒙古的产业价值指标得分与第一名相差13.62分，低于全国平均得分3.80分，说明内蒙古作为我国华北地区的非经济发达地区，其产业价值在全国处于下游地位，不仅和国内一线城市有较大差距，甚至连全国绝大多数省市的发展程度都无法相比，信息资源产业存在巨大发展潜力。内蒙古的产业环境指标得分与第一名相差12.81分，低于全国3.70分，说明内蒙古的信息资源产业环境建设处于较弱地位，和顶尖城市相差较大，也显示出我国整体信息资源产业环境的建设还有不足，各地区之间仍存在差异。2014年，内蒙古的信息资源产业营业收入为360.1288亿元，而全国的营业收入为31247.91亿元，内蒙古的营业收入仅仅占到了全国的1%，这也反映出内蒙古的信息资源产业发展虽然产业规模大，但是市场并不大，同时许多资源无法得到有效的利用，利用效率还有待提高。

3.7.2 信息资源产业优势行业介绍

为了筛选出2014年内蒙古的信息资源产业优势行业，笔者采取2014年内蒙古所有的信息资源产业营业收入的比率（内蒙古信息资源产业营业收入与全国信息资源产业营业收入的比值，取小数点后4位）为评选标准，收集前9位的行业。营业收入比率在前9位的行业分别是能源矿产地质勘查业，固体矿产地质勘查业，水、二氧化碳等矿产勘查业，基础地质勘查，地质勘查技术服务业，比率均达到了0.1103，也就是说2014年这些行业的全国营业收入中，内蒙古的营业收入占据了一成多；排名第二位的是专业化设计服务业，比率为0.0573；第三位的是测绘服务业，比率达到了0.0402。而排名靠前的这些细分行业，都类属于勘探测绘业，由此我们可以得出一个初步的结果，内蒙古的优势行业为勘探测绘业。

3.7.3 信息资源产业发展趋势分析

2013年内蒙古的信息资源产业指数得分为79.84分，排名全国第26名。2014年，该指数得分降到了78.70分，排名也下降了4位，排在第30名。而2013年排在其后面的省市分别是贵州（79.55分）、宁夏（79.20分）、甘肃（78.94分）和青海（78.02分），到了2014年这几个省市的得分及排名如下，贵州（78.92分）第28名；宁夏（78.91分）列第29名；甘肃（79.81分）第24名；青海（78.05分）第31名。连续两年这些省市的排名没有较大幅度的变化，说明内蒙古以及上述省市的信息资源产业的发展仍处于较为落后的水平且发展较为缓慢，在没有较大的政策决议或影响因素的情况下，不会缩小与之前省市的差距（见表 3-24）。

表 3-24 2013 年、2014 年内蒙古信息资源产业具体得分情况

2013 年得分及排名			2014 年得分及排名		
	得分	排名		得分	排名
内蒙古	79.84	26	内蒙古	78.70	30
贵州	79.55	27	贵州	78.92	28
宁夏	79.20	28	宁夏	78.91	29
甘肃	78.94	29	甘肃	79.81	24
青海	79.02	30	青海	78.05	31

为了详细了解内蒙古信息资源产业的发展情况与趋势，我们与 2013 年的数据进行对比。图 3-40 展示了内蒙古 2013 年和 2014 年的信息资源产业指数得分情况及全国的平均分数。从图中可以看出，2013~2014 年，内蒙古的信息资源产业指数得分下降了 0.14 分，相比较以往，基本保持一致，全国平均得分从 2013 年的 82.90 降到了 2014 年的 82.45，下降了 0.45 分，2013 年内蒙古与全国的平均得分之差为 4.06 分，2014 年这个分差变为了 3.75 分，可以看出内蒙古的信息资源产业发展水平正在逐渐向全国平均水平靠拢，但是仍旧有较大差距。

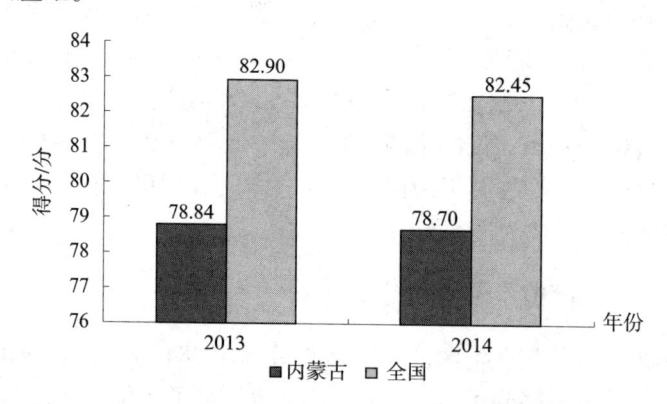

图 3-40 内蒙古和全国信息资源产业得分对比

再结合表 3-24 中的数据来看，我们发现经济不发达地区及一些偏远地区的信息资源产业发展基本都要落后于全国平均水平，符合我们之前所作出的推断与结论，这些偏远地区的信息资源产业虽然在发展，但是趋势与速度远不及发达地区及一些沿海城市，这时候不仅需要自身的努力，更需要政策的支持。

在分析完整体的得分情况之后，笔者选取了二级指标得分进行进一步了解，具体数据如图3-41所示。从图中我们可以看出，2014年内蒙古的各项二级指标得分大多数与2013年保持基本持平，部分指标呈现向上发展的趋势，个别指标低于2013年，但是这些指标的跌幅程度要低于其余指标的上升程度。

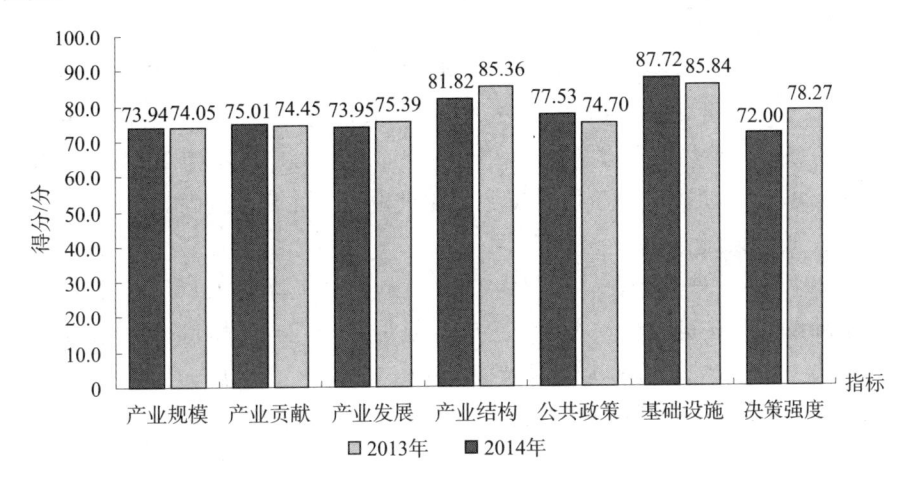

图3-41 2013年、2014年内蒙古二级指标得分对比

（1）产业规模

从图中可以看到，2013年内蒙古的产业规模得分为74.05，2014年则为73.94分，基本与2013年持平，与此同时，2013年和2014年内蒙古的产业规模指数得分都要低于同一年的全国平均指数得分（78.61分和78.46分），说明内蒙古的产业规模在这一年基本维持稳定发展，和发达省市差距较大。

（2）产业贡献

2013年内蒙古的产业贡献指标得分为74.45，同年全国的指标得分为78.92；2014年内蒙古的产业贡献指标得分为75.01，比2013年上升0.56分，同年全国的指标得分为79.13，比2013年高出0.21分，说明内蒙古的信息资源产业贡献数量和所占比例都有所提高，但仍是低于全国平均发展水平的。

（3）产业发展

2013年内蒙古的产业发展指标得分为75.39，2014年为73.95，同比下降了1.44分，而全国的得分从2013年的79.74分降到了2014年的79.26分，表明全国的产业发展速度是有所降低的。

（4）产业结构

在产业结构指数得分一项，内蒙古2014年的得分仅为81.82，相较于

2013 年的 85.36 分，下降了 3.54 分，下降程度相对较多，全国的产业结构得分也从 85.94 降到了 82.18，下降 3.76 分，全国信息资源产业得分前 3 位中的北京和广东在这一指标上也有所下降，但是这不能说明内蒙古的信息资源产业结构出现了问题，有可能是内蒙古的信息资源产业在经历了前期的发展之后，开始进行内部的结构调整，市场内部对产业结构进行整合、发展。

（5）公共政策

2013 年内蒙古的公共政策得分为 74.70 分，2014 年增长为 77.53 分，增长了 2.83 分，说明经过一年的发展，内蒙古区政府关于信息资源产业的有关政策有所增多，值得一提的是，全国的平均得分从 2013 年到 2014 年上升了 3.14 个点数，表明国家对于信息资源产业重视程度逐渐在提高。

（6）基础设施

与 2013 年的得分相比，2014 年内蒙古的得分上涨了 1.88 分，说明内蒙古的基础设施正在进一步发展、完善中。但是 2014 年全国的基础设施平均得分为 89.94，内蒙古的基础设施仍不能达到平均水平，这也从侧面说明我国偏远地区及经济不发达地区的基础设施还是比较缺乏的。

（7）决策强度

内蒙古 2014 年的决策强度指数得分较之 2013 年也有一个较为明显的降低，这表明政府的政策强度相较于 2013 年有所减少（见图 3-42）。

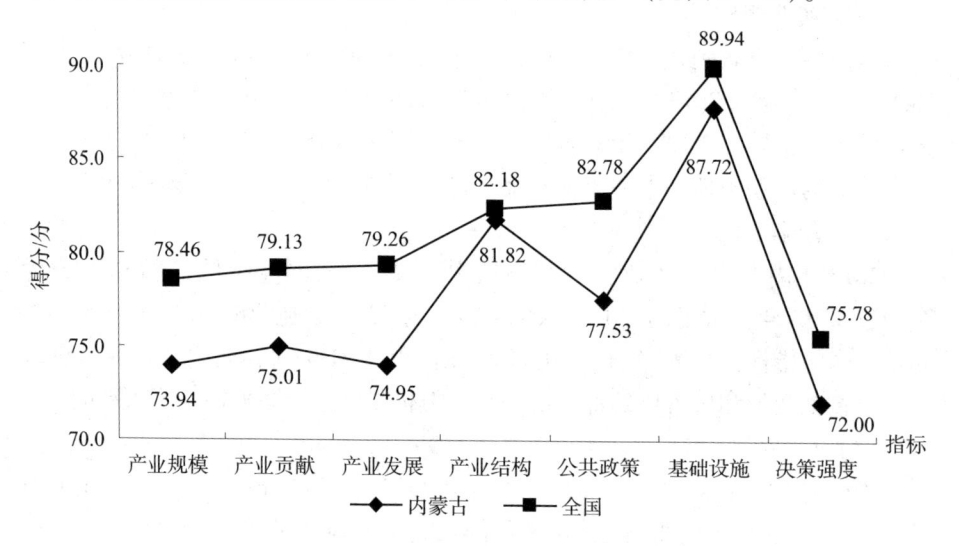

图 3-42 2014 年内蒙古与全国二级指标得分对比

3.7.4 信息资源产业优势行业原因分析

在之前的小节中，我们通过选取比率确定了 2014 年内蒙古的优势信息资源产业优势行业为勘探测绘业，在这一节我们将从几个方面来具体分析，为什么勘探测绘业成了内蒙古的优势行业？

（1）地理位置

内蒙古的勘探测绘业能成为优势行业，首先应该得益于其地理位置及自然资源。内蒙古地处欧亚大陆内部，全区面积为 118.3 万平方公里，占全国总面积的 12.3%，资源储量丰富，有"东林西矿、南农北牧"之称，稀土金属储量居世界首位。

内蒙古是中国发现新矿物最多的省区，还是世界最大的"露天煤矿"之乡，煤炭储量 7016 亿吨，居中国第一位，天然气地质储量 7903 亿立方米。拥有如此得天独厚的先天条件，发展勘探测绘业不仅有优势，而且具备极大的发展前景。

（2）政策关怀

在政府政策方面，自改革开放之后，内蒙古分别因为国家"西部大开发""振兴东北老工业基地"等政策而得到快速的发展，抓住了保增长、扩内需、调结构的有利时机，加快推进新型工业化进程，不断加强信息化建设，使得内蒙古工业经济实现了较快增长，信息化建设稳步推进，同时自治区政府也发布各种政策来支持各个行业转型，转型的目标便是从传统老旧工业向着创新型工业园区发展，这些政策都为探测勘探业的发展起到了帮助。

（3）"互联网+"政策的推进

2015 年，内蒙古自治区政府更是大力推进"互联网+"政策，贯彻落实"四个全面"战略布局以及"一带一路"等国家战略，抓住新一轮科技革命和产业变革的历史机遇，围绕信息化、工业化、城镇化、农业现代化"四化同步"发展要求，深入实施内蒙古"8337"发展思路，充分发挥比较优势，坚持人才为先、用户思维、企业主体、环境优化的方针，以大力发展互联网应用和互联网产业为重点，突出商业模式创新，促进跨界融合创新，使互联网经济成为新常态下内蒙古增强竞争能力的新优势、推动转型升级的新动力、促进经济发展的新力量。

在"互联网+"政策的影响下，内蒙古首先选择的便是"互联网+"工业，主要是紧紧围绕内蒙古工业"四大基地"建设和工业转型升级需求，以推进两化（信息化和工业化）深度融合为主线，引导工业企业实现生产全流程的互联网转型，推动传统产业实现生产方式、经济模式、产业结构的改造升级，加快信用、物流、安全、大数据分析等工业互联网配套体系建设，推动生产方式和商业模式变革。面向煤炭、电力、冶金、化工、农畜产品加工、装备等重点行业和重点企业，加大"互联网+"推进力度，积极开展智能制造和两化深度融合管理体系贯标对标工作。发展基于互联网的个性化定制、众包设计、云制造等新型制造模式，推动形成基于消费需求动态感知的研发、制造和产业组织方式。加快工业云及工业大数据创新服务平台建设和应用示范，推动软件与服务、设计与制造资源、关键技术与标准的开放共享，催生在线研发设计、协同供应链管理、协同制造等新业态。积极推进智能制造，探索建设智能工厂。加快工业园区信息基础设施优化、开发管理精细化、功能服务专业化、产业发展智能化，打造智慧工业园区。建立工业运行在线监测平台，推动工业运行决策科学化。实施中小企业信息化推进工程，推动基于互联网的信息化服务和中小企业公共服务体系建设。到2020年，两化融合指数达到全国平均水平，智能制造水平明显提高，创建智能工厂50座、智慧园区10个，培育两化融合示范企业100家，企业网上销售占销售总额的30%，企业网上采购占采购总额的60%。

3.7.5 信息资源产业发展特点

从产业规模指标来看，内蒙古的产业规模下的四项指标，基本都位于中后位，并且和全国的平均水平相比，也都有较大的差距（见表3-25、表3-4）。

表3-25 2014年内蒙古三级指标得分及排名

指标		得分	排名	指标		得分	排名
产业规模	产值规模	74.43	23	产业结构	资源结构	91.47	22
	从业人口规模	74.37	22		产业密集	81.91	22
	法人单位规模	74.33	23	公共政策	产业政策供给	76.85	26
	上市企业规模	72.00	17		政务开放互动	78.21	23
产业贡献	就业贡献	73.41	23	基础设施	产业园区发展	87.27	19
	经济总量贡献	76.60	29		区域信息化	88.17	27
产业发展	产值规模增长	75.57	25	决策强度	决策层关注度	72.00	17
	法人单位发展增长	74.55	24		政府工作强度	72.00	12
	从业人口发展增长	71.72	31				

从产业贡献来看，内蒙古的两项产业贡献指标——就业贡献和经济总量贡献也都在全国下游水平，其中就业贡献排名第23位，低于全国平均水平1.98个点数，然而内蒙古的信息资源产业就业贡献与顶尖城市相比，还存在不小的差距。同在华北区域的北京市2014年的信息资源产业就业贡献达到了86.31的分数，而江苏省则是89.13分，内蒙古的信息资源产业在就业贡献方面还有较大的进步空间。而经济总量贡献排名第29名，得分只有76.60，相较于全国的82.88分，差了6.28个分数点，说明内蒙古的信息资源产业将资源转化为经济利益的效率还可以进一步提升。

从产业发展来看，内蒙古的三项产业发展指标都进入了全国倒数十名，其中从业人口规模增长排名全国倒数第一，虽然内蒙古在产业发展指标上排名并不突出，但这并不能表明其信息资源产业发展前景不佳。造成在这一指标上排名不高的原因，一部分在于内蒙古的信息资源产业营业收入规模、法人单位规模、从业人口规模基数较大，虽然有着一定增长数量，但增长率却相对较小；另一部分的原因可能在于内蒙古本身的信息资源产业发展还不够发达，因此法人单位、从业人口、营业收入发展都相对缓慢。

从产业结构来看，内蒙古的资源结构排名第22名，产业密集程度排名全国第22名，也可以从侧面证明偏远地区的信息资源产业发展相对较差，且密集程度不高。

从公共政策方面，内蒙古的指标得分相对较为平庸，产业政策供给以76.85分的成绩排名第26位，而政务开放互动得分为78.21分，排名第23位，而同年江苏的两项指标得分分别达到了92.90和97.98的高分，这说明内蒙古自治区政府在公共政策方面还需要下很大的功夫来提高。

从基础设施来看，内蒙古的产业园区发展为87.27分，排名第19位，说明内蒙古的产业园区发展还是较为正常的；而区域信息化指标得分则为88.17，排名第27位，这可能因为内蒙古本来的地理位置较为偏远，身处我国内陆边境，且陆地面积较广，经济发展相对较差，使得信息化建设较为落后，信息化程度不高。

从上述分析来看，内蒙古的信息资源产业发展还有很多不足。主要可以概括为以下几点：

（1）基础设施薄弱、技术力量不足

作为欠发达地区，内蒙古信息资源产业发展的基础设施落后，无法满足快速增长的信息资源产业需求，亟须完善。在技术方面，近几年内蒙古在基础科学研究和信息资源产业技术研发的投入上虽然有所增加，但由于起步较晚，技术力量与发达地区相比，存在较大的差距。

（2）组织机构与管理体制落后

内蒙古一些信息资源企业，仍然受现有体制的制约，产权制度改革进展缓慢，市场化程度不高，违背了社会化大生产的客观规律，致使企业组织结构不合理，严重影响效率的提高和生产的发展。另外，地区间存在条块分割、各自为政的现象，致使信息流通不畅，信息资源不能共享，造成人力、财力、物力的巨大浪费。

（3）技术人才缺乏，劳动力素质整体偏低

内蒙古科教兴区战略推行已有十多年，但由于教育结构与经济整体结构变化的不协调，阻碍了劳动力素质的提高。信息资源产业的发展离不开掌握技术的人才，而内蒙古这方面的人才相对于产业发展的需求严重不足，尤其缺少掌握关键技术的人才。并且由于内蒙古地域较为偏僻，且与北京等地接壤，使得自身很少能吸引到顶尖人才。

（4）企业规模小、外部竞争加剧

内蒙古信息资源产业领域企业规模除去优势行业勘探测绘业，其余的企业普遍规模偏小、专业人才短缺、核心技术缺乏，导致企业盈利能力不强，多数企业处于价值链的低端。同时，优势行业的企业也存在核心技术不够顶尖，规模虽大但是生产效率低等问题，再加上我国南方地区及周边省市的信息资源产业迅速地发展，使得内蒙古自身的信息资源产业竞争能力减弱，以软件开发业的年营业收入为例。2014年我国的软件开发业营业收入为962.669亿元，而内蒙古只有4.434亿元，仅仅占据了零头，其余各业的竞争情况也大抵如此，只有优势行业相对较好。

那么，内蒙古今后应该如何发展自身的信息资源产业呢？我们认为有以下几点建议：

（1）紧紧抓住"互联网+"方针

互联网与云计算、大数据、物联网等新一代信息技术的不断突破创新、加速应用，深刻改变着企业生产、市场供给、商业服务和生活消费方式，并以前所未有的力度重塑传统产业和催生新兴产业。"互联网+"正在点燃信息消费新引擎、催生行业发展新业态、引领企业抢滩新机遇，"互联网+"模式将成为企业竞争、产业竞争乃至地区竞争的新常态。因此，要想使得内蒙古的信息资源产业发展尽快达到全国平均水平，更应该抓住这个机遇，在国家政策的帮助下，大力发展"互联网+"模式，实现各个行业的转型与创新。

（2）加快内蒙古的基础设施建设

内蒙古因为身处内陆地区，并且属于经济欠发达地区，其基础设施相对于江南等新兴信息资源产业优势区域相比还有很大差距,因此,提升网络基础,优化资源配置,促进信息基础设施集约化建设和共享便成为必要。深入实施宽带战略,支撑数字家庭、两化融合、公共服务、智慧城市等深度应用,以政府补贴或购买服务等方式支持公共场所提供免费无线宽带服务。积极争取国家政策,申请建立国家级互联网骨干直联点和区域国际互联网转接点,以及创建宽带示范城市等。鼓励市场竞争,进一步降低信息网络资费,提升宽带网络速率、信息服务质量和资源利用效率。打破网络接入垄断,允许多家电信企业、广电企业以及其他信息技术企业进入同一住宅小区或办公楼宇或工业园区开展宽带接入,允许云计算服务商、互联网企业利用公路、铁路、石油、天然气、电力、广电等行业富余的通信管道资源承担自治区异地灾备网络传输和本地网络接入业务。

(3) 加大资金支持

支持互联网企业申请高新技术企业、生产性服务企业等认定,经认定的企业按规定享受相关税收优惠政策。调整自治区服务业发展引导资金使用方向,支持产业园区和公共服务平台建设、网络运营补助以及引进优秀人才等。自治区建立产业发展基金,支持互联网经济发展。对于新认定的互联网企业技术中心、企业研发中心、工程中心、重点实验室等创新平台,以及关键技术研发及产业化项目,按照有关规定给予优先支持。运用财政补贴、贷款贴息、融资担保和风险补偿等多种方式,鼓励吸引各类金融机构、私募基金和风投资金投资互联网企业。鼓励企业通过贷款、私募债券、集合债券和集合票据等多种方式融资。对在新三板成功挂牌的互联网相关企业,参照自治区有关政策优先给予奖励。

(4) 加强人才的培养

信息资源产业的发展离不开掌握技术的人才,如何能够吸引人才放弃发达的沿海地区,来到内陆也是重要的考虑方面之一。除此之外,本地的高校也应当大力培养有关的人才,加大互联网行业相关专业人才培养力度,积极调整专业课程结构,加强对计算机专业应用技能型人才的培养,保障本土人才供给。强化职业教育和技能培训,引导内蒙古一批普通高校和职业技术学院向应用技术院校转型,建立一批实训基地。鼓励互联网、云计算企业设立培训机构,与信息资源产业相关产业园合作共同设立培训机构或实训基地,或与高校合作建设实训基地。

3.7.6 内蒙古信息资源产业政策分析

下文将针对内蒙古信息资源产业政策的发布情况与政策文本进行详细的

分析与解读。

3.7.6.1 内蒙古信息资源产业政策发布情况

随着我国近年来的发展，互联网建设及有关产业、资源、基础设施的建设与发展受到人们越来越多的关注。信息资源产业的发展逐渐被国家及各地的政府所重视起来。2014年，内蒙古有关的信息资源产业政策共统计有120条，涉及的方面有规划管理，运输代理，广播电视，生态调查等各行各业。近两年，内蒙古将重点放在了云计算方面，积极抢滩云计算产业，先后出台了诸如《关于内蒙古西部地区云计算数据中心建设有关扶持政策的通知》《内蒙古自治区云计算产业发展规划（2011~2020年）》等政策，同时，还有《内蒙古自治区人民政府关于工业经济和信息化工作的指导意见》《内蒙古自治区加快电子商务发展若干政策规定》等文件支持其他信息资源产业发展。

《内蒙古自治区云计算产业发展规划（2011~2020年）》明确指出："十二五"期间，内蒙古重点实施云计算产业的"蓝天白云"工程。为加快推进内蒙古云计算及其相关产业的发展，力争在新一轮信息技术的竞争中抢占先机、发挥优势，打造生产性服务业高端产业链，内蒙古在深入调研的基础上，依据有关文件精神，紧密结合内蒙古实际，制定了规划。规划对内蒙古云计算产业相关基础设施建设进行了总体布局，明确了"十二五"及今后一段时期内蒙古云计算产业发展的指导思想、总体目标、主要任务、重点工程和相关保障措施（见表3-26）。

表3-26 内蒙古信息资源产业重要政策发布情况

主要政策	着重方向
《内蒙古自治区云计算产业发展规划（2011~2020年）》	抓住国际信息产业变革的历史机遇，力争到2020年，实现内蒙古在云计算产业领域"双五双百"的发展目标。即培育五家以上在国内有影响力的年经营收入超亿元的云计算技术与服务企业，建成五个以上面向能源、煤炭及碳交易、物流、电子商务、民生与电子政务、中小企业服务等领域的云计算示范平台；推动百家软件和信息服务业企业向云计算服务转型；带动软件和信息服务业新增经营收入百亿元。支撑内蒙古云计算产业发展的基础电信网络带宽基础设施基本建成，同时形成连接蒙古和俄罗斯的国际出口局，成为全国重要的云计算产业聚集区和国家云计算产业的重要承载节点

续表

主要政策	着重方向
《内蒙古自治区人民政府关于加快科技服务业发展的意见》	按照"政府引导、企业主体、协同创新、开放合作"的原则，围绕"五大基地""两个屏障""一个桥头堡"发展战略和区域产业特色，着力提升研究开发、技术转移、检验检测认证、创业孵化、知识产权、科技咨询、科技金融、科学技术普及等方面的服务能力，构建服务机构健全、服务水平大幅提升、市场竞争能力显著增强、区域特色突出的科技服务体系。到2017年，在"五大基地"建设领域和战略新兴产业领域基本完成科技服务业发展规划布局，培育各类科技服务骨干机构超过600家，科技服务业发展的政策环境和创新机制明显优化，科技金融、知识产权、创业孵化、技术转移等科技服务链条基本完善。到2020年，全区科技服务业取得长足发展，建成覆盖科技创新全链条的服务体系，涌现一批新型科技服务业态，形成一批科技服务产业集群，科技服务业总收入达到1000亿元，成为促进科技与经济深度融合、经济提质增效升级的重要引擎
《内蒙古自治区人民政府关于工业经济和信息化工作的指导意见》	旨在加强信息化工作，推进信息化和工业化融合向纵深发展。重点是推进信息化和工业化融合，推进信息产业的发展，推进电子政务的建设
《内蒙古自治区加快电子商务发展若干政策规定》	旨在加快电子商务管理体制改革，加大土地政策支持力度，加大财政资金支持力度等，从而加快电子商务的发展
《内蒙古自治区"十二五"工业和信息化发展规划》	为促进产业结构优化升级，转变经济发展方式，加快推进工业化和信息化，特编制内蒙古自治区"十二五"工业和信息化发展规划。重点在于加快建设宽带、泛在、融合、安全的信息网络基础设施，推动新一代移动通信、下一代互联网核心设备和智能终端的研发及产业化，加快推进三网融合，积极开展物联网、云计算的示范应用。以呼和浩特经济技术开发区和包头稀土高新技术开发区为基础，大力发展高清晰度彩电、光存储设备、新型平板显示器、高端软件等新产品
《内蒙古关于加快推进"互联网+"工作的指导意见》	旨在发展为加快推进内蒙古自治区"互联网+"工作，大力发展互联网经济，充分发挥互联网在稳增长、调结构、转方式和惠民生中的战略性、基础性和先导性作用，主动适应经济发展新常态，促进经济发展迈上新台阶。推进"互联网+"产业的发展，强化政策措施，优化发展环境，争取到2020年，"互联网+"加速推进，以云计算、大数据、物联网、移动互联网等为代表的新一代信息技术在经济社会各行业各领域广泛应用，互联网经济发展水平全面提升

3.7.6.2　内蒙古信息资源产业政策文本分析

为了更好地了解内蒙古信息资源的产业政策，我们从上述几项政策中选择了其中的云计算产业政策来进行深入的分析。即《内蒙古自治区云计算产业发展规划（2011~2020年）》。

按照《内蒙古自治区云计算产业发展规划（2011~2020年）》，内蒙古将盛乐现代服务业集聚区规划20万平方公里作为云计算产业基地。而截至目前，已入驻园区的企业包括：总投资173亿元的中国电信内蒙古信息园，总投资220亿元的中国移动（呼和浩特）数据中心，总投资108亿元的国家云应用检测中心，总投资20亿元京东电子商务园，以及总投资85亿元内蒙古京能热电项目。

在该规划中，首先对云计算的背景及内蒙古发展云计算产业的重要意义作了陈述，指出全球云计算市场迅速增长，世界信息产业强国和地区对云计算给予了高度关注，已把云计算作为未来战略产业的重点，纷纷研究制定并出台云计算发展战略规划，加快部署国家级云计算基础设施，并加快推动云计算的应用，抢占云计算产业制高点。我国政府非常重视云计算的发展，目前已经有20多个城市开展了云计算有关的研究和项目建设。内蒙古发展云计算产业，有以下几点重要的意义：

（1）有利于促进自治区产业结构优化升级

云计算产业的发展对金融产业、电子信息制造业、生物医药业等产业将起到很好的提升和支持作用，同时将为发展高新技术产业，尤其是新材料产业、环保新能源产业、动漫创意产业、视频应用产业等提供强大的支持，对改造提升传统产业，包括钢铁工业、机械装备制造业、轻纺服装工业等能提供科研创新的平台。利用云计算平台，围绕自治区优势特色产业，尽快在科研、原料采购、资源调配、生产、销售、仓储、运输等环节实现信息集成，促进产业升级，提升产业核心竞争力。同时还能够对能源产业、农畜产品加工业、冶金产业等内蒙古老牌优势产业进行优化与改进，使得这些产业的信息化现代化建设进一步加快，提高产能，节约能源，重新占据全国乃至世界领先地位，提高企业的国际竞争力。

（2）有利于促进自治区相关服务业的发展

随着互联网的普及和技术的进步，国内数据中心市场已从简单的资源型需求转向技术、服务多元化需求。客户需求从最初的域名注册、空间、邮箱、托管、租用等基础业务，发展到现在以主机托管、主机租赁为基础的数据管理、网络通信、系统集成、网络安全、应用外包、专家咨询等各类技术服务。市场需求的多元化为数据中心市场提供了更广阔的发展空间，同时也对数据中心服务提供商的技术水平和服务意识提出了更高的要求。云计算产业将进一步把城市公共服务、政府公共事务管理、民生保障等应用纳入云平台上，全面增强政府面向社会的信息处理能力和综合服务能力，方便政府开展各类便民服务并提升工作效率，同时还能解决政府在信息化应用中重复投资和一次性投入过大等问题，以专业化、精细化服务降低投入和运营成本，提升信息化应用水平和质量。此外，云计算将推动传统设备提供商进入服务领域，带动软件企业向服务化转型，催生行业融合的新型服务业态，支撑物联网、智能电网等新兴产业发展，加速制造业、服务业的转型和提升。

（3）有利于促进以信息产业为代表的高新技术产业加快发展

云计算基础设施和服务平台建成后，不仅面向自治区各部门、各行业提供数据中心、灾备中心等基本功能服务，而且形成巨大的信息产业及信息服务业集聚区和产业园区，向周边区域（华北、东北和西北）辐射甚至向全球范围拓展，为区内外政府部门、重点行业（金融、能源、煤化工等）和相关产业的大型企业等各类用户提供不同内容、层次和级别的服务，获取稳定的服务费收益。

（4）有利于促进电子政务、电子商务软件和信息服务业转型发展

发展内蒙古云计算产业，将有力推动通信运营商和其他第三方数据中心向云计算基础设施服务商转型，推出面向不同需求的云计算基础设施和平台服务。以云计算服务平台为载体整合资源，培育云计算龙头企业，打造云计算服务集群，形成内蒙古在大型数据中心运行维护服务业领域的专业优势。

云计算应用于电子商务、电子政务和智慧城市建设方面，具有基础设施的整合、统一平台的高效便捷、业务和资源的统一调度管理与安全管控、节能降耗管理等优势。因此推动云计算能够大力促进信息化建设，推动区域社会和经济更快发展，也有助于降低区域信息化的总体成本，为实现信息安全提供保障。

（5）有利于自治区富余电力产能的就地消化，促进可持续发展目标的实现

目前内蒙古受铁路、公路煤炭运输通道能力制约，以及电网输送能力限制，能源工业产能无法完全释放，资源优势不能有效转化为经济优势。通过发展云计算产业，带动煤炭、电力等能源行业整合资源，提高综合能源利用效率，利用分布式能源技术和智能多维能源网络系统支持，实现能源产业跨越式发展。云计算数据中心建成后，有利于自治区实现富余电力产能的就地消化，通过网络传输数据代替部分煤炭运输和电力输送，使分散式高能耗实现集中的低能耗式发展。预计到2015年内蒙古云计算数据中心将消耗电能相

当于100万千瓦机组的年发电量，可以消耗部分内蒙古富余电量。通过云计算的带动将提高内蒙古的能源利用效率约0.1个百分点，按照2010年内蒙古用电量计算，大约节约用电近1亿度，真正体现了高效、节能、经济、环保和低碳的可持续发展。提高现有数据设备运行效率，并减少初期投资和运营成本（管理、更新成本），降低用户总体成本。同时，云计算对IT资源的集中和整合使用可以减少设备规模，及时关闭空闲资源，有效降低能源消耗，提高资源利用率，通过内蒙古云计算数据中心建设和运营，将较现有设备减少用能60%，有利于推动自治区节能减排工作的推进。

在这之后，该政策还指出了内蒙古发展云计算产业的优势条件。其主要有以下几点：

（1）土地与地理环境优势

内蒙古地域辽阔，总面积为118.3万平方公里。大量未开发的荒漠为建设云计算数据中心提供了充裕的土地资源，在国内各省区发展云计算产业中具有独特优势。建设云计算数据中心还必须考虑建设地域是不是地震多发地带，是否有洪涝灾害等自然灾害。内蒙古绝大多数地区，特别是即将建设云计算数据中心产业园区所在地区都拥有比较稳定的地质结构，远离地震带，同时历史上没有发生过大的洪涝灾害，能够保障大型数据中心的稳定运行，为今后较长时期建设和发展云计算数据中心产业提供了稳定的地质环境。

（2）能源优势

云计算产业链最核心的基础设施是云数据中心，其运行的基本动力是电力，需求规模大，供应的可靠性要求高。内蒙古是我国最重要的能源战略基地，煤炭、天然气、风能、太阳能等资源丰富。煤炭储量非常丰富。现已查明含煤面积达10多万平方公里，累计探明储量7600亿吨，占全国探明储量的25%以上，居全国第二位。内蒙古石油、天然气的蕴藏量也十分可观，已探明13个大型油气田，预测石油总资源量为20亿~30亿吨，天然气为2700亿~10000亿立方米。内蒙古具有丰富的太阳能资源。全区总辐射量在115~167千卡/平方厘米·年，仅次于青藏高原，居全国第2位。日照时数在2600~3400小时，是全国的高值地区之一，光能资源异常丰富。内蒙古风能资源是国内风能较丰富地区，可利用风能总量约54亿千瓦，占全国总量的30%以上。充分利用这一廉价能源，对于发展云计算产业具有重要意义。

（3）气候优势

数据中心是一个需要全年制冷的场所，室外环境湿度和温度直接决定了利用自然冷却的时间。内蒙古气候以温带大陆性季风气候为主，夏季短暂，降水集中，秋季气温剧降，无霜期较短，冬季漫长严寒，全年平均气温为0~

8℃，数据中心将有 7~8 个月不需要空调系统，有利于大规模减少大型数据中心的制冷能耗，降低运营成本。

（4）区位优势

内蒙古拥有独特的地缘优势，跨三北、邻八省的区位特点不仅使内蒙古受到了周边地区的辐射带动，同时也为信息能力输出提供了便利。特别是与北京、天津距离较近，在数据传输建设、信息服务、人才输送等方面均占有较好的优势。内蒙古北部与蒙古国为邻，东北部与俄罗斯交界，拥有两条欧亚大陆桥，是我国向北开放的重要桥头堡，具有面向国际发展云计算产业的区位优势。

（5）政策优势

《国务院关于进一步促进内蒙古经济社会又好又快发展的若干意见》以及国家一系列有关西部大开发和振兴东北等老工业基地等相关政策，为内蒙古发展云计算等战略性新兴产业提供了政策保障。

当然，想要发展内蒙古的云计算产业这一想法是好的，但是内蒙古也存在许多不足。主要可以归结为以下几点：

（1）网络等基础设施薄弱

通信业基础相对薄弱，特别是光纤通路带宽不足是制约内蒙古发展云计算产业的重要瓶颈，自治区现有对基础电信网络包括城市宽带、互联网国际出入口和连接国内主要大城市的光纤带宽等需求主要是本地应用，与发展云计算及相关数据中心产业的要求有较大差距，亟待加强。

（2）市场集聚能力有限

按照目前产业发展现状和产业结构特点，自治区本地区 IT 应用的市场相对比较狭小，以本地市场带动云计算及相关产业聚集的能力有限。

（3）专业和高端人才缺乏

云计算产业发展重要的是人才，自治区高校相关专业设置较少，IT 领域专业人才尤其是高端人才缺乏，特别是发展云计算产业所需的相关人才更是缺乏，成为制约自治区云计算产业发展的又一重要因素。

3.7.6.3 小　　结

从上述的分析中，我们可以看出，内蒙古在发展新兴信息资源产业这方面十分看重，根据自己自治区的实际情况，接连出台了几项政策，更是在 2015 年仅仅追随国家的步伐，出台了相关政策支持"互联网＋"的建设，从而加快内蒙古的现代化信息化建设。

然而我们可以发现，在各种政策中，内蒙古的区位优势似乎各不相同，但是制约其发展的因素却不尽相同，几乎都可以概括为：基础设施不够，人才缺乏，市场聚集能力有限等。再结合我们之前对内蒙古信息资源产业发展的分析，我们发现这些因素与我们通过具体数据所得出的内蒙古产业指数得分排名靠后的原因有相同之处。也再次证明了我们之前所论述的"我国内陆地区信息资源产业发展基础设施缺乏"观点相符合。

从内蒙古的信息资源产业政策解读中，我们或许可以以小窥大，我们国家在未来，应当如何使得内陆地区，尤其是西北地区与江浙及沿海等发达省市的信息资源产业发展差距变小，如何更好更快地建设我国的信息资源产业。我们认为，除去政府出台的一系列政策，各地依托自己的实际情况发展优势产业外，加大基础设施的建设，完善相关的监管体制，提高诚信结构，加大人才的培养也是当务之急。

4 中国信息资源产业典型行业发展概况

本章将中国信息资源产业典型行业作为研究重点，选取了金融信息服务业和信息技术服务业两大典型信息资源产业作为具体的研究对象，介绍了这两个行业的内涵与起源，并对其行业组成、发展水平、行业特点及政策展开多角度的分析，总结经验，从而为其他信息资源产业的发展提供参考。

4.1 金融信息服务业

信息服务业是信息资源开发利用，实现商品化、市场化、社会化和专业化的关键。依据信息服务提供的信息产品所从属的行业性质及其用户类别，可将信息服务业分为科技信息服务业、法律信息服务业、医疗信息服务业、教育信息服务业、商业信息服务业以及金融信息服务业等。其中，金融信息服务业是金融行业的核心成分与新生力量，作为金融产品交易平台、分析平台和投资理财渠道，金融信息服务业为用户提供专业、即时的金融资讯，并以此在金融活动中创造更高的价值。

4.1.1 金融信息服务业的行业内涵

根据由国务院新闻办公室、商务部、国家工商行政管理总局于2009年4月30日联合发布的《外国机构在中国境内提供金融信息服务管理规定》，金融信息服务业的具体含义为向从事金融分析、金融交易、金融决策或者其他金融活动的用户提供可能影响金融市场的信息和/或者金融数据的服务。

金融信息服务已然成为金融业最主要的业务。表4-1列出了与金融信息服务业发展相关的主要历史节点。

表4-1 与金融信息服务业发展相关的主要历史节点

时间	历史节点
18世纪初	债券、股票盛行,金融业本身是金融信息服务发展的必要因素
18世纪、19世纪	两次工业革命繁荣了金融业,推动了金融信息服务业的发展
20世纪	信息技术发展丰富了金融信息服务产品的内涵和复杂性
21世纪	全球一体化促进了金融信息服务业发展以及对其的需求

此外,根据金融信息服务业的形态划分,可以将其分为财经信息服务类、金融数据服务类、投资工具类、投资交易服务类和其他服务类。

4.1.2 我国金融信息服务业市场的主要组成

目前,我国金融信息服务市场主要包括两个组成部分,即境内提供金融信息服务的国外金融信息机构和国内本土的金融信息服务机构。

4.1.2.1 境内提供金融信息服务的国外机构

目前,在我国境内提供金融信息服务的全球专业化信息服务机构主要有汤森路透、彭博新闻社、其他国外机构等。

(1) 汤森路透

汤森路透由汤姆森公司与路透集团于2008年合并而来,是目前全球最大的金融信息和数据提供商,主要为专业企业、金融机构和消费者提供财经信息服务。

从1998年开始,汤姆森科技信息集团在中国开展业务,2001年1月,在北京开设了办事处并迅速发展。2005年12月1日,汤姆森科技信息集团与中国信息产业部结为合作伙伴并成立信息产业部-汤姆森知识产权发展联合实验室。2006年,汤姆森中国研发及数据中心在北京成立,并且是汤森路透的战略性运营中心之一,在汤姆森的业务发展中起着重要的作用。2008年,汤姆森收购路透集团。2011年7月15日,汤森路透控股有限公司获准在中国境内提供金融信息服务产品,包括终端产品、投资与咨询产品、数据库和基金评估、财富管理产品。汤森路透在大中华地区雇用了超过1500名员工,在中国大陆的雇员总人数超过900人,在北京、上海、深圳、广州、香港和台湾等地设有办事机构。

路透集团以提供金融信息产品与服务见长,其金融信息产品主要有四大类:一是金融资讯类,主要是帮助金融专业人士将大量的原始资料转化为实用的信息;二是交易与互动类,路透集团拥有全球资本市场下单传送网络,通过路透集团的相关产品和服务,买方与卖方可以进行在线交易;三是风险管理类，这类产品专为外汇交易与货币市场的专业人士量身打造，帮助其实施更有保障的风险管理；四是企业整合类，路透集团运用资料管理方面的优势，协助用户将内部企业流程自动化并整合。

表4-2列出了汤森路透在中国的主要发展节点。

表4-2 汤森路透在中国的主要发展节点

时间	主要事件
1871年	路透集团在上海设立新闻办公室
1980年	路透集团与中国外经贸部国际贸易中心签订三年协议，为中国引进了第一个电子监控货币利率服务和商品服务系统
1999年	汤姆森与中国高等教育文献保障系统（CALIS）正式签约
2001年	汤姆森在北京开设办事处
2005年	汤姆森与中国信息产业部成立信息产业部-汤姆森知识产权发展联合实验室
2005年	汤姆森协助中国外汇交易中心推出中国第一个银行间实时外汇交易平台，以支持中国汇率改革
2006年	汤姆森与中国科学院建立战略合作关系，通过Web of Knowledge平台提供其中国科学引文索引数据库
2006年	汤姆森全球运营中心中国区（汤姆森中国研发及数据中心）在北京成立，目前是汤森路透的战略性运营中心之一，在中国拥有超过1200名雇员
2008年	汤姆森公司和路透集团合并成立汤森路透
2008年	汤森路透与科技部中国科技信息研究所建立ISTIC-Thomson Reuters科学计量学联合实验室，以推动科学计量学的研究和应用
2008年	汤森路透全新推出万律中国法律信息双语数据库
2010年	汤森路透推出中文版"信用违约互换"工具
2011年	汤森路透Matching交易平台上的离岸人民币外汇买卖交易落成，这是首个提供人民币离岸外汇远期交易的银行间电子交易市场
2011年	汤森路透获得监管机构国务院新闻办公室核准，设立外商独资企业——汤森路透金融信息服务（中国）有限公司，并在中国境内提供金融信息服务
2012年	汤森路透推出中文界面的汤森路透Eikon平台
2013年	汤森路透宣布为人民币投资者提供中国境内银行间外汇市场实时价格
2013年	汤森路透宣布在中国推出Elektron管理服务，以符合成本效益的模式为国际及当地金融企业提供即时的市场数据及资讯

作为全球最大的金融信息服务商，汤森路透更加偏向于是一家信息提供

机构，而不是传统意义上的新闻通讯社。2013年的财报显示，汤森路透的媒体业务收入为3.1亿美元，在集团营业收入中的占比已不足5%。

此外，路透集团还拥有自己的分析师队伍和固有模型，可以对金融市场的变化进行独家分析，其很多分析模型的指标已为国际所通用，成为很多金融工作人员所推崇的国际标准。路透集团在金融服务上属于顶级机构，它致力于金融信息的研究已经有几百年的历史，积淀了优秀分析师队伍和丰富的行业经验，这些都使其在竞争中处于优势地位。

为扩大在中国的市场份额和占有率，路透集团主要采取了三种措施：一是加大产品本土化改造力度，推出信息服务的中文版；二是通过与中国教育、科研机构的合作，加快产品的市场渗透；三是建立专业培训中心，提升对用户的服务品质。

现有的路透中文网是汤森路透为大中华地区推出的全中文网站，为中国商务人士及个人投资者提供在线综合财经信息、深度报道和全球金融市场资讯服务，为中文读者提供世界热点地区经济新闻、突发事件报道、宏观经济报道、深度分析、观点评论和生活时尚资讯。

（2）彭博新闻社

彭博新闻社是全球最大的金融信息服务供应商，其数据终端系统BloomBerg Professional（彭博专业）服务及彭博的媒体服务整合在一个平台上为全球各地的公司、新闻机构、金融和法律专业人士提供实时行情、金融市场历史数据、价格、交易信息、新闻和通信工具。

彭博新闻社以彭博专业服务体系（Bloomberg professional service）为依托，在财经信息服务业中享有独特的地位。这个系统可在一个平台下向用户提供不同的数据资料、分析、电子交易的服务和进入全球资金市场的处理工具。通过即时访问到实时历史财经数据，彭博新闻社将证券交易转换到自己的平台，为买卖双方提供平等的交易。

1999年，总部设在纽约的彭博新闻社开始挺进中国内地市场，它锁定中国的银行、政府部门、投资机构、商业银行、公司、新闻媒体，向它们提供以金融为主的财经新闻信息产品。与汤森路透相似，彭博新闻社等金融信息服务商的利润主要来自金融信息服务。2007年，彭博的销售收入达到54亿美元，其利润90%以上来自金融信息服务，而非新闻供稿服务。

（3）其他国外机构

截至2014年初，共有39家外国（境外）机构被允许在中国境内提供金融信息服务（见表4-3）。此外，有12家外国（境外）机构被允许在中国境内投资设立企业提供金融信息服务（见表4-4）。

表4-3 外国（境外）机构在中国境内提供金融信息服务许可名单

序号	机构名称	序号	机构名称
1	彭博有限合伙企业 Bloomberg L. P.	16	网安咨询有限公司 Internet Securities Inc.
2	汤森路透控股股份有限公司 Thomson Reuters Holding S. A.	17	环亚经济数据有限公司 CEIC Data Company Limited.
3	阿斯达克有限公司 AAStocks Limited	18	芝商集团指数服务有限公司 CME Group Index Services LLC
4	日本亚洲信息公司 NNA Japan Co., Ltd	19	中科国际公司 J. X. Legend International Limited
5	道琼斯公司 Dow Jones & Company, Inc.	20	株式会社捷讯 QUICK Corp.
6	中港新闻集团有限公司 China Hong Kong News Group Limited	21	天汇财经有限公司 Megahub Limited
7	经济通有限公司 ET Net Limited	22	达易国际金融资讯有限公司 Dealogic Limited
8	英富曼集团公开上市公司 Informa Group PLC	23	穆迪分析（新加坡）有限公司 Moody's Analytics Singapore Pte. Ltd.
9	嘉实资讯股份有限公司 SysJust Co., LTD	24	英达数据（香港）公司 Interactive Data（Hong Kong）Limited
10	麦格希财经资讯亚太有限责任公司 McGraw-Hill Financial Asia Pacific LLC	25	德新社财经新闻有限责任公司 dpa-AFX Wirtschaftsnachrichten GmbH
11	万思迪研究公司 13D Research（USVI），LLC	26	数库财务咨询有限公司 ChinaScope Financial Limited
12	辉盛研究系统公司 FactSet Research Systems Inc.	27	德利万邦信息有限公司 Tullett Prebon Information Limited
13	株式会社时事通信社 Jiji Press, Ltd.	28	经济学人信息部有限公司 The Economist Intelligence Unit Limited
14	胜科环球交易系统（香港）有限公司 Sungard Global Trading（Hong Kong）Limited	29	观察家集团有限责任公司 Observatory Group LLC
15	并购市场资讯有限公司 Mergermarket Consulting Limited	30	时报资讯股份有限公司 Infotimes Co.

续表

序号	机构名称	序号	机构名称
31	博程研究公司 BCA Research Inc.	36	瑞士信贷银行股份有限公司 Credit Suisse AG
32	美国博跃有限公司 MSCI Inc.	37	今时财经服务有限公司 TodayIR（Hong Kong）Ltd
33	美国国际战略与投资集团 International Strategy & Investment Group LLC	38	香港万得资讯有限公司 Wind Information（HK）Limited
34	惠誉解决方案亚洲私人有限公司 Fitch Solutions Asia Pte. Ltd.	39	纽约泛欧交易所集团 NYSE Euronext, Inc.
35	毅联汇业管理服务有限公司 ICAP Management Services Limited		

表4-4 外国（境外）机构在中国境内投资设立企业提供金融信息服务许可名单

序号	机构名称
1	彭博资讯（北京）有限公司
2	精实信息科技（上海）有限公司
3	毕威迪信息咨询服务（北京）有限公司
4	美新通德财经资讯（北京）有限公司
5	斯迈易信息服务（北京）有限公司
6	星际富溢（福建）信息咨询有限公司
7	上海寰融信息技术有限公司
8	汤森路透金融信息服务（中国）有限公司
9	港辉金融信息服务（上海）有限公司
10	资识署金融信息服务（上海）有限公司
11	迪罗基信息技术服务（北京）有限公司
12	慧衡财务管理咨询（上海）有限公司

4.1.2.2 我国国内本土的金融信息服务机构

我国国内本土金融信息服务市场组成：首先是金融机构，包括广大银行、券商等，它们有向客户提供信息披露的义务，提供投资理财咨询服务；其次是新兴财经网站（如和讯网、金融界等）与门户网站的财经频道（新浪财经、搜狐财经等），它们以 Web 2.0 等新兴网络技术为基础，加强了与客户的互动性，其内容包含财经咨询、投资理财、休闲消费、微博互动，主要收入来源为广告费；另外，还有通过网站、专用客户端为证券市场投资者提供金融信息、金融数据和分析工具的软件开发和信息提供商，如金融界、同花顺、大智慧、指南针和钱龙等，其主要的收入来源为信息、数据以及客户端的服务费；最后，电视、报纸与广播等传统媒体，如《21世纪经济报道》《经济观察报》和《经济参考报》，与新媒体相比，在时效性与互动性上略有差异。此外，金融信息服务市场组成还包含专业的金融信息交易机构，如新华社金融信息交易所，是新华社旗下中经社控股集团独资注册成立的专业交易中介机构，同时也是全球金融信息交易领域里首先设立的公司制交易所。

目前，国内与汤森路透、彭博新闻社所提供产品相似的有新华通讯社（以下简称"新华社"）的新华08、万得资讯（Wind资讯）、第一财经等。

新华08是新华社推出的高度结合信息、通信技术与金融业务的终端服务系统。为了保障中国金融信息安全，增强中国在全球金融市场的定价权和话语权，同时也是为了应对数字化技术的挑战，新华社依托互联网技术和信息技术，从2006年起牵头研发了金融交易服务平台——新华08。2007年9月，新华08正式面向市场。它的诞生打破了汤森路透、彭博新闻社在我国金融信息服务业领域的垄断局面。表4-5列出了新华08的九个子系统。

表4-5 新华08的九个子系统

系统名称	系统功能
资讯系统	每天24小时实时发布全球资本市场以及50多个行业资讯
行情系统	实时同步展示全球主要交易所的行情，以及国内外主要商品价格
数据系统	提供中国宏观数据、中国行业数据、主要国家和地区宏观数据、宏观经济数据四大类数据
债券系统	提供人民币债券综合分析服务
模型系统	为交易、研究人员提供多市场金融模型
咨询系统	通过新华08终端实时提供新华社经济分析报告
交易系统	为利率掉期、石油报价、外汇、人民币债券等金融交易提供渠道和支撑
发布系统	提供综合信息发布平台，提升我国在国际市场的话语权
个性化服务系统	有效整合资源，根据不同用户的不同需求，进行定制组合

作为金融信息综合服务系统，新华08被列入国家"十一五""十二五"时期文化发展规划纲要。其正好处于财经信息服务与新媒体的交汇点，被新华社称为继20世纪80年代办报刊、20世纪90年代办新华网之后的重大体制创新和战略转型。2010年2月21日，新华08独家发布了我国历史上第一个石油价格指数和石油库存数据，为中国争夺国际石油市场定价权、话语权提

供重要通道。

目前中国银行已采取以查询新华08为主,使用汤森路透、彭博新闻社验证为辅的流程。

新华08以三种终端、两种媒体的形式提供金融信息服务。三种终端,即PC终端、视频终端、移动终端。两种媒体,即平面媒体《金融世界》杂志,网络媒体"新华08网站"(后更名为"中国金融信息网")。

除了新华08,万得资讯(Wind资讯)也是中国较为领先的金融数据、信息和软件服务企业。在国内市场,Wind资讯的客户包括超过90%的中国证券公司、基金管理公司、保险公司、银行和投资公司等金融企业;在国际市场,已经被中国证监会批准的合格境外机构投资者(QFII)中75%的机构是Wind资讯的客户。

在金融财经数据领域,Wind资讯已建成以金融证券数据为核心的大型金融工程和财经数据仓库,数据内容涵盖股票、基金、债券、外汇、保险、期货、金融衍生品、现货交易、宏观经济、财经新闻等领域如图4-1所示。

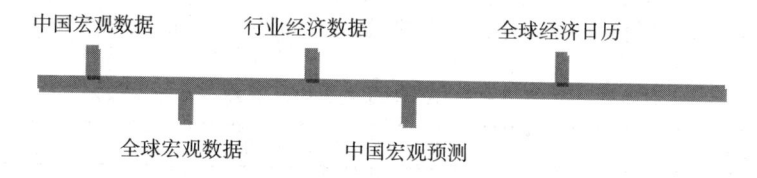

图4-1 Wind资讯经济数据涉及领域的介绍

第一财经是上海东方传媒集团旗下的品牌,是我国目前品种最完整、最具影响力的跨媒体财经传媒集团。目前,在纸媒方面,第一财经有《第一财经日报》和《第一财经周刊》;在广播电视方面,有第一财经广播和第一财经电视频道;在新媒体方面,有第一财经网站;此外,还有致力于财经信息咨询与服务供应的著名第一财经研究院,同时努力开发和扩大包括无线业务在内的数字传媒业务和财经新闻以及数据库等金融财经信息方面的服务业务。

其中,第一财经研究院开办于2007年,是第一财经集团产业链上重要的一环。对于第一财经来说,研究院的首要作用是掌握自身在国际金融财经领域的话语权,发出自己的财经信息资讯观点和报道,能够为集团内其他媒体提供权威的内容资源和研究结论。

4.1.3 我国金融信息服务业的行业特点

随着我国居民整体收入和财富不断提升,社会对于财富管理的需求更加强烈。日益增多的金融分析、金融交易、金融决策或者其他金融活动让社会各界对金融信息服务的需求也日益增多。此外，随着全球经济一体化的趋势不断加强，中国金融市场对全球金融市场的影响逐步增强，从而全球各金融市场的联动性日益加强。上述因素使得大众对于金融信息丰富性、专业性的要求更加突出，推动了中国金融信息服务业的发展。

2010年以来，我国金融业年产值突破2万亿元，2012年，我国金融业产值达2.86万亿元，占国内GDP比重的5.5%。2012年，我国金融业资产管理规模首次突破150万亿元，相比2010年，复合增长率达到19%，同比2011年增幅达到25.6%。

2009年，全球金融信息服务业的市场规模高达227亿美元，增长比2008年同比回落1.5%，但是2009年中国付费金融信息服务的市场收入规模达到30亿元，同比增长32.9%，呈现高速增长态势。2014年，中国金融信息服务业营业收入达324亿元。

作为一个新兴行业，金融信息服务业属于智力密集型、技术密集型的产业，同时还具有较强的规模经济性。我国金融信息服务业的平均毛利率水平较高。以四家以个人服务为主的金融信息服务上市公司为例，2014年，中国金融信息服务业内可比企业的相关经营情况如表4-6所示。

表4-6 2014年金融信息服务业可比企业的相关经营情况

公司名称	营业收入 2014年/元	营业收入 2013年/元	同期增减	2014年毛利率
指南针	197511955.00	123167413.00	60.36%	94.87%
东方财富	612007004.55	248474867.84	146.31%	76%
同花顺	265597077.67	183880522.44	44.44%	84%
大智慧	820451544.82	894262281.52	-8.25%	52%

东方财富信息股份有限公司（简称"东方财富"）是国内较为领先的金融信息服务商。其一方面通过提供免费的财经资讯、社区互动吸引海量用户浏览，实现网络广告收入；另一方面针对金融投资用户，推广金融数据服务，形成主要收入来源。

就2014年总体而言，东方财富实现营业收入6.12亿元，同比增长146.31%，实现净利润1.66亿元，同比增长3213.59%。其中，金融数据服务板块实现营业收入1.45亿元，同比增长105.57%；广告服务业务实现营业收入8559.67万元，减少14.11%。此外，基金销售业务发展迅猛，已经成为东方财富最大的业务板块：营业收入增长459.71%，达3.72亿元。

浙江核新同花顺网络信息股份有限公司（简称"同花顺"）是另一家知名的金融信息服务商。总体来看，2014年，同花顺实现营业收入2.6亿元，同比增长44.44%；实现净利润6045.55万元，同比增长175.78%。在金融资讯及数据、手机金融信息服务两个业务方面，同花顺实现营业收入1.94亿元，同比增长43.68%；在行情交易系统的销售和维护方面，公司实现营业收入4481.84万元，同比增长7.36%。

近年来，虽然中国金融信息服务业的代表性企业不断发展壮大，中国金融信息服务业日趋成熟，目前行业内的企业数量众多，但是旗下拥有成熟产品、保有一定规模客户群、具有品牌知名度的企业数量有限。与此同时，国内企业与国外同行相互竞争的态势开始显现。国际金融信息服务业的领跑者，即汤森路透和彭博新闻社均在中国市场加大了人员、资金上的投入力度，力图占据更有利的竞争地位。国际知名金融信息服务提供商纷纷进入中国，行业竞争日趋激烈。与国际知名企业相比，在行业内我国的主要企业在经营规模、从业经验、资本实力以及品牌影响力等方面均存在一定差距。

4.1.4 我国金融信息服务业的优势城市：上海

作为中国经济、金融和贸易中心，上海金融信息服务业无论从企业数量上还是从质量上都具有明显优势。

从数量上看，全国规模以上的金融信息服务机构有近50%在上海。从质量上看，上海不仅有新华08、东方财富、万得资讯等金融信息服务的提供商，而且国内知名的第三方支付平台公司也纷纷聚集于上海。此外，上海还有面向全国的专业财经频道，即第一财经。

此外，金融信息服务业的相关政策一直是其发展的重要推动力。但是，由于地区间经济发展特点等差异，不同省区市的政府对金融信息服务业的关注和扶持力度不尽相同。根据北大法宝数据库，全国大陆各省区市与金融信息服务有关的政策数量如图4-2所示。

从图中可以看到，根据政府出台的相关政策数量，我国大部分省区市的政府对金融信息服务业的关注度很低。但上海出台的提及"金融信息服务"的政策数量远远高于其他省区市，这表明上海政府对金融信息服务提供了较大的关注度和扶持力度，这也为上海金融信息服务业的发展创造了良好的大环境。

2010年10月，金融信息服务专业委员会在上海成立，其中，东方财富网为主任单位，融道网为秘书长单位。该委员会吸引了一大批从事金融信息服

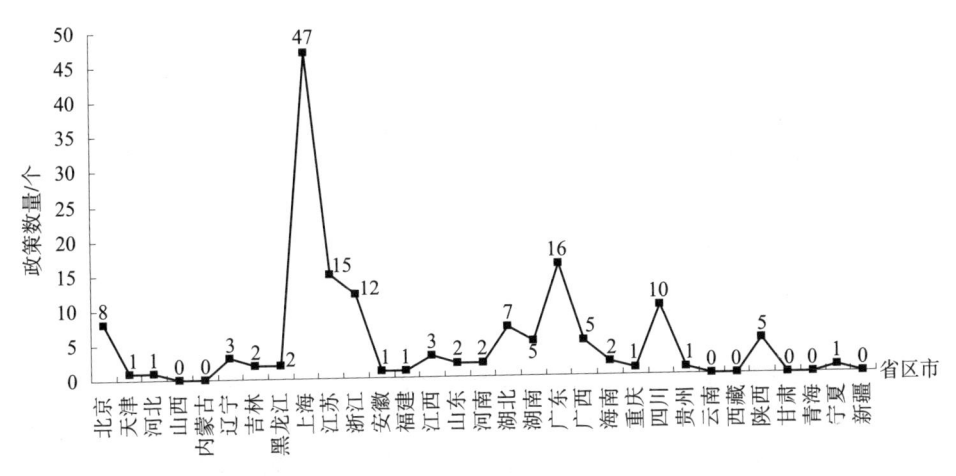

图 4-2　中国各省区市与金融信息服务有关的政策数量

务的企业，不断推动金融信息服务业在上海的发展。现在，委员会会员单位由金融信息服务业中的相关企业组成，主要包括银行、B2C 贷款搜索引擎、网络借贷（P2P）、第三方支付、众筹、电商小贷、互联网整合销售金融产品七大领域的企业，同时吸收征信机构、软件开发、学术界、研究机构等单位参加。截至 2014 年年末，会员单位有近 200 家。

4.1.5　总结与建议

我国金融信息服务业目前总体现状主要有以下三点：

第一，中国金融信息服务市场处于快速成长期，参与企业众多，产业格局处于快速演变的阶段。随着经济的不断发展和对信息服务需求的日益增加，越来越多的企业参与到我国的金融信息服务市场中，目前呈现出国内企业与国外企业共同竞争的局面。此外，随着技术的发展，企业提供信息服务的形式也越来越丰富多样。

第二，为了更好更快地占领中国市场，在我国境内提供金融信息服务的国外机构加快了本土化的进程，加强与中国企业的合作，努力争取更多的市场份额。2009 年，国务院新闻办公室、商务部、国家工商行政管理总局联合出台《外国机构在中国境内提供金融信息服务管理规定》，更好地规范了外国机构在我国金融服务业中扮演的角色，为国内金融信息服务机构的发展提供了更多的机会。

第三，国内的各类金融信息服务机构呈现出高速发展的态势，市场竞争力逐渐增强，呈现出规模扩大化、产品丰富化、用户成熟化、业务国际化以及媒介多元化等发展趋势。

随着金融市场的不断发展与繁荣，用户对信息服务的需求越来越多，要求也越来越高。各金融信息网站正努力提供多层次与全方位的内容与功能服务，使用户能非常快速准确地获取权威而准确的金融信息，实时动态地了解金融市场，从而做出正确的投资决策。

但是，目前我国金融信息服务业仍存在三点不足。

第一，我国企业规模和产业整体规模偏小，缺乏具备国际竞争力的领头企业。

目前，我国金融信息服务企业与汤森路透、彭博新闻社等世界巨头之间的差距还较大，其影响力与覆盖面还有待于进一步向纵深发展，这样才能在激烈的市场竞争中赢得更加广泛的用户群，满足其全方位、多样化的需求。

随着互联网使用的逐渐普及，以及我国居民理财金融需求的不断增加，投资、理财逐渐成为常见事项。居民希望实现有效的个人理财，与此同时，为了提高个人投资水平，投资者会选择购买相应的金融信息服务。因此，未来基于我国居民可投资总量的不断增长，整个互联网金融信息服务行业将保持不断增长的趋势。为此，我国企业应该努力加快发展，在激烈的市场竞争中尽早占有一席之地。

第二，国内企业获取国际、国内金融信息资源不易。金融信息服务市场的发展依托于金融市场的发展。随着经济全球化的不断深入，中国经济与世界经济的联系日益紧密，金融市场国际化进程不断加快，客户对于多元化与国际化的金融服务需求增大，对各类金融信息需求增强。金融市场的国际化迫切需要作为金融市场的附属品的金融信息服务机构提供全方位的金融信息服务以满足各类市场主体的需要。目前，国际市场的金融信息大部分垄断在汤森路透、彭博新闻社等少数国际巨头手中，我国企业在开拓国际市场面临较大的压力，需要付出较高的成本。此外，我国金融信息服务领域的专业人才相对匮乏，也使得国内金融信息服务机构的核心竞争力有待于进一步提高。

第三，金融信息服务业在我国各省区市间的发展较不平衡，大多数省区市的政府对其关注度较小，上海的金融信息服务业无论从企业数量上、质量上还是政策环境上在国内都具有明显优势。

对于我国金融信息服务业的建议有以下两点。

第一，对于企业来说，我国企业应当抓住机遇加强金融信息服务业和现代金融、信息服务业之间的沟通与交流，审慎积极地开展与外资金融信息服务商的合作，重视信息的采集与产品的开发；注重产品内容的提炼与信息技术的应用，以现代信息技术环境下信息用户结构和需求为依据，全方位、多层次、有重点、联合式开发信息资源，从而加强信息资源开发的深度以提供更有价值的信息服务。

第二，对于政府来说，政府应当提高对金融信息服务业的关注力度和扶持力度，加强管理，加大金融标准化的工作力度，推动金融领域各项业务的规范发展，完善对创新型业务和创新型服务模式的支持，打造完整的金融信息服务产业链，让金融信息服务业更好地为我国经济、社会发展而服务。

4.2 信息技术服务业

在我国信息资源产业中，信息技术服务业是比较具有代表性的行业，不仅具备信息资源产业的典型行业特征，而且在我国的发展道路上也愈加凸显出其强大优势。

4.2.1 行业内涵与起源

信息技术服务业隶属于软件与信息技术服务业二级类目，软件与信息技术服务业是指利用计算机、通信网络等技术对信息进行生产、收集、处理、加工、存储、运输、检索和利用，并提供信息服务的业务活动。

4.2.1.1 行业内涵与研究意义

根据国民经济行业分类，软件与信息技术行业类目下有软件开发、信息系统集成服务、信息技术咨询服务、数据处理和存储服务、集成电路设计，以及包括了数字内容服务、呼叫中心等在内的其他信息技术服务的子行业类目。近年来，软件业务结构不断向服务型业务转变，2014年信息技术服务业的营业收入也超过软件业务收入的一半。其业务形态主要但不限于信息技术咨询、信息技术系统集成、软硬件开发、信息技术外包（ITO）和业务流程外包（BPO）。软件和信息技术服务业是关系国民经济和社会发展全局的基础性、战略性、先导性产业，是国家产业振兴的七大战略性新兴产业之一，具有技术更新快、产品附加值高、应用领域广、渗透能力强、资源消耗低、人力资源利用充分等突出特点，对经济社会发展具有重要的支撑和引领作用。发展和提升信息技术服务业，对于信息化和工业化深度融合的推动，战略性新兴产业的培育和发展，创新型国家的建设，经济发展方式转变和产业结构调整的加快，国家信息安全保障能力和国际竞争力的提高具有重要意义。

4.2.1.2 行业起源与发展历程

我国软件和信息技术服务业萌芽于20世纪50年代，当时的软件主要依附于计算机硬件为特定的需求服务。1973年，我国软件和信息技术服务业进入起步阶段，该阶段正处在国民经济和社会信息化建设的第一波浪潮期。1993年，"三金工程"把我国软件产业带入新的时期——快速发展阶段，该阶段国内处在信息基础设施全面建设期。2000年，国务院〔2000〕18号文件是我国软件和信息技术服务业的里程碑。2012年，工业和信息化部正式发布《软件和信息技术服务业"十二五"发展规划》。所设定的发展目标是到2015年，业务收入突破4万亿元，占信息产业比重达到25%，年均增长24.5%以上，软件出口达到600亿美元；到2015年，培育10家以上年收入超过100亿元的软件企业，产生3~5个千亿级企业。

从起步至今，信息技术服务业已取得巨大发展，到2010年，我国软件和信息技术服务业务收入达到1.36万亿元，超额完成"十一五"规划目标，其中，信息技术服务业营业收入超过6500亿元。2011年，我国软件产业实现业务收入超过1.84万亿元，其中，信息技术服务业收入达到约9600亿元，实现了"十二五"的良好开局。2012年，软件业务收入超过2.5万亿元，信息技术服务业收入约1.3万亿元。2013年，全国规模以上软件和信息技术服务企业达3.3万家，软件业务收入达3.06万亿元，其中，包括1.47万亿元的信息技术服务业收入。2014年，我国软件和信息技术服务业收入超过1.7万亿元，占软件业务收入一半以上。

4.2.2 行业发展现状及特点

信息技术服务业自起步至今，作为信息产业的核心组成部分，无论就营业收入、经营利润、税收，还是对解决就业所做出的贡献而言，发展都相当可观。本节拟从产业营业收入、市场主体结构、总体区域发展概况来介绍信息技术服务业的发展状况。

4.2.2.1 产业营业收入

我国信息资源产业在近五年（2010~2014年）里取得了较大的发展，产业营业收入从2010年的21069.02亿元增长到2014年31247.91亿元，增长了48.31%。基于政府对信息资源产业的愈加重视和扶持，这五年里信息技术服务业也获得了惊人的增长，营业收入从2010年的6529.69亿元增长到了2014年的17200.00亿元，增长了163.41%（见图4-3）。

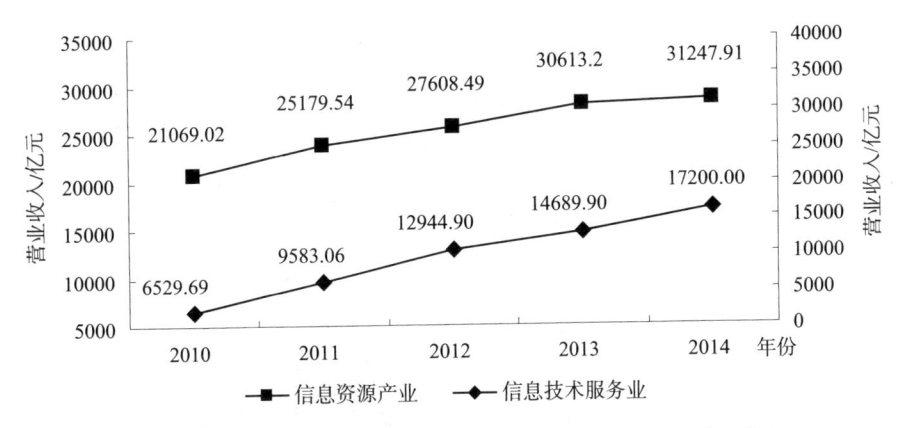

图 4-3 2009~2014 年信息资源产业、信息技术服务业营业收入

4.2.2.2 市场主体结构

在国家政策支持和信息资源产业整体发展的背景下，再加上 2010~2014 年对信息技术服务业投入的大幅增加，信息技术服务业在市场主体结构方面也发生了一系列变化，越来越多优秀的企业应运而生，而产业结构也逐渐向服务型转变。

在过去五年多的时间里，信息技术服务业的市场规模取得了飞速的发展，由图 4-4 可知，信息技术服务业的法人单位数量从 2010 年的 25531 个增长到 2014 年的 36459 个，增长了 42.8%，与此同时，信息技术服务业的从业人口也从 2010 年的 272.5 万人增长到了 2014 年的 530.4 万人，增长了近一倍（见图 4-5）。由于信息资源产业的整体发展，其从业人口截至 2014 年已经达到 2947.399 万，比 2010 年的从业人口 1976.695 万增长了近一半，并且信息技术服务业从业人口占信息资源产业从业人口的比例逐年稳定增长，上涨幅度从 2010 年的 13.79% 到 2014 年的 18%。

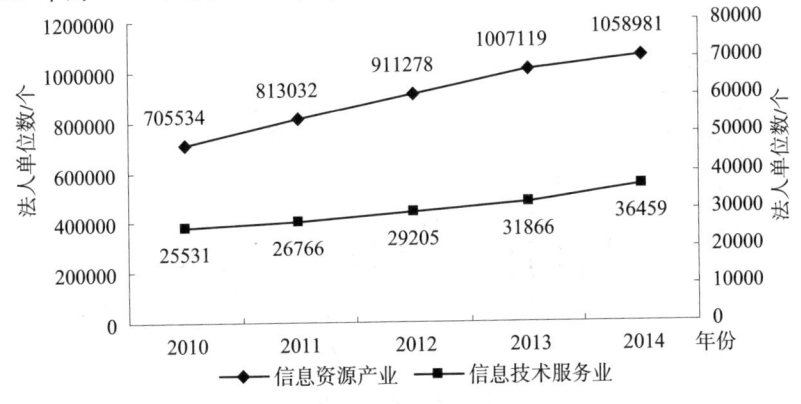

图 4-4 2009~2014 年信息资源产业、信息技术服务业法人单位数

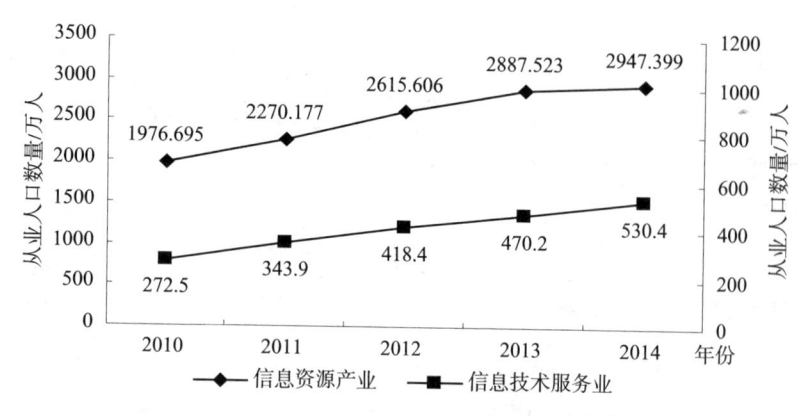

图 4-5 2009~2014 年信息资源产业、信息技术服务业从业人口数

从上述数据可以看出，信息技术服务业近五年来发展的总体特征是产业营业收入增长非常迅速，对国家经济发展贡献不断提高，并且其发展速度远远高于信息资源产业的整体发展速度，年增长率较大，显示了其巨大的上升空间与发展潜力；符合信息技术服务业资质的法人单位数量不断增加，与信息资源产业整体法人单位数涨势基本相符；从业人口也在逐年迅速增加，并且每年的增长率也在稳定增加，整体处于加速增长中。

4.2.2.3 2014 年全国各省区市信息技术服务业发展情况

通过比较 2014 年全国各地信息技术服务业的统计数据，可以更加清晰地看出我国各省区市信息技术服务业的发展情况。

2014 年全国各省区市的信息技术服务业营业收入如图 4-6 所示。其中，超过 1000 亿元的省市有北京（2545.2 亿元）、广东（2346.6 亿元）、江苏

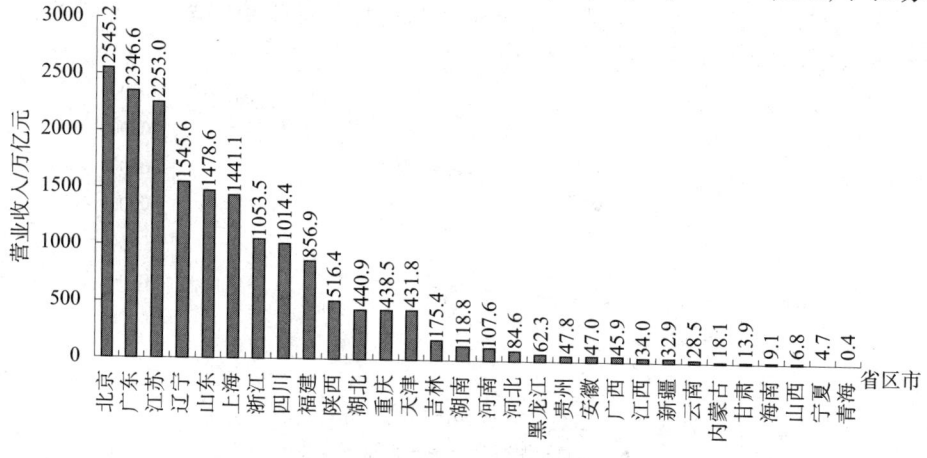

图 4-6 2014 年全国各省区市信息技术服务业营业收入

(2253.0亿元)、辽宁(1545.6亿元)、山东(1478.6亿元)、上海(1441.1亿元)、浙江(1053.5亿元)、四川(1014.4亿元),这8个省市的营业收入占到了全国信息技术服务业营业收入的79.52%,比重极大,这在一定程度上表明信息技术服务业在各地区发展并不均衡。而营业收入小于10亿元的地区分别是海南(9.1亿元)、山西(6.8亿元)、宁夏(4.7亿元)、青海(0.4亿元)。

2014年,全国各省区市信息技术服务业企业法人单位数如图4-7所示。其中,超过2000个的地区有江苏(5925个)、广东(4266个)、辽宁(4162个)、山东(2797个)、北京(2715个)、上海(2500个)、湖北(2375个)、浙江(2032个),这八个地区的法人单位数占到了全国信息技术服务业的73.43%,占了很大比重,这与营业收入分布的特点是相符合的,呈现了信息技术服务业发展不均衡的特点。而法人单位数小于100个的地区分别是宁夏(70个)、内蒙古(64个)、海南(46个)、青海(20个)。

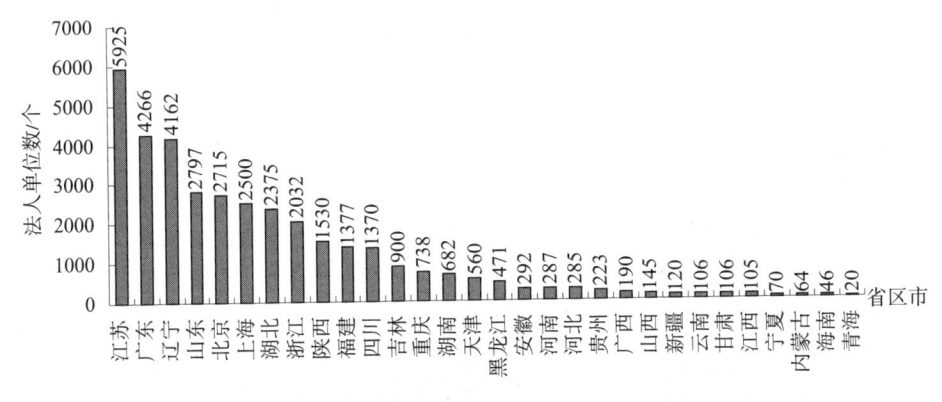

图4-7 2014年全国各省区市信息技术服务业法人单位数

2014年全国各省区市信息技术服务业从业人口数如图4-8所示。其中,从业人口数超过20万的地区有:广东(33.6万人)、北京(31.5万人)、浙江(26.9万人),而法人单位数小于1万的地区分别是甘肃(0.5万人)、新疆(0.5万人)、宁夏(0.5万人)、山西(0.3万人)、青海(0.3万人)、西藏(0.1万人)。

结合本书第2章、第3章的信息资源产业评价指标体系对全国信息技术服务业发展情况进行评价(见图4-9),可以很明显地看出江苏、北京信息技术服务业的行业规模和发展进程上处在绝对领先的地位,广东、浙江、上海、山东等省市在信息技术服务业的发展与培育上也处于优势地位。而海南、宁夏、内蒙古、青海等偏远地区的信息技术服务业的发展尚处于起步阶段,无论在产业规模还是从业人口素质上都还存在较大差距。

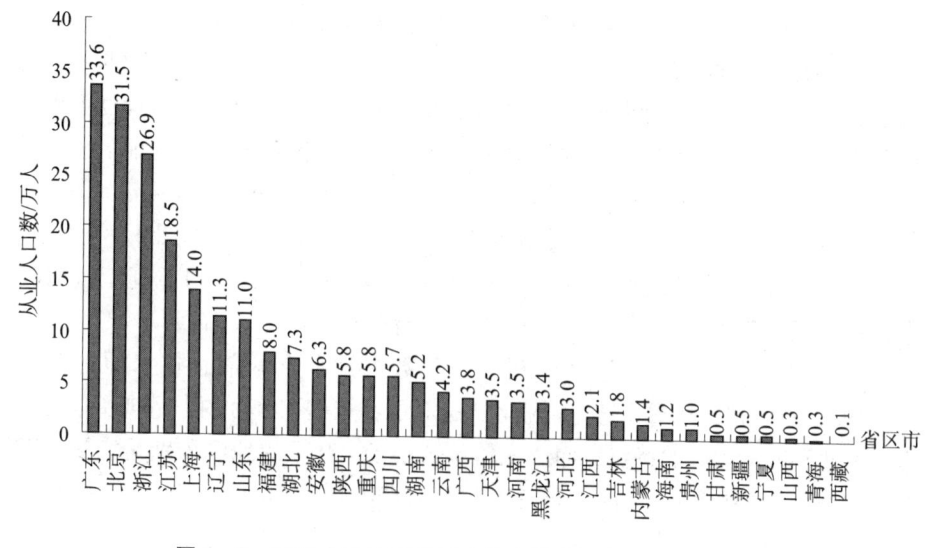

图4-8 2014年全国各省区市信息技术服务业从业人口数

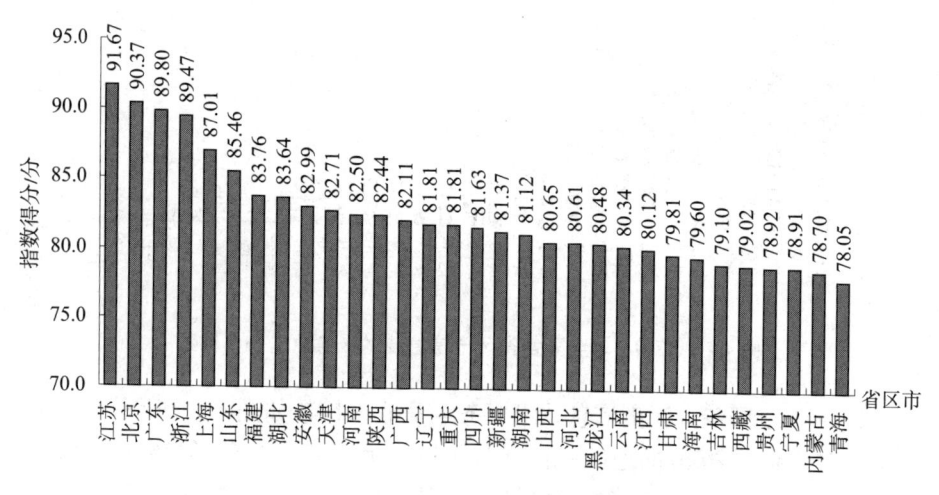

图4-9 2014年全国各省区市信息资源产业指数排名

通过上述分析可以看出，目前信息技术服务业在信息资源产业中所占的整体比重较大，从业人口数和法人单位数较多，年产值高，但是同时也能发现区域发展不平衡现象非常严重。信息技术服务业是国家产业振兴的七大战略性新兴产业之一，结合2009~2014年的营业收入、企业法人单位数、从业人数的增长率来看，信息技术服务业仍有很大的增长空间。

4.2.3 行业政策分析

针对行业政策分析的内容,在梳理行业政策基本情况的前提下,对信息资源产业行业政策进行文本分析。

4.2.3.1 行业政策的基本情况

信息技术服务业相关政策文件作为促进其发展的重要推动力,自该产业发展以来始终发挥着重要作用。但是,由于地区间经济发展水平、地理信息资源储量、地区基础设施建设等因素的差异,各地政府对于该产业的关注和扶持力度也不尽相同。本书选取北大法宝数据库收录的、与信息技术服务业相关的政策文本作为分析对象,借助关键词出现的频率来衡量各地政府对于信息技术服务业发展的关注程度,并根据其发展的实际情况,衡量政策文本的有效性。信息资源产业的发展离不开相关部门的政策支持,本书采用信息资源产业公共政策指标来衡量单一地区信息资源产业政策环境优化程度的相对水平,用政策强度指标来衡量政府部门对信息资源产业发展的重视程度和工作强度。通过对全国 31 个省区市信息资源产业公共政策指标的研究,发现七大地区信息资源产业在公共政策和政策强度方面存在较大差异,如华东地区政策强度为全国一般水平,得分为 76.80 分,然而其公共政策却居首位,得分为 87.12 分,远超过其他地区;同样,西南地区公共政策指标得分为 80.16 分,处于全国较低水平,但政策强度指标得分为 77.25,位居全国第一位(见图 4-10、图 4-11)。由此可见,上述地区对于产业政策的落实和关注程度较其他地区更高,对于信息资源产业的推动作用也更强。

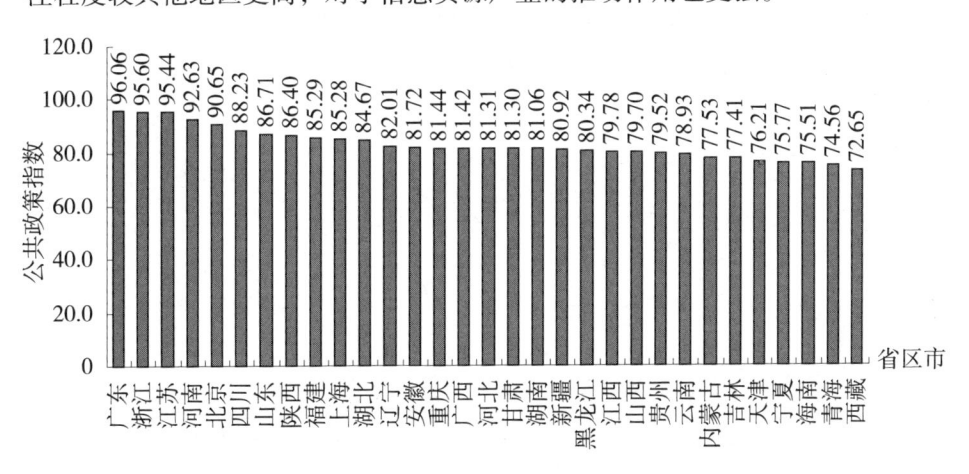

图 4-10 2014 年全国各省区市信息资源产业公共政策指数

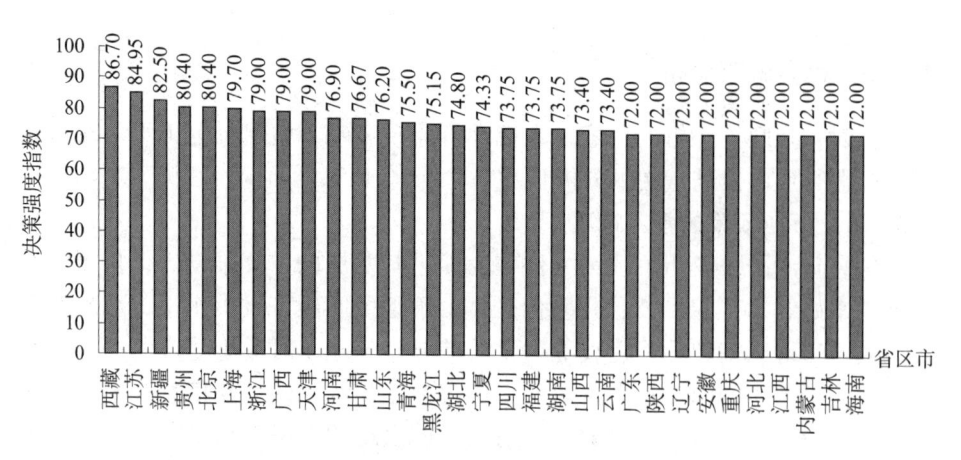

图 4-11 2014 年全国各省区市信息资源产业决策强度指数

信息技术服务业的发展也离不开相关政策的支持，自该产业发展起步至今，政府一直给予极大的重视和扶持，中央曾多次颁布法律法规和出台规章制度对该行业进行规范；同时许多地方性的政策也陆续出台以扶持该行业的发展。本书以标题为检索项，在北大法宝数据库中检索与信息技术服务业相关的政策文件，检索结果为：截至 2014 年 11 月，我国 31 个省区市共颁布信息技术服务业相关政策文本，去除 15 篇失效文件，仍有 215 篇现行有效政策文件。其中，广东有关信息技术服务业的相关政策明显超过其他地区，位居首位，有 51 篇（见图 4-12）。而西藏、黑龙江、青海、内蒙古等地区则很少有相关信息技术服务业方面的政策。我国颁布的信息技术服务业相关地方性政策文件，主要分为地方性法规、地方政府规章和地方规范性文件。在已颁布的 185 篇地方性政策文件中，地方规范性文件占极大部分，而地方政府规

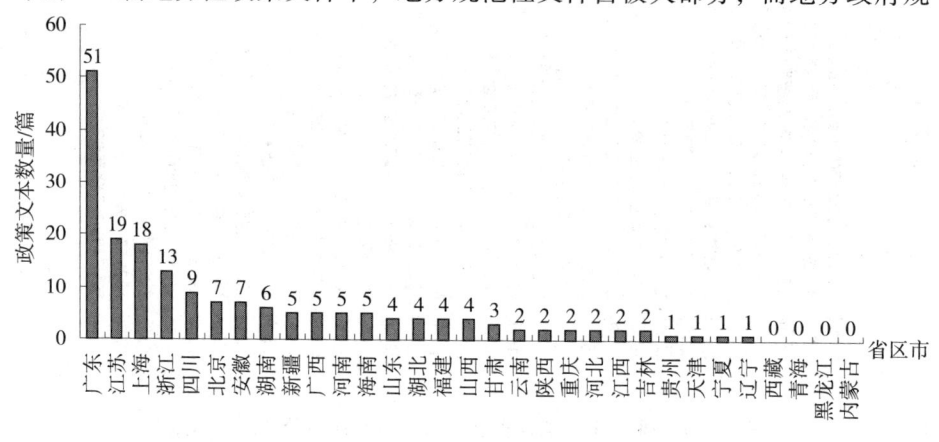

图 4-12 2014 年全国各省区市信息技术服务业政策文本数量

章和地方法规则非常少。这说明对于信息技术服务业这类新兴产业，硬性的法律法规规范还比较少，政策方面仍然处于探索建立阶段。

4.2.3.2 行业政策文件的量化分析

本书拟确定若干关键词作为衡量政策文件与信息技术服务业相关程度的标准。首先，将截至2014年11月的160篇地方政府政策文件的标题进行分词处理，去除其中无关词汇，将剩余词语作为关键词，其次，通过对全部文件进行关键词统计，以此来确定政策文件与信息技术服务业的相关程度。

本书将关键词分为五类，其中，涉及整个产业发展趋势和动力的关键词归为产业导向类；涉及人才培养、经验交流的关键词归为人才管培类；涉及财政税收、经济政策的关键词归为经济支持类；涉及市场实际操作应用的关键词归为市场规范类；涉及产业基础性管理与表彰的关键词归为基础措施类。具体的关键词及词频数如表4-7所示。

表4-7 信息技术服务业政策文本关键词分类与词频统计

关键词类别	关键词（词频）
产业导向类 （27272）	信息（6760）、软件（3318）、服务（7800）、节能（303）、云计算（197）、结构（222）、外包（391）、数据（689）、工业（772）、科技（1116）、咨询（240）、创新（817）、发展（4275）、知识（416）、转型（136）
人才管培类 （3055）	小组（150）、领导（252）、人员（359）、培训（418）、培育（546）、人才（602）、创业（118）、鼓励（610）
经济支持类 （4817）	奖励（353）、资金（1105）、专项（352）、管理（1262）、指标（200）、投资（450）、财政（642）、财税（38）、扶持（415）
市场规范类 （4739）	风险（114）、监测（457）、表彰（24）、调查（138）、委员会（273）、申报（538）、体系（529）、标准（392）、项目（1942）、监督（106）、绩效（114）、评审（112）
基础措施类 （7658）	引导（498）、促进（631）、规划（685）、计划（257）、指导（278）、建设（1575）、实施（586）、调整（172）、推进（745）、融合（423）、加快（891）、试点（220）、基地（471）、统计（226）

将以上关键词按照其所属类别进行分类后，统计各类型关键词的词频，我们可以看到产业导向类关键词的词频数是最高的。产业导向类的关键词包括信息、服务、发展等一系列可以体现信息技术服务业具体内容、价值与发展导向的词汇，既体现着国家对信息技术服务领域的重视程度，又体现出信息技术服务业所具有的行业特征，对产业发展方向有指向性作用，从宏观上对产业进行了规范。例如，从表4-7中我们可以看出，"服务""信息""发

展"软件的频率明显很高，是信息技术服务业的主体，也体现了软件与信息技术服务业的结构逐渐向服务类型转变，另外，"科技""创新"的较高频率表明信息技术服务业对科学技术、创新能力的需求；而"工业"则体现了传统行业与新兴产业的结合，"节能"同样也是新型技术服务业的一大优势。

同时，我们也能看出，信息技术服务业对于人才管培方面的政策涉及的程度还比较浅，信息资源产业是典型的劳动力和知识双密集型产业，作为信息资源产业的核心产业之一，信息技术服务业对经济支持和人才管培政策的需求非常强烈，前者可以为产业的进一步发展创造良好环境和机遇，后者是产业得以高速发展的必要动力，是产业核心竞争力的直接来源。但从关键词词频统计的结果上来看，专利服务业政策文本中涉及的人才管培类的关键词却是所有关键词中数量最少的；经济支持类处于中等水平，但仍需加强。

另外，作为一个新兴产业，信息技术服务业的市场规范方面仍需加强，并且，我们可以看到涉及市场规范的关键词并不多，说明市场管理力度还不够，只有用好市场和宏观把控两只手，才能引领信息技术服务业走向健康的发展道路。

通过对关键词词频的统计分析可以发现，目前我国政府对信息技术服务业的关注度在不断上升，总体关注度比较高，希望将此行业与传统行业相结合，改善我国的产业结构。虽然在经济扶持方面和基础设施方面有较大的提升，但是对产业从业人员能力与素质的关注程度较低，管理形态较为粗放。

4.2.4 总结与建议

本节从发展特点、主要问题与建议进行分析。

4.2.4.1 发展特点

近年来，新一代信息技术步入加速成长期，传统信息技术产业不断与新技术、新业务形态、新商业模式互动融合，带动产业格局的深刻变革。伴随着大数据、移动互联、云计算等信息技术的应用推广，我国信息技术服务业向服务化、网络化及平台化模式发展，产业规模持续扩大，集聚效应日益明显，企业创新能力和国际竞争力不断提升，成为我国重要的经济增长点。2014年，受国民经济增速下降、市场竞争加剧等因素的影响，我国信息技术服务业增速放缓，但仍保持平稳较快增长态势。近年来，集成电路设计成为我国半导体产业链中增速最快的领域，本土集成电路设计企业保持了良好的发展态势。华为海思半导体有限公司的业务包括消费电子、通信、光器件等领域的芯片及解决方案，成功应用在全球100多个国家和地区，成长为一家具有国际竞争力的集成电路设计企业。展讯通信有限公司以手机芯片设计为主营业务，已发展成为世界第三大手机基带芯片供应商。

国内各省区市注重加强园区载体建设，建设面向行业的公共服务平台，提升对产业发展的支持能力，引导信息技术服务业集聚发展，取得了明显成效。比如，上海形成了以漕河泾开发区、紫竹高新区、浦东软件园、天地软件园等为代表的综合基地和以云计算、数字内容、数据服务、移动互联网等领域为重点的特色基地。上海较大部分信息服务业收入来自信息服务产业基地。北京软件与信息服务业公共服务平台加强业务协同，创新服务举措，提升服务质量，提供17项具体事项的一站式服务，促进了北京信息技术服务业的发展。北京企业的软件能力、系统能力、软硬件结合能力已在国际市场占据一席之地。

值得注意的是，我国发展信息技术服务业面对诸多有利条件。国内信息消费市场持续升级、电子商务增势迅猛、各省区市积极推进智慧城市建设，这些因素将释放出更多的信息技术服务需求。在我国经济步入新常态的大背景下，我国信息技术服务业有望继续保持较快增长态势。首先，我国政府对信息技术服务业的政策支持力度进一步加大。近年来，《国务院关于促进信息消费扩大内需的若干意见》《国务院关于加快发展生产性服务业促进产业结构调整升级的指导意见》等政策的接连落地，有助于加快信息技术服务等重点领域生产性服务业发展。其次，我国300多个城市提出或正在建设智慧城市。再次，我国电子商务发展迅猛，带动电子支付、数据挖掘、云服务、资格认证等为电子商务提供支撑服务的信息技术服务行业的发展。最后，我国以手机网民为主的移动网民的规模快速增长。个人移动应用需求快速增长，成为信息技术服务的重要拉动力量。此外，我国是网络大国却远非网络强国，信息安全形势较为严峻。国内信息安全投入占IT整体投入的比重不足1%，发展信息安全行业将开拓我国信息技术服务业的增长空间。而且，中国已成为全球最大、增长最快的集成电路市场，在市场的驱动和政策的引导下，我国集成电路产业链上下游之间加强了协调与整合，将有力促进我国集成电路设计行业发展。

(1) 产业规模增长有力，转型稳步推进

2014年，信息技术服务产业运行态势良好，产业规模不断扩大。统计数据显示我国软件和信息技术服务业增速稳中趋缓。结合图4-3、图4-4、图4-5我们可以看到，信息技术服务业营业收入增速放缓，但仍然高于信息资源产业总体营业收入增速；企业法人单位处于加速增长阶段，说明越来越多的企业投入信息技术服务业市场中来；行业从业人数平稳增长。

(2) 地区产业发展不平衡，发展差距拉大

2014年，各地区信息技术服务业在营业收入、企业法人单位数、从业人口数方面都有所增长，尤其是广东、江苏、北京、上海、浙江等基础设施相对比较发达的省市。但是同样，我们也可以看到各地区发展极其不平衡，地

区间差距被进一步拉大。无论是营业收入、企业法人单位数还是从业人口数指标，都出现少数省市占了总体80%左右的比例的情况。

（3）政策推动日益强化，人才管培关注度不足

2014年，政府接连出台促进服务业增长、提高服务业水平的政策，信息技术服务业的政策环境持续优化。国家和地方层面的利好政策连续出台，有力带动产业新兴领域的快速发展。政策总体数量上升，表现了国家和地方对信息技术服务业的关注度在上升。但是，我们也能从上述研究中发现国家和地方对人才管培的关注度还不够，这对于知识密集型的新兴产业是不利的。同时，近年来，信息技术快速发展下的信息安全形式也极为严峻，而政策中对市场规范类的政策还比较少，有待进一步提高。

4.2.4.2 主要问题

近年来，我国劳动力及物业配套等生产要素的成本不断上升，信息技术服务企业原有的低成本竞争优势有所减弱，面临较大经营压力。国内大多数企业研发能力弱，业务层级不高，处于全球产业价值链的低端。

（1）企业转型压力，行业业绩分化

从IT产业发展形势看，软硬件服务一体化正逐步演变成为势不可当的大趋势。行业巨头跨界转型大力推动产业融合发展的同时，也加剧了信息技术服务业的竞争。充分的市场竞争和新兴业态发展对IT服务企业形成潜在的巨大冲击，从而加速企业进行转型。但是，总体来看，大部分IT服务企业，尤其是中小企业还处于转型升级的探索阶段。企业在转型初期也面临着利润下降、研发投入高、短期内难以获得明显成效的挑战，导致基于新兴业态的信息技术服务业务发展缓慢，营收规模增速放缓。目前，我国信息技术服务行业业绩分化严重，龙头企业凭借技术与资金基础转型升级已取得初步成效，业务发展情况良好，中小企业生存前景不容乐观。

（2）行业应用步伐缓慢，商业模式缺失

当前，新兴技术快速发展，但在数据中心等基础设施加快建设的同时，相应的信息技术服务发展缓慢，缺乏企业市场应用。一方面，信息技术服务缺少有效的商业模式，企业需要弄清楚如何通过服务模式创新，将客户与一系列关键服务联系起来由消费级转化为企业级领域，从而实现业务盈利。另一方面，我国的信息技术服务业还不大不强，难以满足市场期望。

（3）信息技术快速发展，信息安全形势严峻

信息技术的快速发展，同时也给信息安全带来了巨大的挑战。信息技术服务业需要在行业发展的同时，通过营造良好的政策环境，对行业和市场进行良好的规范，把握好信息利用和信息安全之间的界限。

4.2.4.3 建　议

在新的形势下，建议重视以下方面的工作，抓住机遇，应对挑战，加强我国信息技术服务业的增长动力，促进我国信息技术服务业健康发展。

第一，切实转变"重硬件、轻软件"的理念，建议在国家大型采购项目、援外项目中列入软件和信息技术服务业务，为国内企业创造发展机会，同时也在国际上树立"中国服务"的品牌。

第二，在进行短期政策激励的同时，更加注重建立政策的长效机制，推动我国信息技术服务业转型升级，不断提高创新能力。

第三，支持信息技术服务企业开展海外并购，加快"走出去"步伐，加强拓展海外市场的能力建设，充分依托我国的市场、人才等优势，借力全球创新资源，加大要素整合力度，增强全球交付能力，提高国际竞争力。

第四，面对日益细分的市场需求和产业集聚化发展的态势，进一步加强产业园区的公共服务平台建设，引导企业间、产学研用间加强专业化分工合作，构建协同发展的产业生态系统。

第五，积极推进信息技术服务产品化、标准化进程，支持国内重点信息技术服务企业开展信息技术服务支撑工具软件研发与产业化，引导信息技术服务企业把握云计算、大数据、移动互联、物联网等技术变革和商业模式创新带来的新机遇，深化产业融合，实现业务升级，推动国内重点信息技术服务企业发展信息技术整体解决方案，提供信息系统开发以及数据收集、处理、挖掘等一体化服务。

第六，重视在岸软件和信息技术服务外包业务市场，使离岸和在岸业务协调发展、相互促进，编制服务外包在岸业务政策扶持的认定标准和扶持政策，遴选符合条件的外包业务企业进行试点示范。

4.3　数据处理和存储服务业

数据处理和存储服务业是软件和信息技术服务业中的子行业。软件与数据处理和存储服务业是指利用计算机、通信网络等技术对信息进行生产、收集、处理、加工、存储、运输、检索和利用，并提供信息服务的业务活动。

4.3.1　数据处理和存储服务业的行业内涵

国家统计局依据《中华人民共和国统计法》《国务院关于加快科技服务业发展的若干意见》，以《国民经济行业分类》为基础，制定了国家科技服务业统计分类。其中，将数据处理和存储服务业定义为为科技活动提供信息和数据分析、计算、存储等加工处理服务，以及为科技活动提供数据库服务、电子商务平台服务、物流信息平台服务、大数据服务、移动互联网地图服务、导航定位与位置服务等的业务活动。

此外，赛迪信息产业（集团）有限公司顾问认为，数据处理和存储服务业可以从硬件—基础软件—应用软件—信息服务和数据生成—存储—处理—应用两条线各4个维度来划分，涉及11大类主要的产品和服务，即采集设备、存储设备、服务器、数据库软件、采集监测软件、智能搜索与分析软件、系统集成、IT基础设施服务、咨询实施服务、信息安全以及云计算。

4.3.2 数据处理和存储服务业的行业主管部门及监管体制

数据处理和存储服务业是软件和信息技术服务业中的子行业，因此，行业主管部门为中华人民共和国工业和信息化部；中国软件行业协会为行业自律组织，对行业起到相关的规范作用，从而提高行业自律性。此外，在行业发展、安全保护和产品测评认证方面，软件和信息技术服务业还受到国家发展和改革委员会、中华人民共和国公安部、中国版权保护中心、国家信息中心软件评测中心的监督。

中华人民共和国工业和信息化部作为行业主管部门，其主要职责包括：拟定实施行业规划、产业政策和标准；监测工业行业日常运行；推动重大技术装备发展和自主创新；管理通信业；指导推进信息化建设；协调维护国家信息安全等。

中国软件行业协会作为行业自律组织，其主要宗旨包括：通过市场调查、信息交流、咨询评估、行业自律、知识产权保护、资质认定、政策研究等方面的工作，促进软件产业的健康发展，并根据政府主管部门的授权，按照公开、公平、公正的原则承担软件企业和软件产品认定职能及其他行业管理职能。

4.3.3 数据处理和存储服务业发展现状及特点

数据处理和存储服务业是软件和信息技术服务业中的核心组成部分。

4.3.3.1 产业营业收入

2014年1~11月，我国软件和信息技术服务业实现收入近33000亿元，2013年，同期收入为28400亿元，同比增长20.1%，但增速比2013年同期回落4.7%。其中，数据处理和存储服务业实现收入5988亿元，2013年同期为4941亿元，同比增长25.3%，增速高出全行业平均水平5.2%（见图4-13）。

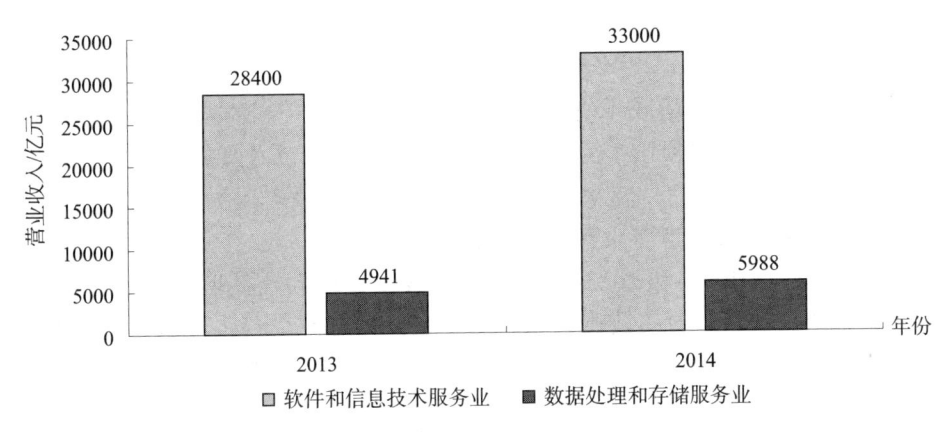

4 中国信息资源产业典型行业发展概况

图 4-13 2013 年、2014 年 1~11 月软件和信息技术服务业及数据处理和存储服务业营业收入

同时，2014 年 1~11 月，嵌入式系统软件实现收入 5644 亿元，同比增长 18.9%，增速分别比 1~10 月和 2013 年同期提高 0.6% 和 0.9%。数据处理和存储服务实现收入 5988 亿元，同比增长 25.3%，增速高出全行业平均水平 5.2%。集成电路设计行业增速略有下降，实现收入 949 亿元，同比增长 19.6%，增速比 1~10 月和 2013 年同期均回落 0.6%。软件产品、信息系统集成服务和信息技术咨询服务增长均不同程度放缓，分别完成收入 10151 亿元、6741 亿元和 3522 亿元，同比增长 18.4%、18.8% 和 21%，低于 2013 年同期 8.4%、7% 和 5.8%（见图 4-14）。

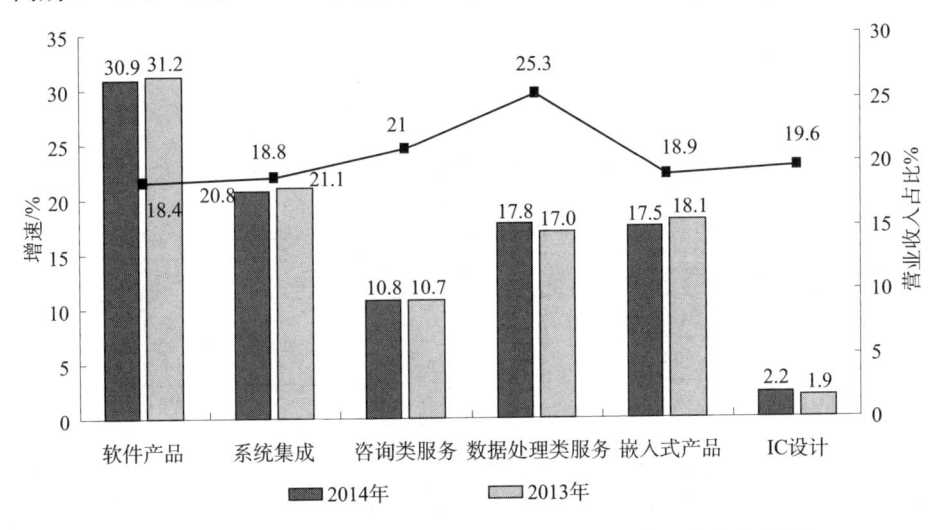

图 4-14 2013 年、2014 年软件和信息技术服务业各子行业营业收入

2014年，数据处理和存储服务业营业收入占软件和信息技术服务业总营业收入的17.8%，相比2013年提升了0.8%。而其余子行业营业收入占比都与2013年相比有所回落或相差不大，说明数据处理和存储服务业成为软件和信息技术服务产业的核心内容，以及拉动软件和信息技术服务产业发展的重要力量。

4.3.3.2 数据处理和存储服务业营业收入情况

通过比较2014年和2013年全国各地数据处理和存储服务业的统计数据，可以更加清晰地看出我国各省区市数据处理和存储服务业的发展情况。2014年和2013年全国各省区市数据处理和存储服务业营业收入如图4-15和表4-8所示。

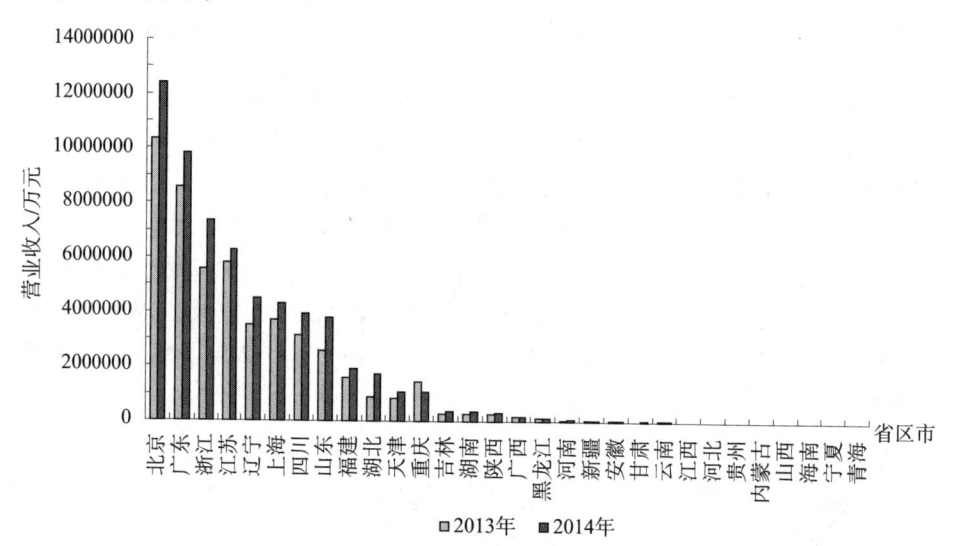

图4-15 2013年、2014年各省区市数据处理和存储服务业营业收入

表4-8 2013年、2014年各省区市数据处理和存储服务业营业收入

省区市	2014年营业收入/万元	2013年营业收入/万元	2014年同比增减
北京	12403077	10329504	20.07%
广东	9833378	8553428	14.96%
浙江	7362176	5575606	32.04%
江苏	6294898	5815933	8.24%
辽宁	4512266	3502972	28.81%

续表

省区市	2014年营业收入/万元	2013年营业收入/万元	2014年同比增减
上海	4328500	3710000	16.67%
四川	3911220	3154013	24.01%
山东	3776802	2594075	45.59%
福建	1906594	1570506	21.40%
湖北	1733934	908140	90.93%
天津	1057025	832082	27.03%
重庆	1056230	1430170	-26.15%
吉林	354000	295000	20.00%
湖南	352072	279907	25.78%
陕西	338521	261592	29.41%
广西	190327	207591	-8.32%
黑龙江	143582	125740	14.19%
河南	84045	60814	38.20%
新疆	66083	49982	32.21%
安徽	51008	56060	-9.01%
甘肃	27186	19777	37.46%
云南	25706	28233	-8.95%
江西	22826	21383	6.75%
河北	10671	8395	27.11%
贵州	7517	6631	13.36%
内蒙古	6987	5931	17.80%
山西	6741	6270	7.51%
海南	5877	7821	-24.86%
宁夏	5478	4336	26.34%
青海	548	803	-31.76%

2013年，数据处理和存储服务业营业收入超过1000亿元的城市只有北京（1032.9504亿元），占到了全国数据处理和存储服务业营业收入的20.90%。超过100亿元的地区有：广东（855.3428亿元）、江苏（581.5933亿元）、浙江（557.5606亿元）、上海（371.0000亿元）、辽宁（350.2972亿元）、四川（315.4013亿元）、山东（259.4075亿元）、福建（157.0506亿元）和重庆（143.0170亿元），这9个地区的营业收入占到了2013年全国数据处理和存储服务业营业收入的72.65%。这表明数据处理和存储服务业在各地区发展的不

均衡性。而营业收入小于1亿元的省区分别是河北（0.8395亿元）、海南（0.7821亿元）、贵州（0.6631亿元）、山西（0.6270亿元）、内蒙古（0.5931亿元）、宁夏（0.4336亿元）和青海（0.0803亿元）。

2014年，超过1000亿元的城市只有北京（1240.3077亿元），占到了全国数据处理和存储服务业营业收入的20.71%。超过100亿元的地区有：广东（983.3378亿元）、浙江（736.2176亿元）、江苏（629.4898亿元）、辽宁（451.2266亿元）、上海（432.8500亿元）、四川（391.1220亿元）、山东（377.6802亿元）、福建（190.6594亿元）、湖北（173.3934亿元）、天津（105.7025亿元）和重庆（105.6230亿元），这11个地区的营业收入占到了2014年全国数据处理和存储服务业营业收入的76.45%。这表明数据处理和存储服务业在各地区发展极其不均衡，与2013年相比更加严重。而营业收入小于1亿元的省区分别是贵州（0.7517亿元）、内蒙古（0.6987亿元）、山西（0.6741亿元）、海南（0.5877亿元）、宁夏（0.5478亿元）和青海（0.0548亿元）。

4.3.3.3 数据处理和存储服务业营业收入发展情况

从增长速度上来看，地处中部地区的湖北，其数据处理和存储服务业营业收入增速达到了90.93%，与2013年相比几乎翻了一倍。地处东部地区的山东和河南其营业收入增速分别为45.59%、38.20%，地处西部地区的甘肃和新疆，其营业收入增速分别为37.46%、32.21%。这5个省份为全国数据处理和存储服务业营业收入增速最快的前5个省份。

从图4-16中可以看出，西部地区数据处理和存储服务业发展速度最为缓慢，为9.58%，中部地区、东北地区和东部地区发展速度则较为接近。中部地区虽然平均营业收入较低，但其增长速度为4个地区中最快的，说明中部地区正在发展中，并且具有较大的潜力。

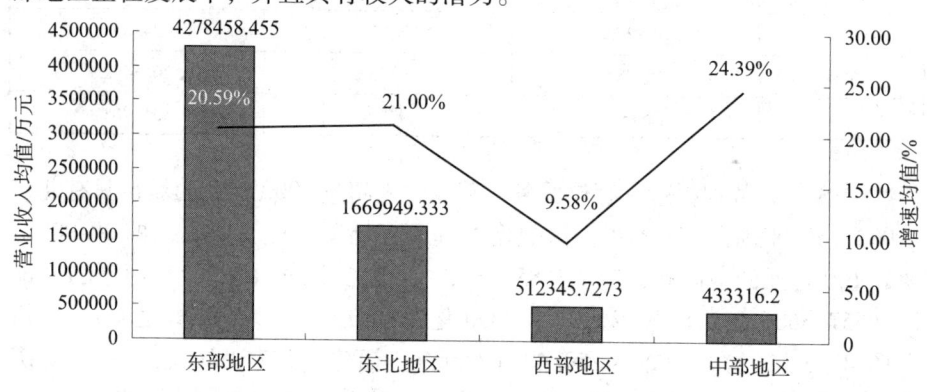

图4-16 2014年各地区数据处理和存储服务业营业收入均值及增速趋势

4.3.3.4 我国数据处理和存储服务业的后起之秀：贵州

"十一五"时期，我国软件和信息技术服务业持续快速发展，年均增速达28.3%，产业规模不断扩大，产业结构不断优化。"十二五"是全球软件和信息技术服务业转型的关键时期。新一代信息技术和通信技术加快融合，云计算、物联网、移动互联、大数据等蓬勃发展，信息通信技术的应用渗透到经济和社会生活各领域，培育了众多新的产业增长点。另外，大数据已经成为全球 IT 支出新增点。2014 年，全球大数据市场规模达到 285 亿美元，同比增长 53.2%，快速增长态势不变，且远快于整个信息和通信技术市场的增长速度。而我国大数据仍处于起步发展阶段，市场规模约为 75.7 亿元，同比增长 28.4%，高于软件产业平均增速。随着数据处理技术的不断成熟，越来越多的企业涌入这一领域，大数据从概念期进入应用期。

2014 年 2 月，贵州省政府出台《关于加快大数据产业发展应用若干政策的意见》，明确从基础设施建设、企业引进和培育、产业投融资体系建立、人才队伍建设等多方面发力，打造大数据产业发展应用新高地。2015 年 2 月，贵阳·贵安大数据产业发展集聚区获得工业和信息化部批准。作为全国首个国家级大数据发展集聚区，贵州吸引了一大批国内外电子信息产业、软件和服务外包企业"落户"。

2014~2015 年，贵州大力发展大数据产业，创建了国家级大数据产业发展集聚区，大力发展数据中心，远期目标为 200 万台服务器，还成立了大数据交易所，建设全省公共免费 WiFi 城市。作为大数据产业的重要载体，大数据广场汇集了 51 支创客团队、360 多家大数据关联企业。据统计，2014 年，贵州全年大数据信息产业实现规模总量 1460 亿元，同比增长 62%，基本实现预期目标；全省电子信息产业单月规模达到 130 亿元，实力大幅提升；与此同时，市场主体正在不断壮大，全省以大数据为重点的电子信息企业共 1721 家，较 2013 年底增加了 400 余家，新增大数据关联产业注册企业 263 家。其中，电子信息规模以上企业 295 家，年主营业务收入亿元以上骨干企业 38 家。贵州集聚了一批开展数据分析、提供数据服务的增值服务企业，通过降低信息要素成本，推动基于数据中心的数据处理、数据内容和增值应用产业发展，成为数据处理和存储服务业的后起之秀。表 4-9 列出了贵州大数据中心发展大事记。

表 4-9　贵州大数据中心发展大事记

时间	事件	作用
2012 年 1 月	国务院出台《关于进一步促进贵州经济社会又好又快发展的若干意见》	明确提出推动贵州的信息网络设施建设，培育发展电子及新一代信息技术等战略性新兴产业，鼓励技术研发，提高科技创新支撑能力
2012 年 2 月	《国务院关于西部大开发"十二五"规划的批复》	提出将贵安新区作为新一轮西部大开发重点建设的五个城市新区之一，建成以航空航天为代表的特色装备制造业基地、重要的资源深加工基地、绿色食品生产加工基地和旅游休闲目的地，区域性商贸物流中心和科技创新中心，建成黔中经济区最富活力的增长极
2012 年 11 月	出台《关于加快信息产业跨越发展的意见》	明确"构建以贵安新区为核心，贵阳市、遵义市为两极，多地协同发展的'一区、两极、七基地'产业格局"，全力抢占新一代信息技术发展先机
2013 年 9 月	贵阳市人民政府与中关村科技园区管理委员会在贵阳国际生态会议中心正式签署战略合作框架协议	"全国生态文明示范城市"与"国家自主创新示范区"两个国家级示范区成功结盟，为大数据产业的发展提供强大支撑
2013 年 7 月	发布《贵州省云计算产业发展战略规划》	规划明确"通过设立云计算产业园、制定扶持政策，实施六个重点项目，在贵州打造完整的云计算产业链"
2014 年 1 月	贵安新区成为国务院批准成立的第八个国家级新区	目标定位是打造西部地区重要的经济增长极、内陆开放型经济新高地和生态文明示范区。同时，中国移动、联通、电信三大运营商在贵安新区开工建设云计算基地
2014 年 2 月	出台《关于加快大数据产业发展应用若干政策的意见》《贵州省大数据产业发展应用规划纲要（2014~2020 年）》	意见明确，将从多方面发力，推动大数据产业成为贵州经济社会发展的新引擎。纲要提出贵州将以三个阶段推动大数据产业稳步快速发展，到 2020 年成为全国有影响力的战略性新兴产业基地
2014 年 3 月	出台《贵州省信息基础设施条例》	国内第一部信息基础设施地方性法规
2014 年 5 月	《贵阳大数据产业行动计划》	加快贵阳大数据产业发展进程

续表

时间	事件	作用
2015年1月	《关于加快大数据产业人才队伍建设的实施意见》	明确贵阳将依托高校培养储备大数据人才，支持大数据企业培养引进人才，支持大数据人才创新创业，提升大数据人才待遇，并对相关院校、机构、企业、团队和个人等给予政策支持
2015年3月	《贵安新区推进大数据产业发展三年计划（2015～2017）》	制订了贵安新区2015～2017年的发展规划
2016年1月	出台《贵州省大数据发展应用促进条例（草案）》	贵州首部大数据地方法规，同时也是中国首部大数据地方法规。对大数据交易需要遵循的基本原则、推行集中交易制度等作出了原则性规定

4.3.4 影响行业发展的因素

本节从有利因素和不利因素两个层面对影响数据处理和存储服务业的因素展开分析梳理。

4.3.4.1 有利因素

（1）国家信息化建设的推动

党中央、国务院一直高度重视信息化工作。从20世纪90年代起就相继启动了以"金关""金卡"和"金税"为代表的重大信息化应用工程；1997年，召开了全国信息化工作会议；党的十五届五中全会把信息化提到了国家战略的高度；党的十六大进一步作出了以信息化带动工业化、以工业化促进信息化、走新型工业化道路的战略部署；党的十六届五中全会再一次强调，推进国民经济和社会信息化，加快转变经济增长方式。"十五"期间，国家信息化领导小组对信息化发展重点进行了全面部署，作出了推行电子政务、振兴软件产业、加强信息安全保障、加强信息资源开发利用、加快发展电子商务等一系列重要决策。各地区各部门从实际出发，认真贯彻落实，不断开拓进取，我国信息化建设取得了可喜的进展。到2020年，我国信息化发展的战略目标是：综合信息基础设施基本普及，信息技术自主创新能力显著增强，信息产业结构全面优化，国家信息安全保障水平大幅提高，国民经济和社会信息化取得明显成效，新型工业化发展模式初步确立，国家信息化发展的制度环境和政策体系基本完善，国民信息技术应用能力显著提高，为迈向信息社会奠定坚实基础。

正是因为国家对于信息化工程的重视，数据处理和存储服务业等产业才会有发展动力和空间。

（2）信息技术产业投资的持续增长

改革开放以来，我国信息技术产业规模迅速扩大，信息技术水平大幅提升，产业结构不断优化，走出了一条政府引导、市场驱动、开放发展的道路，有力促进了经济社会发展，满足人们对信息技术产品和服务不断增长的需求。

我国十分重视信息技术产业的发展，注重研究世界信息技术产业的发展形势和趋势，准确把握发展，从需求出发，制定发展战略和规划，以明确发展方向和目标，出台鼓励政策和措施，推动和促进信息技术产业健康发展。

1992年6月在《中共中央 国务院关于加快发展第三产业的决定》中又把信息技术行业作为加快发展我国第三产业的重点之一，信息技术行业作为一种新兴的服务行业而得到了充分的重视。

2010年10月，《国务院关于加快培育和发展战略性新兴产业的决定》指出要加快新一代信息技术建设，力争到2020年新一代信息技术产业成为国民经济的支柱产业。

2011年3月16日发布的《中华人民共和国国民经济和社会发展第十二个五年规划纲要》，指出"新一代信息技术产业"是七大战略性新兴产业大力发展的重中之重。全面提高信息化水平，推动信息化和工业化深度融合，加快经济社会各领域信息化。发展和提升软件产业，积极发展电子商务。加强重要信息系统建设，强化地理、人口、金融、税收、统计等基础信息资源开发利用。实现电信网、广播电视网、互联网"三网融合"，构建宽带、融合、安全的下一代国家信息基础设施。推进物联网研发应用。以信息共享、互联互通为重点，大力推进国家电子政务网络建设，整合提升政府公共服务和管理能力。确保基础信息网络和重要信息系统安全。

2015年，政府工作报告中指出："新兴产业和新兴业态是竞争高地。要实施高端装备、信息网络、集成电路、新能源、新材料、生物医药、航空发动机、燃气轮机等重大项目，把一批新兴产业培育成主导产业。制定'互联网+'行动计划，推动移动互联网、云计算、大数据、物联网等与现代制造业结合，促进电子商务、工业互联网和互联网金融健康发展，引导互联网企业拓展国际市场。国家已设立400亿元新兴产业创业投资引导基金，要整合筹措更多资金，为产业创新加油助力。"

（3）客户行业需求催生新的市场空间

在大数据时代，无论是政府、互联网公司、IT企业还是行业用户都面临巨大挑战及机遇。企业的决策方式正在从"业务驱动"转为"数据驱动"。真正能够利用好大数据并将其价值转化成生产力的企业必将具备强劲有力的竞争优势，从而成为行业的领导者。

随着行业信息化的深入，大数据应用热潮已经掀开了新的一页，中国大数据市场将进入高速发展时期。大数据的处理和分析成为新一代信息技术的融合发展的核心支撑，而云计算则为这些海量的、多样化的大数据提供了存储和运算的支撑平台。数据的爆炸式增长也使得各企业都需要处理这些数据，利用数据为企业利润增长服务。正是因为需求的驱动，数据处理和存储服务业才有很大的上升空间。

（4）客户数据安全意识提高

当前，我国网民超过6亿，手机用户近13亿，位居世界第一；网络走入千家万户，固定宽带接入用户达2亿户，移动宽带用户5.3亿；互联网产业取得飞速发展，互联网上市企业市值突破3.95万亿元，阿里巴巴网络技术有限公司、深圳市腾讯计算机系统有限公司、北京百度网讯科技有限公司、北京京东世纪贸易有限公司4家企业进入全球互联网公司十强。与此同时，我国面临严峻的网络安全形势，网络病毒数量呈现几何级数增长态势。

在这样的环境下，很多企业的数据安全意识也在提高。它们意识到数据的重要性，开始重视数据安全。因此，数据处理和存储服务业的很多公司开始受到了青睐。

4.3.4.2 不利因素

（1）国内厂商目前规模偏小并且实力较弱

与此同时，虽然存在保护和利用数据的客户需求，但在供给方面，国内很多数据处理和存储服务业的厂商目前规模偏小、实力较弱。在这种情况下，很多客户会选择实力更强的大公司，导致小公司客户较少，利润低，融资能力也较弱，因此，没有足够的资金支撑长期发展，实力提高很慢，会陷入发展受阻的死循环。

（2）行业研发投入大，国内厂商资金实力凸显不足

数据处理和存储服务业研发所需要的资金投入较大，因此，需要雄厚的资金实力作为支撑。但目前国内的一些厂商资金实力不足，导致无法开发新技术，跟不上高实力厂商的步伐。

4.3.5 行业主要企业

（1）同有科技

北京同有飞骥科技股份有限公司（简称"同有科技"）是国内同行业管

理水平较高的企业之一。先后通过 ISO9001：2000 质量管理体系认证、GJB9000 国家军工产品质量体系认证，成为国内唯一一家拥有双质量体系认证的专业存储公司。同时，公司还拥有军用信息安全产品认证；公安部信息安全产品认证；军队装备、物资网络采购资格认证等。同有科技于 2012 年成功登陆 A 股市场（股票代码：300302），成为中国存储行业唯一上市企业。

作为大数据存储架构提供商，同有科技提供贴近大数据典型应用的创新技术、完善的产品和解决方案，拥有覆盖全国的营销服务网络。

自成立伊始，同有科技始终坚持"技术立足，服务为本"的企业发展理念，持续推出跨时代的领先存储技术，成为业界少数拥有多项自主知识产权的专业存储厂商之一。

凭借过硬的产品品质和专业的服务能力，同有科技持续为政府、军队军工、科研院所、金融、医疗、教育、能源等多个行业用户按需定制贴近应用的产品和解决方案，实现了公司跨越式的发展。

作为国内唯一上市存储企业，同有科技在大数据时代率先完成了从传统的专业存储厂商向大数据存储架构提供商的转型。专注存储行业二十余年，让同有科技能准确把握核心技术的发展趋势；基于在政府、军队军工、科研院所等行业多年的成功实践，使同有科技能研发出贴近应用的产品与解决方案；在 A 股市场的成功上市，为同有科技的研发投入提供了更加雄厚的资本支持。

据全球权威信息技术研究公司国际数据公司（IDC）提供的中国存储市场调研报告显示：同有科技的市场占有率已经远远超越了其他国内存储厂商——如浪潮电子信息产业股份有限公司、联想集团等，并超过了 SUN Microsgstems、NetApp 等国际知名厂商，成为国内存储行业的龙头企业。

未来 3~5 年，同有科技将继续保持和发扬存储产品的研发和市场优势，以用户和市场需求为导向，以技术创新为动力，以加强和提升公司经济效益和社会价值为基本原则，对公司未来发展进行审慎严谨布局，坚持存储技术、产品和综合解决方案自主研发的发展方向，打造在世界范围内有较大影响力的民族存储品牌，努力成为中国最大、最专业存储厂商。

（2）众志和达

无锡众志和达数据计算股份有限公司（简称"众志和达"，SOUL）是中国信息存储与数据安全领域领先的技术与服务提供商，总部位于江苏无锡市，拥有超过 12 年的中国存储市场经验和 2000 多家最终用户。

众志和达拥有基于自主知识产权的芯片级存储（Storage – on – Chip，SoC）技术、SureSave 智能化存储管理软件及应用存储开发平台等核心技术，提供信息存储与数据安全领域的全面解决方案。

公司产品覆盖信息存储、数据备份、存储网络和存储管理软件等方面，结合长期积累的专业服务经验，为传统IT应用及新兴云计算应用打造安全可控、高效稳定的存储基础架构。

SOUL无锡总部设立了研发中心、生产中心、测试中心、解决方案中心和公司管理中心，在北京、上海、成都设立了全资子公司，并在沈阳、南京、长沙、深圳等城市设有办事机构和服务机构。目前，公司拥有12项发明专利，9项软件著作权，5项商标。

4.3.6 行业风险

（1）宏观经济下行风险

2015年，从经济到社会的方方面面都在发生着巨变，宏观经济也已走入最为艰苦的时刻，近年来中国GDP增速从长达十数年连续两位数悄然回落到个位数，在从保"8"到保"7"再到探"6"的时代，经济增速的战略"红线"不断下移，这样的增速回落趋势在2016年很可能仍将持续。

2015年12月16日中国社会科学院发布2016年《经济蓝皮书》，其中预计，2016年，中国GDP增速6.6%~6.8%，就业、物价保持基本稳定，经济不会出现硬着陆。中国人民银行研究局首席经济学家马骏等专家于12月16日在《2016年中国宏观经济预测》中也谈到，2015年GDP增速预计为6.9%，2016年GDP增速预计为6.8%，这已是2015年中国人民银行研究人员第二次下调2015年经济增长预期。澳新银行大中华区经济研究团队在最新的一份报告中也指出：预计2016年中国GDP的增速可能放缓至6.4%，并在2017年下降至6.0%。

宏观经济仍面临不少下行压力，如企业利润增速低迷，过剩产能仍有待消化，出口需求疲软，银行的不良贷款率呈上升趋势等。这样的经济环境对数据处理和存储服务业乃至其他许多新兴技术行业来说不容乐观。

（2）市场竞争风险

由于对数据处理、利用的需求上升，很多企业也开始加入数据处理和存储服务业的行列。因此，未来，数据处理和存储服务业的厂商之间竞争会越来越激烈，如何吸引顾客成为每家厂商所要考虑的问题。如果打价格战，厂商之间必然会互相压价，导致行业普遍利润较低，不利于长期可持续发展。因此，最好的方式是差异化，厂商只有致力于研发新技术，开发出让客户更容易接受的技术和产品，才能让自身发展得更好。

4.4 信用服务业

信用服务业是指在对企业、社会资产、个人信息进行加工处理的基础上，向客户提供相关产品和服务的行业。广义而言，信用服务业可以分为10个分支，主要包括企业征信、个人征信、市场调查、资信评级、信用保险、商业保理、企业商账追收、消费者欠款追收、信用管理咨询和信用担保等（见表4-10、表4-11）；狭义而言，信用服务业包括企业征信、个人征信、财产征信、企业信贷登记系统和消费信贷登记系统等。

表4-10 信用服务行业分类

类别		行业	
信用信息类	调查类	企业征信	核心业务
		个人征信	核心业务
		市场调查	核心业务
	非调查类	资信评级	核心业务
信用服务类	金融类	信用保险	衍生业务
		信用担保	衍生业务
	非金融类	商业保理	衍生业务
		企业商账追收	衍生业务
		消费者欠款追收	衍生业务
		信用管理咨询及培训	衍生业务

表4-11 信用服务10个分支的具体内涵

分支名称	具体内涵
企业征信	通过专业调查机构的信息收集，向委托人提供被调查人的商业信息和信用信息，旨在帮助授信人在提供贷款、信用销售或投资时准确把握受信人的信用状况
个人征信	通过提供个人信用信息，帮助授信人在提供消费信贷、信用销售和服务时准确把握个人的信用状况
市场调查	负责调查某行业或某产品在商业运行和市场推广方面的规模、价格、服务、竞争等总体趋势和走向，并为委托调查者提供总体分析报告
资信评级	接受被评估机构或第三方委托，对被评估机构各项信用要素进行全面评估，并评出信用等级和信用分数

续表

分支名称	具体内涵
信用保险	信用保险是保险机构承担销售商信用销售时购买商到期拒绝付款风险或政治风险而设立的险种
信用担保	指企业在向银行融通资金过程中,根据合同约定,由依法设立的担保机构以保证的方式为债务人提供担保,在债务人不能依约履行债务时,由担保机构承担合同约定的偿还责任,从而保障银行债权实现的一种金融支持方式
商业保理	是由银行提供的一种承担销售商信用销售时购买商到期拒绝付款的信用服务
企业商账追收	指通过合法的追收流程和技巧,进行商账追收服务,降低企业风险率和坏账率,防范和规避企业由于使用赊销方式带来的信用风险
消费者欠款追收	服务对象主要是提供消费信贷的金融机构和企业,指通过合法的追收流程和技巧,向消费者追收欠款的服务
信用管理咨询及培训	主要为广大工商企业提供信用管理咨询顾问、内部培训和信用信息化管理服务

4.4.1 行业内涵与发展历程

国民经济行业分类将信用服务业设在商务服务业目录下,指专门从事信用信息采集、整理和加工,并提供相关信用产品和信用服务的活动,包括信用评级、商账管理等。

其中,信用服务业的主体部分——征信指的是依法收集、整理、保存、加工自然人、法人及其他组织的信用信息,并对外提供信用报告、信用评估、信用信息咨询等服务,帮助客户判断、控制信用风险,进行信用管理的活动。

相比西方发达国家,我国的信用服务业起步较晚。1830年,世界上第一家征信公司在英国伦敦成立。1932年6月6日,我国第一家征信公司——"中国征信所"在上海组建成立。"中国征信所"由著名民主人士和银行家章乃器先生牵头,由多家中资金融机构共同发起成立。它是新中国成立前上海银行界的合作事业,是上海银行同业的咨询机关。其由各银行出资设立,并派代表担任评议,成为征信所的基本会员。征信所内设设计委员会和审查委员会,分任设计和审查的工作,并推举干事三人,担任监督指导。"中国征信所"实质上是上海银行界的资料中心、情报中心。它的主要业务是受委员委托,调查信用,传播商情,例如:银行在放款前,为了了解借户信用,就委托征信所代为调查。征信所接受委托,把所调查到的各方面情况"据实报告,不偏不倚，以供委托者评判决定"。1945年，由多家官办金融机构合作开办的"联合征信所"在重庆成立，其具体办理征信调查、搜集经济情报与资料，并发行《征信新闻》日刊。"联合征信所"是中国第一家官办的征信调查机构，承袭了中国征信所的一些信用调查方法，在为国家金融垄断事业的服务中发挥了一定的作用。抗日战争胜利后，"联合征信所"总部由重庆迁往上海，并陆续在汉口、南京、平津、北平、南昌、沈阳等地开设分所或办事处。

我国的现代信用服务起步于20世纪80年代末期，先期发展的征信服务是企业资信调查和资信评级。随着对外贸易的发展，大量的海外逾期应收账款出现，于是国外的信用风险管理技术和服务被引入国内。1987年，企业征信行业由对外贸易经济合作部计算中心引进国内，开创了新中国信用业的先河。1989年，中国人民保险公司成立信用保险部，开始承办出口保险业务。1991年，对外经贸部计算中心引入企业商账追收行业。20世纪90年代中期，我国信用管理咨询业起步，对外经贸部计算中心专门成立了"企业信用管理体系课题组"，研究如何在中国建立科学的信用管理模式和制度。1999年之后，我国的信用服务行业呈现加快发展的态势，市场规模不断扩大。2000年，我国的市场总需求大约是4万份企业信用报告，约为3000万元。2004年的市场总需求达到12万份企业信用报告，约为8000万元，年复合增长率超过20%。1999年8月，经过中国人民银行批准，我国第一家个人信用调查机构——"上海资信有限公司"在上海成立，我国个人征信体系在上海开始试点建设。2004年，中国人民银行开始组建全国统一的个人信用信息基础数据库，并于2006年1月1日在全国正式联网运行。

总体来说，我国现代信用服务业的发展历程可以分为三个阶段。

（1）探索阶段

20世纪80年代后期，为适应企业债券发行和管理，中国人民银行批准成立了第一家信用评级公司——上海远东资信评级有限公司。同时，为满足涉外商贸往来中的企业征信信息需求，对外经济贸易部计算中心和国际企业征信机构邓白氏集团合作，相互提供中国企业和外国企业的信用报告。1993年，专门从事企业征信的新华信国际信息咨询有限公司开始正式对外提供服务。此后，一批专业信用调查中介机构相继出现，信用服务业的雏形初步显现。

（2）起步阶段

1996年，中国人民银行在全国推行企业贷款证制度。1997年，上海开展企业信贷资信评级。经中国人民银行批准上海市进行个人征信试点，1999年，上海资信有限公司成立，开始从事个人征信与企业征信服务。1999年底，银行信贷登记咨询系统上线运行。2002年，银行信贷登记咨询系统建成地、省、总行三级数据库，实现全国联网查询。

（3）发展阶段

2003年，国务院赋予中国人民银行"管理信贷征信业，推动建立社会信用体系"的职责，批准设立中国人民银行征信管理局。同年，上海、北京、广东等地率先启动区域社会征信业发展试点，一批地方性征信机构设立并得到迅速发展，部分信用评级机构开始开拓银行间债券市场信用评级等新的信用服务领域，国际知名信用评级机构先后进入中国市场。2004年，中国人民银行建成全国集中统一的个人信用信息基础数据库，2005年，银行信贷登记咨询系统升级为全国集中统一的企业信用信息基础数据库。2008年，国务院将中国人民银行征信管理职责调整为"管理征信业"并牵头社会信用体系建设部际联席会议，2011年，牵头单位中增加了国家发展和改革委员会。2013年3月，《征信业管理条例》正式实施，明确中国人民银行为征信业监督管理部门，征信业步入了有法可依的轨道。

4.4.2 行业发展现状分析

目前，从我国信用服务行业市场的层次看，按照信用服务的信息主体不同，信用服务行业市场包括企业信用服务市场和个人信用服务市场；按照业务类型不同，包括信用登记市场、信用调查市场、信用评级市场以及其他征信市场；按照信用服务领域不同，包括资本信用服务市场、信贷信用服务市场、商业信用服务市场和个人消费信用服务市场等。

4.4.2.1 行业市场总体发展现状

据不完全统计，我国各类信用服务机构已从2006年的约500家增长到2012年的近6000家，从业人口预计13万人，其中，中小企业信用担保机构将近5000家。2014年，全国信用服务机构、资信评级机构约150家、年收入20多亿元。

目前，我国信用服务机构主要分为三大类。

第一类是政府背景的信用信息服务机构，数量为20家左右。近年来，各级政府推动社会信用体系建设，政府或其所属部门设立信用服务机构，接收各类政务信息或采集其他信用信息，并向政府部门、企业和社会公众提供信用信息服务。

第二类是社会信用服务机构，数量为50家左右。其业务范围扩展到信用登记、信用调查等。社会信用服务机构规模相对较小。机构分布与区域经济发展程度相关，机构之间发展不平衡。信用服务机构主要从事企业信用服务业务，从事个人信用服务业务的信用服务机构较少。信用服务业务收入和人员主要集中在几家大的信用服务机构上。

第三类是信用评级机构。目前,纳入中国人民银行统计范围的信用评级机构共70多家,其中,8家从事债券市场评级业务,收入、人员、业务规模相对较大;其余从事信贷市场评级业务,主要包括借款企业评级、担保公司评级等。

目前,在我国的信用服务行业市场中,信用服务产品涵盖企业信用报告、个人信用报告、信用调查报告、债券主体评级报告、债券债项评级报告、借款企业评级报告、担保机构评级报告和持续跟踪评级报告等。信用产品的服务范围涵盖了信贷市场、债券市场、个人消费信用市场、商业信用市场等,个人、企业、银行、非银行金融机构、专业服务机构和政府部门等多类市场主体,少数机构走出国门,向海外市场提供服务。

以信用服务市场的子市场——信用评级市场为例,其产品包括短期融资券评级、中期票据评级、上市公司债券评级、非上市公司企业债券评级、金融债券评级、中小企业集合债券评级、资产证券化产品评级、借款企业评级、担保机构评级、小额贷款公司评级、商业承兑汇票出票人和承兑人评级等。"十一五"期间,债券市场和信贷市场开展信用评级业务22多万笔;其中,债项评级近3200笔,信贷市场主体评级近21.7万笔。2012年,全国评级机构共完成债项评级1672笔,比2011年增长42%;完成信贷市场主体评级近5万户,比2011年增长近5%。

对于企业信用服务行业来说,我国企业信用服务主要有两种形式,一是中国人民银行建立的企业信用信息基础数据库,其前身是"银行信贷登记咨询系统",始建于1997年,2002年初步建成投入运行,信用服务加工的产品主要供银行内部使用,服务于银行防范贷款风险和央行货币政策决策的需要;二是以信用服务公司的商业运作形成的企业信用管理体系。我国企业资信调查专业服务公司大体有三类:第一类是中资的企业资信调查公司;第二类是外经贸系统、国家统计系统和国家工商管理系统以及各商业银行系统所属的专门提供企业资信调查服务的有关机构;第三类是已进入中国的外资信用服务公司,这些公司均已在中国境内设有分支机构,并提供企业资信调查服务。

4.4.2.2 中国人民银行金融信用基础数据库现状

在1992年贷款证制度、1999年个人征信上海试点、2002年银行信贷登记咨询系统三级数据库的实践基础上,中国人民银行于2004年开始组织商业银行启动金融信用信息基础数据库建设工作,并于2006年1月和6月正式宣布全国联网运行,提供查询服务。

截至2012年底,企业信用信息基础数据库累计接入机构622家,个人信用信息基础数据库累计接入机构 629 家（见图 4-17、图 4-18）。

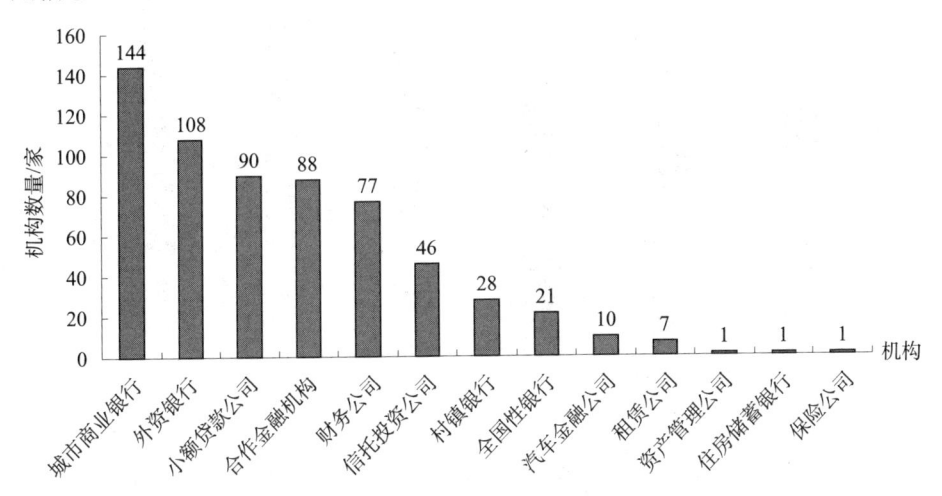

图 4-17 2012 年企业信用信息基础数据库服务的机构用户

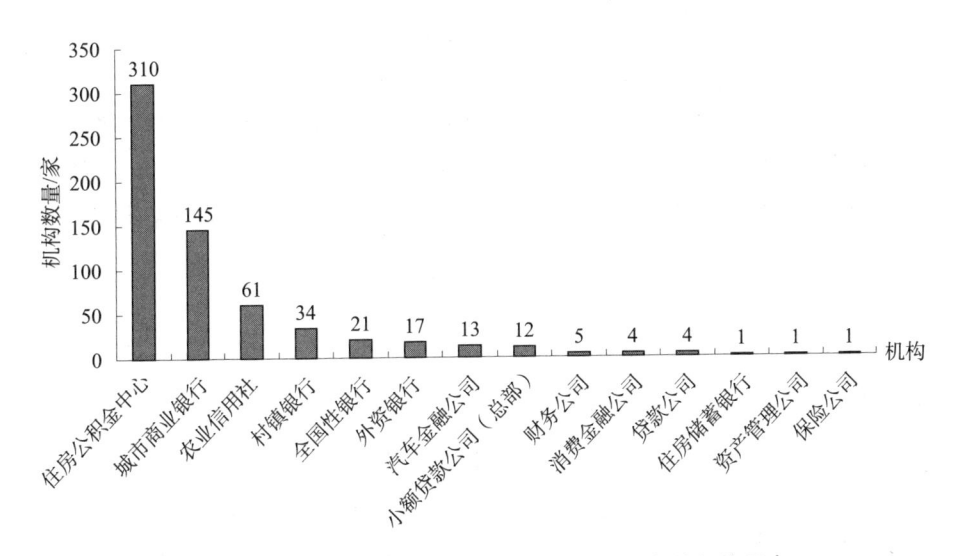

图 4-18 2012 年个人信用信息基础数据库服务的机构用户

此外，截至 2012 年底，企业信用信息基础数据库为 1859.6 万户企业和其他组织建立了信用档案，信息规模已经居全球企业征信系统前列。个人信用信息基础数据库为 8.2 亿自然人建立了信用档案，收录的自然人信息数量居世界各征信机构之首（见图 4-19）。

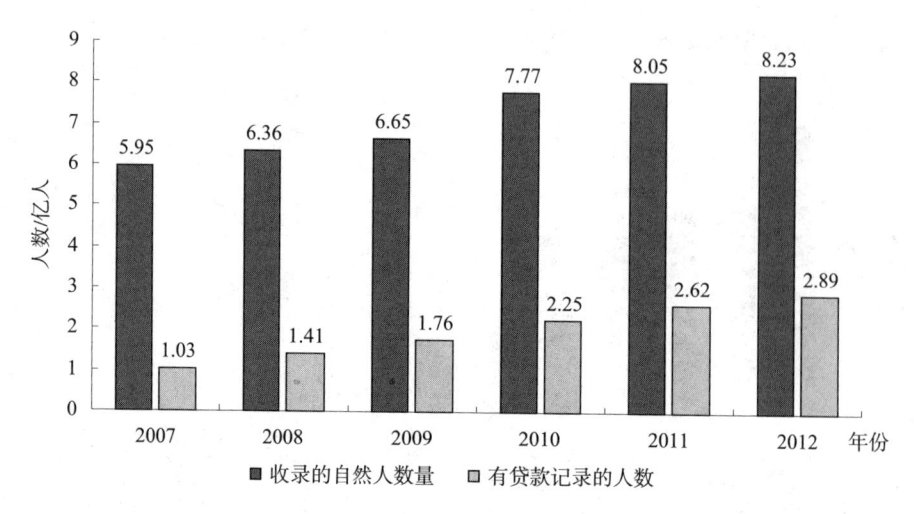

图 4-19 2007~2012 年个人信用信息基础数据库收录的自然人数量

金融信用信息基础数据库依托覆盖全国的信息服务网络,为商业银行提供信用报告查询服务;利用覆盖全国的客户服务网络,免费为信息主体提供信用报告查询服务;并为政府部门、金融监管机构的宏观管理及金融监管提供基础数据支持。截至 2012 年底,企业信用信息基础数据库开通查询用户 13.3 万户,全年查询次数 9733 万次,日均查询次数 26.6 万次;个人信用信息基础数据库开通查询用户 15.4 万个,全年查询次数 27427 万次,日均查询 74.9 万次(见图 4-20)。

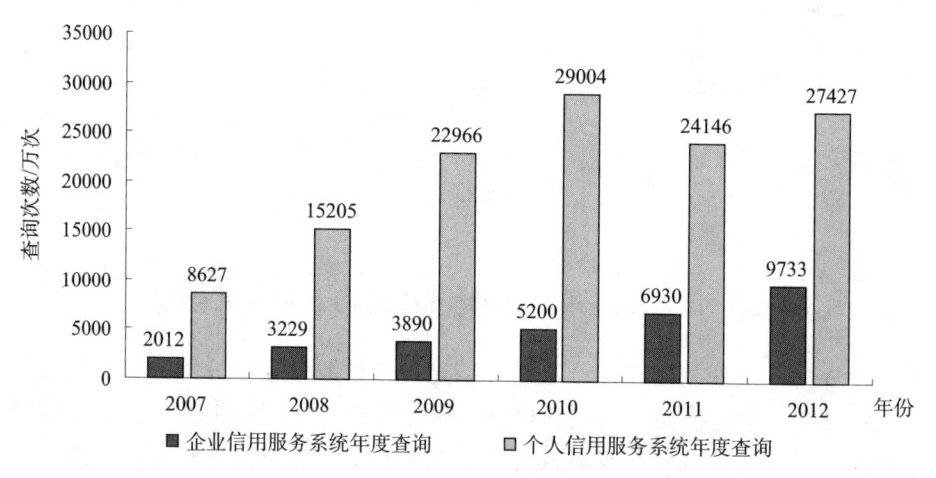

图 4-20 2007~2012 年企业和个人信用信息基础数据库年度查询

4.4.3 行业政策分析

行业政策的分析将从国家层面颁布的法律法规和地方层面发布的规章制度两个角度进行分析。

4.4.3.1 国家层面的相关法规分布

根据北大法宝数据库,"信用服务"一词出现在标题中的中央法规司法解释为 0 条,出现在正文中的中央法规司法解释有 127 条。"征信"一词出现在标题中的中央法规司法解释有 25 条,出现在正文中的中央法规司法解释有 513 条。

目前,信用服务业国家级的相关法规和行业标准主要有:

(1)《征信业管理条例》和《征信机构管理办法》

2012 年 12 月 26 日,国务院第 228 次常务会议审议通过《征信业管理条例》,并于 2013 年 3 月 15 日起正式实施。

《征信业管理条例》对征信机构的设立条件和程序、征信业务的基本规则、征信信息主体的权益,金融信用信息基础数据库的法律地位及运营规则、征信业的监管体制和法律责任等内容进行了规定,解决了征信业发展中无法可依的问题,从而有利于加强对征信市场的管理,规范征信机构、信息提供者和信息使用者的行为,保护信息主体权益;有利于发挥市场机制的作用,推进社会信用体系建设。

《征信业管理条例》实施后,《征信机构管理办法》于 2013 年 9 月 18 日通过,自 2013 年 12 月 20 日起实施。《征信机构管理办法》进一步细化了《征信管理条例》涉及征信机构管理的条款,规范征信机构的设立、变更和终止程序,对于征信机构规范运行的促进、信息主体合法权益的保护具有重要意义。

2013 年,《征信业管理条例》对企业征信、个人征信和金融信用信息基础数据库等进行了规范。2014 年,提出了信用服务行业部分业态,包括信用保险、信用担保、商业保理、履约担保、信用管理咨询及培训等。

(2)金融信用信息基础数据库相关管理制度

① 个人信用信息基础数据库管理制度。

2005 年,中国人民银行发布了《个人信用信息基础数据库管理暂行办法》(中国人民银行令〔2005〕第 3 号),并相继出台了配套制度,保障了个人信用信息基础数据库的建设和运行,规范了商业银行报送、查询和使用个人信用信息的行为。

② 企业信用信息基础数据库管理制度。

中国人民银行在《银行信贷登记咨询管理办法（试行）》管理框架上，对企业信用信息基础数据库的功能与管理、借款人信用信息报送、查询、使用以及异议处理等作出明确规定。

（3）信用评级管理制度

为规范评级机构在银行间债券市场和信贷市场的信用评级执业行为，中国人民银行于 2006 年出台了《中国人民银行信用评级管理指导意见》（银发〔2006〕95 号），明确了信用评级机构的工作制度和内部管理制度、评级原则、评级内容和评级程序等内容，对评级机构从事金融产品信用评级、借款企业信用评级和担保机构信用评级业务进行管理和指导；2008 年，发布了《中国人民银行关于加强银行间债券市场信用评级作业管理的通知》（银发〔2008〕75 号），对评级机构在银行间债券市场评级的现场访谈、作业时间进行了规范。信用评级管理制度的实施，规范了评级机构的执业行为，保护了投资人合法权益，从而促进了信用评级业的健康发展。

（4）相关征信标准

自 2005 年起，中国人民银行把征信标准化建设作为征信管理的重要手段之一，启动了征信标准化建设。

① 发布征信信息系统开发建设的基本标准规范。

制定和发布了《征信数据元　数据元设计与管理》等 5 项金融行业标准，促进了信息跨部门、跨行业共享和应用。

② 制定信用等级评价相关标准规范。

制定和发布了《征信数据元信用评级数据元》和《征信数据交换格式信用评级违约率数据采集格式》等 5 项金融行业标准，促进了评级机构的规范执业。

（5）社会信用体系建设相关政策

2009 年，中国人民银行发布《中国人民银行关于推进农村信用体系建设工作的指导意见》，标志着我国农村信用体系建设走上了规范发展的道路。

2010 年，中国人民银行印发了《中小企业信用体系试验区建设指导意见》，标志着我国中小企业信用体系建设步入规范和可持续发展的轨道。

2014 年 6 月，国务院发布《社会信用体系建设规划纲要》，其中指出，社会信用体系建设要按照"政府推动，社会共建；健全法制，规范发展；统筹规划，分步实施；重点突破，强化应用"的原则有序推进。

4.4.3.2 地方相关法规分布

关于信用服务业相关政策的出台，根据北大法宝数据库，我国各省区市分布并不均衡。

"信用服务"一词出现在标题中的地方法规司法解释共有 13 条，出现在正文中的地方法规司法解释共有 1788 条。"征信"一词出现在标题中的地方法规司法解释共有 70 条，出现在正文中的地方法规司法解释共有 6053 条。

对图 4-21~图 4-24 进行分析后可以看出，上海、江苏、浙江、福建和广东等省市出台的相关地方法规司法解释最多。

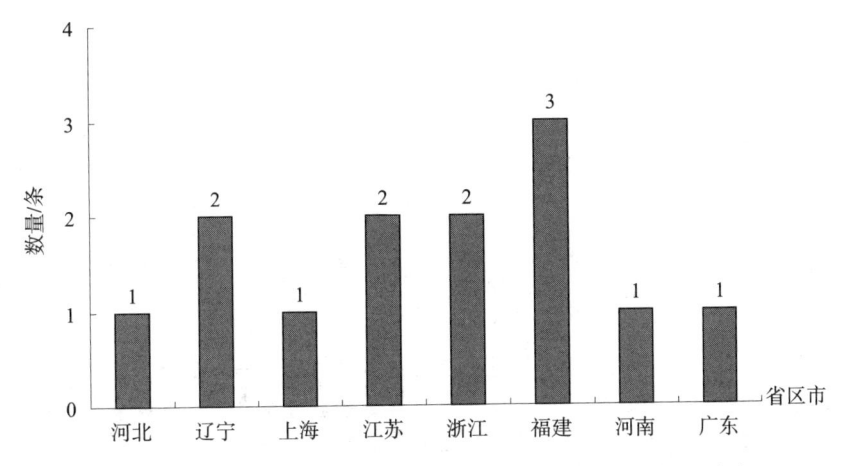

图 4-21 "信用服务"出现在标题中的地方法规司法解释分布

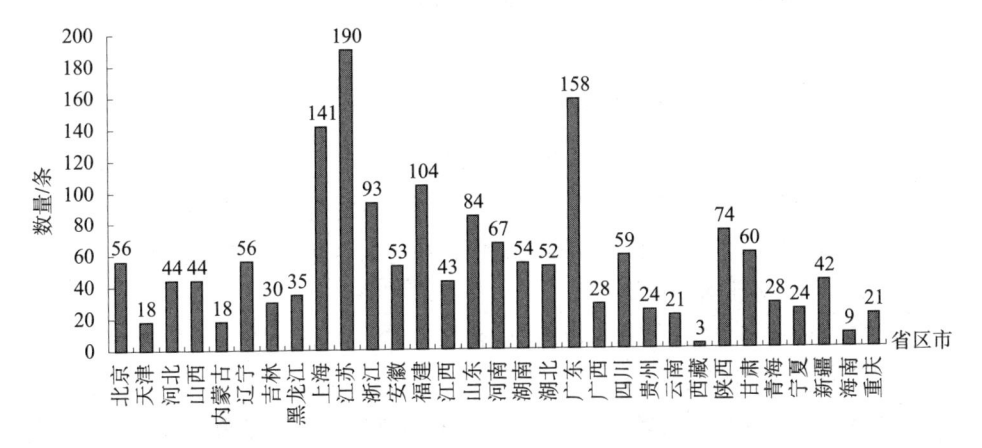

图 4-22 "信用服务"出现在正文中的地方法规司法解释分布

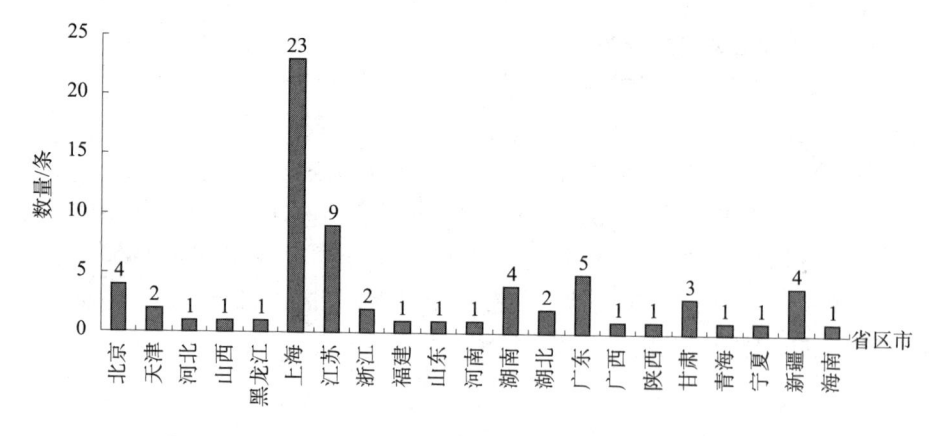

图 4-23 "征信"出现在标题中的地方法规司法解释分布

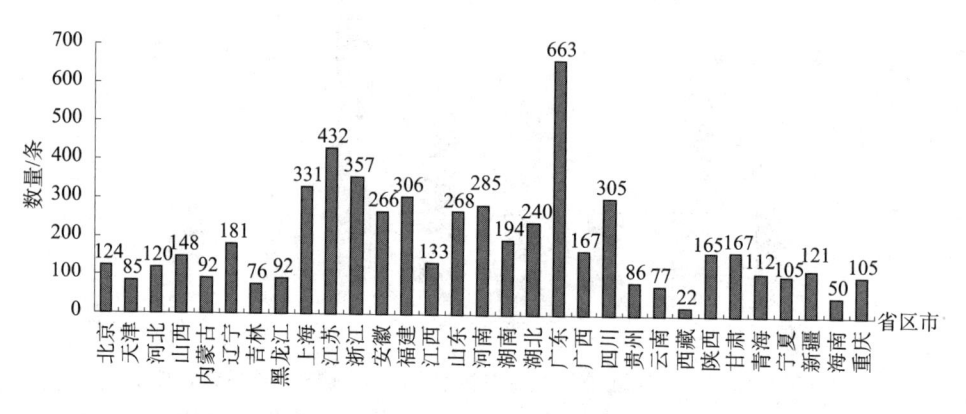

图 4-24 "征信"出现在正文中的地方法规司法解释分布

4.4.4 特例研究：互联网征信

互联网征信是以开放式的互联网为载体，利用大数据、云计算等新兴高科技技术，通过抓取、采集和整理个人以及企业在使用互联网时所留下的数据信息，同时辅以其他渠道获取的数据信息而进行信用评估与服务的活动。

4.4.4.1 互联网征信的内涵

互联网征信与传统征信方式存在显著差异。

（1）征信数据来源不同

互联网征信改变了传统征信从第三方机构或信息主体直接收集信息的模式，以开放的互联网为载体，通过抓取、采集和整理个人以及企业在使用互联网时所留下的数据信息，同时辅以线下渠道或者其他渠道获取的数据信息，使得征信数据的获得更加便捷和全面。

(2) 数据处理分析方式不同

互联网征信机构常常拥有自己的私有云，从而确保数据的动态更新、安全性和开放性。此外，还利用图像处理、语义识别、数字挖掘、机器学习等技术手段，对数据进行分析和加工。

(3) 征信主体不同

传统征信体系征信机构主体为金融机构，例如中国人民银行征信系统。但互联网征信体系的征信主体为互联网征信机构，相对而言更加市场化、多元化，例如，市场化征信公司（比如中诚信国际信用评级有限公司、上海资信有限公司）、新型电子商务企业（如北京京东世纪贸易有限公司、苏宁云商集团股份有限公司）以及互联网公司（比如北京百度网讯科技有限公司、深圳市腾讯计算机系统有限公司）。

(4) 服务人群不同

传统征信体系服务的人群主要是具有信用卡以及信用报告的人群，而互联网征信则能覆盖包括传统征信体系在内的大部分人群，利用他们在互联网留下的信息数据作出信用评估和风险预测。

(5) 信息类型不同

传统征信的数据主要来源于从事借贷业务、担保业务的金融从业机构，征信数据结构较为单一，例如，资产负债表、现金流水等信息。而互联网征信的数据则涵盖传统的身份数据、社交数据，乃至日常活动数据、特定场景下的行为数据等，例如，征信人生活习惯、交易记录、消费信贷等信息。

(6) 应用领域不同

传统征信的应用范围主要集中于借贷领域，表现为对申请贷款特别是对申请信用贷款的征信主体进行信用评估和还款能力预测。而互联网征信的应用场景更加多元化，包括传统的信用借贷业务，以及赊账、租赁、预订酒店、办理会员卡、享受更高购物折扣等各种生活化的履约场景。

4.4.4.2 发展现状及特点

随着我国互联网金融业务规模的快速增长，互联网征信也迈入了飞跃式发展的阶段。

除了原有的征信机构积极介入互联网征信业务之外，互联网企业也在不断地为征信业注入新的元素，这些互联网金融企业积极地申请企业或个人征信业牌照。

2015年1月5日，中国人民银行发布《关于做好个人征信业务准备工作的通知》，列出了8家首批获准开展个人征信业务准备工作的机构。在首批入围个人征信牌照的民营企业中，仅有3家为传统的征信机构，其余5家都是互联网企业参资设立或者集团旗下的子公司。

目前，我国的互联网征信的主要存在形式可以分为融资服务平台、第三方支付以及电商平台、网络金融信息共享平台等。

（1）融资服务平台

融资服务平台主要通过互联网直接或间接采集企业或个人融资需求信息和其他信用信息，为企业或个人和银行等投资机构牵线搭桥，并将信息提供给投资机构以供在放贷时参考使用。这种形式一般不以买卖信息获得利益，而是通过收取手续费等其他形式盈利。当前，除了很多由地方政府牵头组建的中小企业融资服务中心、征信中心牵头组建的中征应收账款融资服务平台等属于这种形式外，网贷平台也属于融资服务平台，根据网贷之家的数据，截至2015年12月，网贷平台数量累计已达3858个。

（2）第三方支付以及电商平台

第三方支付平台以及与之相关的电商平台，通过互联网积累的客户交易行为信息。目前，第三方支付平台仅将这些信息在集团内部使用，这在一定程度上已属于征信行为，如果更广泛地对外提供这些信息，就是典型的征信业。如阿里小额贷款整合了阿里巴巴、淘宝网、支付宝的经营记录、交易状况和投诉反馈等百余项信息指标，建立了标准化的信贷审批流程。

（3）网络金融信息共享平台

目前，我国网络金融信息共享平台主要是以中国人民银行征信中心控股的上海资信有限公司开发的网络金融征信系统（NFCS）和小额信贷行业信用信息共享服务平台（MSP）为代表的同业信息数据库。这些网络金融信息共享平台通过采集P2P平台、小额贷款公司、担保公司等借贷两端客户的个人基本信息、贷款申请、贷款开立、贷款还款和特殊交易等信息，并向加入该数据库的P2P等机构提供查询服务。

截至2014年12月末，网络金融征信系统（NFCS）共接入网贷机构370家，收录客户52.4万人。截至2015年年末，小额信贷行业信用信息共享服务平台（MSP）收录的会员总量已超过1000家。

4.4.4.3 与互联网征信有关的政策情况

与互联网征信间接相关的中央法律法规和政策有2000年由国务院发布，后经几次修订的《互联网信息服务管理办法》；2011年由国家工业和信息化部发布的《规范互联网信息服务市场秩序若干规定》；2015年7月由中国人民银行发布的《关于促进互联网金融健康发展的指导意见》等。

根据北大法宝数据库，目前直接与互联网征信相关的法律法规和政策极

4 中国信息资源产业典型行业发展概况

少。"互联网征信"一词出现在正文中的法规司法解释数量为 0 条,"网络征信"一词出现在正文中的中央法规司法解释数量为 1 条,即《国务院关于积极推进"互联网+"行动的指导意见》(以下简称《指导意见》)。《指导意见》指出要利用大数据发展市场化个人征信业务,加快网络征信和信用评价体系建设。

依据"互联网""网络"和"征信"出现的位置关系分别对地方法规司法解释的分布进行统计,结果如图 4-25~图 4-28 所示。

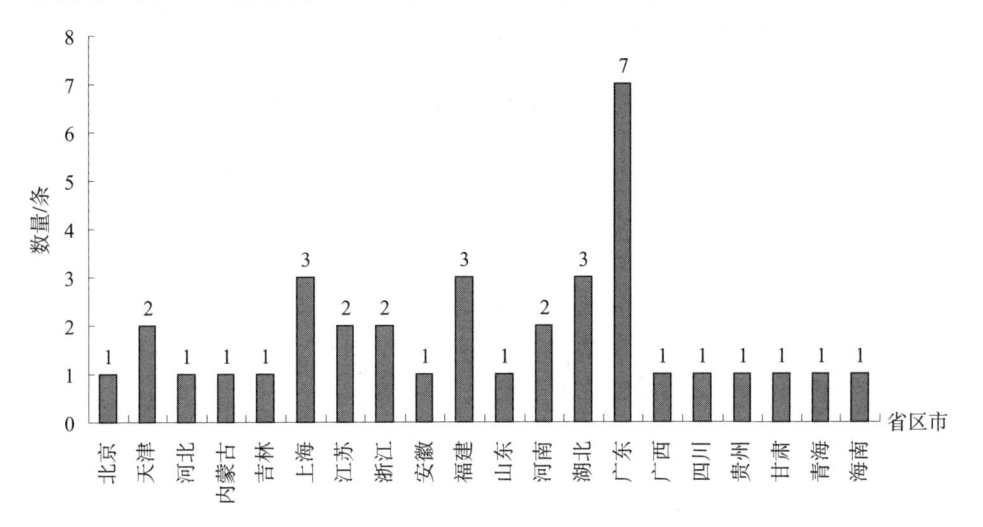

图 4-25 "互联网"与"征信"出现在同句

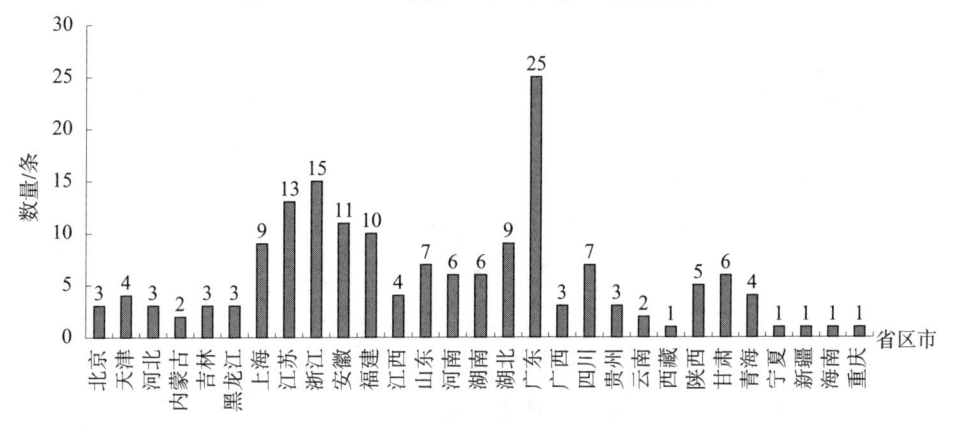

图 4-26 "互联网"与"征信"出现在同段

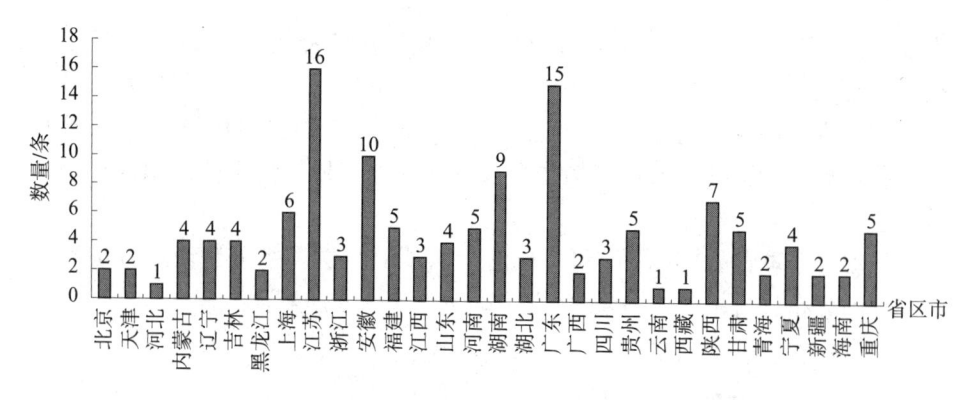

图 4-27 "网络"与"征信"出现在同句

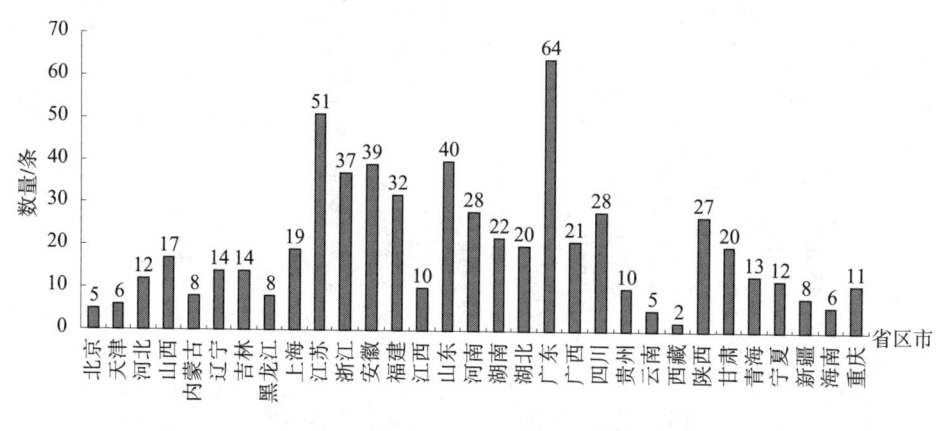

图 4-28 "网络"与"征信"出现在同段

根据上述图表可以看出，在我国各省区市中，出台与互联网征信有关联的法规司法解释较多的省市有上海、江苏、浙江、安徽、福建和广东等。

4.4.4.4 问题与挑战

目前，我国的互联网征信行业主要存在以下几个问题。

（1）准入门槛低，缺乏相关监管标准和准入限制

得益于互联网的开放性和互联网经济的快速发展，互联网累积了海量的各类信息数据。不仅专业征信公司可以从事互联网征信，其他各类互联网企业也都可以参与其中，但是，目前针对互联网征信，尚无明确的监管标准和相关准入限制，不少互联网企业都在不同程度或是不同经营环节中从事着互联网征信业务，公开或私下收集用户信息。例如，许多无准入门槛、无行业标准、无机构监管的"三无"P2P网贷平台混迹互联网金融市场，造成了巨大的投资法律风险与资金安全隐患。

(2) 信用信息共享机制有待完善

信用共享是社会信用体系建设的主要目标，信用信息是征信活动开展的基础。但由于原生态的信用信息高度分散在社会各个组织、部门之间，造成了信用交易过程中存在信息不对称问题，阻碍了信用交易的顺利达成。除此之外，目前，我国征信数据的使用缺乏具体法律标准，虽然建立了网络征信平台，但平台的数据积累、覆盖面均比较有限。互联网金融企业间的数据库由于涉及企业的核心竞争力，在未建立起相应的利益激励机制的情况下，存在较大的共享问题。与传统银行的征信体系相比，互联网征信公司通过大数据分析对消费、社交数据进行分析，导致大数据和传统银行的征信数据相互割裂的问题。

(3) 缺乏统一的信用信息标准

目前我国的国家信用信息标准尚未建立，虽然地方政府、各行业按照自有标准设立信息标准，但是不同区域、不同行业间未能实现互联互通，缺乏协同，导致多地都在低水平、低层次地重复性建设社会信用体系，并且严重阻碍了信息的交流与共享。此外，个人和企业网络信息采集标准、信用报告格式规范、征信服务标准等的缺乏，制约了互联网征信机构利用信息技术提高信息采集、加工和应用的效率，从而加速了信息孤岛现象的产生。

《社会信用体系建设规划纲要（2014~2020年）》曾提出，要建立统一的社会信用代码，通过互联互通、数据交换共享，解决信用信息的统一问题。这一领域有大量工作要做，其中，应优先建立信用信息标准体系、分类管理制度，以减少各部门因标准变化导致的调整工作量。围绕奖惩制度，在各部门的机制之上，也应确定统一的标准和原则，大体形成单一尺度，避免因部门、地区间奖惩力度差异过大而引起社会争议。

(4) 个人隐私保护和信息安全机制不完善

互联网金融的操作风险会造成客户隐私性数据泄漏的风险，在互联网时代需要更加重视个体信息隐私保护，要用法律形式来明确信息采集的原则与界限，禁止滥用网络搜集非必要信息、侵犯公民隐私的行为。信用报告在制作过程中必须划清个人隐私和个人可公开信息之间的界限。任何错误的、不完整的和不具时效性的信息都将错误地反映个人信用状况，既有可能误导信息使用人作出错误决策，又有可能影响信息主体的声誉，侵犯隐私权。因此，在形成信用报告的过程中，需要严控信息来源，及时更新信息，并赋予信息主体更正和补充个人信用信息的请求权。此外，在采集和查询个人信息获取授权的基础上，还需探索如何更好地保障消费者的知情权和异议权。

5　2014年中国信息资源产业政策发展与解读

本章针对2014年中国信息资源产业政策进行解读，深入分析政策动向，并将2014~2015年的信息资源产业政策进行文本分析，从政策发布的背景、方向、反馈等领域展开全方位的政策研究，力图展现近年来信息资源产业政策发布的整体情况。

5.1　中国信息资源产业政策动向

2014~2015年8月，国家有关部门制定和发布了若干信息资源产业政策，其中，以正式文件形式发布的主要包括《国务院办公厅关于印发2014年政府信息公开工作要点的通知》《国务院关于授权国家互联网信息办公室负责互联网信息内容管理工作的通知》等9项政策，如表5-1所示，这9项政策文件均以中央人民政府名义颁布，集中反映了国家在信息资源产业方面的重要政策目标、政策取向和政策措施的发展情况。

表5-1　2014~2015年11月信息资源产业政策汇总表

文件名称	发布时间	核心内容
《国务院办公厅关于印发2014年政府信息公开工作要点的通知》	2014年4月1日	各地区、各部门要重点围绕行政权力运行、财政资金管理使用、公共资源配置、公共服务和公共监管5个方面做好政府信息公开工作
《国务院关于授权国家互联网信息办公室负责互联网信息内容管理工作的通知》	2014年8月28日	授权重新组建的国家互联网信息办公室负责全国互联网信息内容管理工作，并负责监督管理执法
《国务院办公厅关于加强政府网站信息内容建设的意见》	2014年12月1日	部署进一步做好政府网站信息内容建设工作，着力解决部分政府网站内容更新不及时、信息发布不准确、意见建议不回应的问题

续表

文件名称	发布时间	核心内容
《国务院关于促进云计算创新发展培育信息产业新业态的意见》	2015年1月30日	要加快发展云计算，打造信息产业新业态，推动传统产业升级和新兴产业成长，培育形成新的增长点，促进国民经济提质增效升级
《国务院关于大力发展电子商务加快培育经济新动力的意见》	2015年5月7日	国务院有关部门要制定和完善配套措施，做好指导、服务，加强部门间沟通协作和相关政策衔接，适时扩大跨境电子商务综合试点。各级地方政府要结合实际情况制订完善工作方案，履行服务、督导和监管责任，加大对重点企业的支持力度
《国务院办公厅关于促进跨境电子商务健康快速发展的指导意见》	2015年6月20日	支持跨境电子商务发展，有利于用"互联网+外贸"实现优进优出，发挥我国制造业大国优势，扩大海外营销渠道；有利于增加就业，推进大众创业、万众创新，打造新的经济增长点；有利于加快实施共建"一带一路"等国家战略，推动开放型经济发展升级。针对制约跨境电子商务发展的问题，有必要加快建立适应其特点的政策体系和监管体系，营造更加便利的发展环境，促进跨境电子商务健康快速发展
《国务院办公厅关于运用大数据加强对市场主体服务和监管的若干意见》	2015年7月1日	以社会信用体系建设和政府信息公开、数据开放为抓手，充分运用大数据、云计算等现代信息技术，提高政府服务水平，加强事中事后监管，维护市场正常秩序，促进市场公平竞争，释放市场主体活力，进一步优化发展环境
《国务院关于积极推进"互联网+"行动的指导意见》	2015年7月4日	为积极推进"互联网+"行动提出了意见。指导意见提出，要充分发挥互联网的创新驱动作用，以促进创业创新为重点，推动各类要素资源聚集、开放和共享，大力发展众创空间、开放式创新等，引导和推动全社会形成大众创业、万众创新的浓厚氛围，打造经济发展新引擎
《国务院关于印发促进大数据发展行动纲要的通知》	2015年9月5日	加快政府数据开放共享，推动资源整合，提升治理能力；推动产业创新发展，培育新兴业态，助力经济转型；强化安全保障，提高管理水平，促进健康发展

5.2 中国信息资源产业政策解读

有关信息资源产业的政策以正式文件形式发布的主要包括《国务院办公厅关于印发2014年政府信息公开工作要点的通知》《国务院关于授权国家互联网信息办公室负责互联网信息内容管理工作的通知》等9项政策,接下来将对这9项政策进行一一解读。

5.2.1 2014年中国信息资源产业政策解读

2014年的信息资源产业政策主要集中在政府信息公开和政府监管互联网这两个方面,体现了我国政府对信息公开和政府透明化的重视,同时也表明了互联网时代信息公开的重要性和必要性。

5.2.1.1 《国务院办公厅关于印发2014年政府信息公开工作要点的通知》

2014年4月4日,《国务院办公厅印发2014年政府信息公开工作要点》(以下简称《要点》),对2014年政府信息公开工作作出部署。《要点》指出,各地区、各部门要重点围绕行政权力运行、财政资金管理使用、公共资源配置、公共服务和公共监管5个方面做好政府信息公开工作。同时强调,要依法规范做好依申请信息公开工作,完善受理、审查、处理、答复以及保存备查等各个环节的流程,依法依规满足人民群众的特殊信息需求。要加强工作考核、社会评议、责任追究、举报调查处理等信息公开制度建设,建立健全信息公开监督保障机制。

中国行政体制改革研究会副会长、国家行政学院汪玉凯教授在接受中国经济时报记者采访时表示,为了更好地贯彻《中华人民共和国政府信息公开条例》以及中央有关深化政务公开的精神,各级政府不应把政务公开简单地看作是一种施政方法,而应该上升到政府与社会关系的高度,从公开的制度、机制、工作流程、责任追求等完善政务公开制度。他同时也表示,对于政府信息公开的评价,不应该只限于相关体制内的评价,而应该引入社会公众的评价机制,这对倒逼政府转型无疑具有重要意义。

5.2.1.2 《国务院关于授权国家互联网信息办公室负责互联网信息内容管理工作的通知》

2014年8月28日,国务院发布《国务院关于授权国家互联网信息办公室负责互联网信息内容管理工作的通知》,提出为促进互联网信息服务健康有序发展,保护公民、法人和其他组织的合法权益,维护国家安全和公共利益,授权重新组建的国家互联网信息办公室负责全国互联网信息内容管理工作,并负责监督管理执法。

C114中国通信网林起劲认为,《国务院关于授权国家互联网信息办公室负责互联网信息内容管理工作的通知》说明了互联网跨部门监管再现,但融合监管依然难以预期。政府对于互联网的跨部门联合监管将成为常态,未来甚至可能向融合监管形态发展。此次四大部门的联合出动,事实上也在情理之中。

5.2.1.3 《国务院办公厅关于加强政府网站信息内容建设的意见》

2014年12月1日,国务院办公厅发布《国务院办公厅关于加强政府网站信息内容建设的意见》(以下简称《意见》),部署进一步做好政府网站信息内容建设工作,着力解决部分政府网站内容更新不及时、信息发布不准确、意见建议不回应的问题。《意见》要求各地区、各部门要通过政府网站加强与公众的互动交流,接受社会的批评监督。同时,明确各级政府要建立政府网站信息内容建设年度考核评估和督察机制,把政府网站建设管理作为主管主办单位目标考核和绩效考核的内容之一。

新华网报道,清华大学公共管理学院助理教授张楠对文件进行解读时认为,对比2006年发布的《国务院办公厅关于加强政府网站建设和管理工作的意见》,该意见明确展现了其最重要的两方面的核心特征。其一,在标题中强调了"网站信息内容建设",而不再仅仅是"网站建设"。这多出的四个字既肯定了前一阶段网站平台建设的成绩,又指明了下一阶段网站建设工作的重心必须发生转移。在由各部门、各层级成千上万网站构成的政府网站体系中,流动信息的质量才是政府网站生命力的关键,信息内容建设是该意见关注的核心问题。其二,在内容分布上体现了意见不仅关注结果,而且关注实施过程。该意见的出台对各级政府部门而言不失为一个整肃政府网站、通过改进信息内容发布和传播机制支撑政府工作、提升政府形象的好契机。

5.2.2 2015年中国信息资源产业政策解读

2015年的信息资源产业政策主要集中在云计算、"互联网+"、跨境电子商务等新兴行业和新兴领域,可以看出,2015年中国的信息资源产业相对于2014年有许多创新之举,中国的互联网时代发展迅速。

5.2.2.1 《国务院关于促进云计算创新发展培育信息产业新业态的意见》

2015年1月30日,国务院印发《国务院关于促进云计算创新发展培育信息产业新业态的意见》(以下简称《云计算意见》),为促进创业兴业、释放创新活力提供有力支持,为经济社会持续健康发展注入新的动力。

《云计算意见》提出,要加快发展云计算,打造信息产业新业态,推动传统产业升级和新兴产业成长，培育形成新的增长点，促进国民经济提质增效升级。到 2017 年，我国云计算服务能力大幅提升，创新能力明显增强，在降低创业门槛、服务民生、培育新业态、探索电子政务建设新模式等方面取得积极成效，云计算数据中心区域布局初步优化，发展环境更加安全可靠。到 2020 年，云计算成为我国信息化重要形态和建设网络强国的重要支撑。

《云计算意见》从壮大新业态、强化产业支撑、加强安全保障三个方面提出了 6 项主要任务。一是增强云计算服务能力，大力发展公共云计算服务，引导企业采用安全可靠的云计算解决方案。支持云计算与物联网、移动互联网、互联网金融等的融合发展与创新应用，积极培育新业态新模式。二是提升自主创新能力，突破云计算和大数据关键核心技术，加强需求对接和市场应用，促进产业链协同创新。三是探索电子政务云计算发展新模式，鼓励应用云计算整合改造现有电子政务信息系统，实现整体部署和共建共用，加大政府采购云计算服务力度，大幅减少政府自建数据中心数量。四是加强大数据开发与利用，出台政府机构数据开放管理规定，在疾病防治、灾害预防、社会保障、电子政务等领域开展大数据应用示范。五是统筹布局云计算基础设施，加快信息网络基础设施优化升级，支持绿色云计算中心建设，避免云计算数据中心和相关园区盲目建设。六是提升安全保障能力，研究完善云计算信息安全政策法规，加强评估审查和监测，支持云计算安全产品的研发生产和推广应用。

《云计算意见》明确，促进云计算发展，一要完善市场环境，完善准入制度和相关网络政策，逐步建立云计算信任体系。二要建立健全相关法规制度，出台政府和重要行业采购使用云计算服务相关规定，明确安全管理责任。三要加大财税政策扶持力度，完善政府采购云计算服务配套政策，明确相关适用税收优惠政策。四要完善投融资政策，引导设立云计算创业投资基金，加大融资和信贷支持。五要建立健全标准规范体系，研究制定云计算技术、服务、设施和安全保密等方面的标准规范。六要加强人才队伍建设，重点培养和引进云计算领军人才和技术带头人，完善人才激励机制，支持应用人才培训。七要积极开展国际合作，支持云计算企业整合国际创新资源，加强国内外企业研发合作，积极参与国际标准制定。

《云计算意见》强调，各地区、各部门要高度重视云计算发展合作，认真抓好贯彻落实，出台配套政策措施，着力加强政府云计算应用的统筹推进等工作。

5.2.2.2 《国务院关于大力发展电子商务加快培育经济新动力的意见》

2015 年 5 月 7 日，国务院办公厅印发《国务院办公厅关于促进跨境电子商务健康快速发展的指导意见》（以下简称《电子商务意见》）。这是新形势下，促进跨境电子商务加快发展的指导性文件。

《电子商务意见》明确了三点原则。一是积极推动。主动作为，支持发展，积极协调解决电子商务发展中的各种矛盾与问题。在政府资源开放、网络安全保障、投融资支持、基础设施和诚信体系建设等方面加大服务力度。推进电子商务企业税费合理化，减轻企业负担。进一步释放电子商务发展潜力，提升电子商务创新发展水平。二是逐步规范。简政放权、放管结合。法无禁止的市场主体即可为，法未授权的政府部门不能为，最大限度减少对电子商务市场的行政干预。在放宽市场准入的同时，要在发展中逐步规范市场秩序，营造公平竞争的创业发展环境，进一步激发社会创业活力，拓宽电子商务创新发展领域。三是加强引导。把握趋势，因势利导，加强对电子商务发展中前瞻性、苗头性、倾向性问题的研究，及时在商业模式创新、关键技术研发、国际市场开拓等方面加大对企业的支持引导力度，引领电子商务向打造"双引擎"、实现"双目标"发展，进一步增强企业的创新动力，加速电子商务创新发展步伐。

《电子商务意见》提出了7方面的政策措施。一是营造宽松发展环境，降低准入门槛，合理降税减负，加大金融服务支持，维护公平竞争。二是促进就业创业，鼓励电子商务领域就业创业，加强人才培养培训，保障从业人员劳动权益。三是推动转型升级，创新服务民生方式，推动传统商贸流通企业发展电子商务，积极发展农村电子商务，创新工业生产组织方式，推广金融服务新工具，规范网络化金融服务新产品。四是完善物流基础设施，支持物流配送终端及智慧物流平台建设，规范物流配送车辆管理，合理布局物流仓储设施。五是提升对外开放水平，加强电子商务国际合作，提升跨境电子商务通关效率，推动电子商务走出去。六是构筑安全保障防线，保障电子商务网络安全，确保电子商务交易安全，预防和打击电子商务领域违法犯罪。七是健全支撑体系，健全法规标准体系，加强信用体系建设，强化科技与教育支撑，协调推动区域电子商务发展。

《电子商务意见》要求，各地区、各部门要认真落实本意见提出的各项任务，于2015年底前研究出台具体政策。

近年来我国电子商务发展迅猛，不仅创造了新的消费需求，引发了新的投资热潮，开辟了就业增收新渠道，为大众创业、万众创新提供了新空间，而且电子商务正加速与制造业融合，推动服务业转型升级，催生新兴业态，成为提供公共产品、公共服务的新力量，成为经济发展新的原动力。

据中国政府网报道，海关总署新闻发言人黄颂平表示，我国外贸企业正在加快装备"走出去",推进国际产能合作更加注重高端制造、高附加值产品出口;跨境电商、"一带一路"等外贸新增长点开始逐渐发力。

5.2.2.3 《国务院办公厅关于促进跨境电子商务健康快速发展的指导意见》

2015 年 6 月 20 日,国务院办公厅印发《国务院办公厅关于促进跨境电子商务健康快速发展的指导意见》(以下简称《指导意见》),其中指出,近年来,我国跨境电子商务快速发展,已经形成了一定的产业集群和交易规模。支持跨境电子商务发展,有利于用"互联网+外贸"实现优进优出,发挥我国制造业大国优势,扩大海外营销渠道;有利于增加就业,推进大众创业、万众创新,打造新的经济增长点;有利于加快实施共建"一带一路"等国家战略,推动开放型经济发展升级。针对制约跨境电子商务发展的问题,有必要加快建立适应其特点的政策体系和监管体系,营造更加便利的发展环境,促进跨境电子商务健康快速发展。

据中国网报道,商务部国际贸易谈判代表、副部长钟山在国务院政策吹风会对文件进行解读并认为,按照国务院的要求,商务部正在会同有关部门抓紧工作,抓紧制定《指导意见》的实施方案,根据职能分工,细化落实《指导意见》中的政策措施,确保各项政策落到实处。这是新形势下,促进跨境电子商务加快发展的指导性文件。《指导意见》概括起来主要有四个方面的内容。一是提出了发展跨境电子商务的主要目标,既普遍支持国内企业利用电子商务开展对外贸易,又要突出重点,鼓励有实力的企业做大做强,两个方面是兼顾的。二是明确支持政策的主要方向,包括优化海关监管措施、完善检验检疫监管政策措施、明确规范进出口税收政策、完善电子商务支付结算管理和提供财政金融支持等。三是加强保障体系建设,从建设综合服务体系,规范跨境电子商务经营行为,发挥行业组织作用,加强与"一带一路"等国家多双边国际合作等,提出跨境电子商务发展的相关要求。四是组织实施提出具体要求,国务院有关部门要完善配套措施,做好指导和服务等相关工作,各级地方政府要切实抓好组织落实,履行服务督导和监管的责任。

5.2.2.4 《国务院办公厅关于运用大数据加强对市场主体服务和监管的若干意见》

2015 年 7 月 1 日,国务院办公厅印发《国务院办公厅关于运用大数据加强对市场主体服务和监管的若干意见》(以下简称《若干意见》)。这是顺应大数据时代潮流,运用现代信息技术加强政府公共服务和市场监管,推动简政放权和政府职能转变的重要政策文件。

《若干意见》要求,以社会信用体系建设和政府信息公开、数据开放为抓手,充分运用大数据、云计算等现代信息技术,提高政府服务水平,加强事中事后监管，维护市场正常秩序，促进市场公平竞争，释放市场主体活力，进一步优化发展环境。

《若干意见》提出4项主要目标。一是提高政府运用大数据能力，增强政府服务和监管的有效性；二是推动简政放权和政府职能转变，促进市场主体依法诚信经营；三是提高政府服务水平和监管效率，降低服务和监管成本；四是实现政府监管和社会监督有机结合，构建全方位的市场监管体系。

《若干意见》明确了5个方面重点任务。一要提高对市场主体服务水平。加快建立统一社会信用代码制度，提高注册登记和行政审批效率；建立健全守信激励机制；引导专业机构和行业组织运用大数据完善服务；运用大数据评估政府服务绩效。二要加强和改进市场监管。构建大数据监管模型，提高政府科学决策和风险预判能力；加快建立统一的信用信息共享交换平台，推动各地区、各部门信息共享；健全事前信用承诺制度和失信联合惩戒机制；建立产品信息溯源制度；推动形成全社会共同参与监管的环境和机制。三要推进政府和社会信息资源开放共享。各级政府部门要将行政许可、行政处罚等信息在7个工作日内上网公开；建设"信用中国"网站，归集整合各地区、各部门掌握的应向社会公开的信用信息，实现信用信息一站式查询；有序推进全社会信息资源开放共享。四要提高政府运用大数据的能力。加强电子政务建设，建立健全政府大数据采集制度，全面推行政府信息电子化、系统化管理，推动政府向社会力量购买大数据资源和技术服务。五要积极培育和发展社会化征信服务。推动征信机构建立市场主体信用记录，引导其提供专业化征信服务；进一步扩大信用报告应用领域，大力培育发展信用服务业。

《若干意见》提出了提升产业支撑能力、建立完善管理制度、完善标准规范、加强网络和信息安全保护、加强人才队伍建设、明确任务分工、重点领域试点示范7个方面保障措施。

5.2.2.5 《国务院关于积极推进"互联网＋"行动的指导意见》

2015年7月4日，国务院发布《国务院关于积极推进"互联网＋"行动的指导意见》（以下简称《"互联网＋"意见》），其中指出"互联网＋"是把互联网的创新成果与经济社会各领域深度融合，推动技术进步、效率提升和组织变革，提升实体经济创新力和生产力，形成更广泛的以互联网为基础设施和创新要素的经济社会发展新形态。为积极推进"互联网＋"行动提出了意见。《"互联网＋"意见》提出，要充分发挥互联网的创新驱动作用，以促进创业创新为重点，推动各类要素资源聚集、开放和共享，大力发展众创空间、开放式创新等，引导和推动全社会形成大众创业、万众创新的浓厚氛围，打造经济发展新引擎。

新华网记者赵晓辉、华晔迪对该文件解读并认为，其明确未来三年以及十年的发展目标，提出包括创业创新、协同制造、现代农业、智慧能源等在内的 11 项重点行动，并就做好保障支撑进行了部署。分析人士认为，这一顶层设计将加快推进"互联网＋"的发展，有利于形成经济发展新动能，催生经济新格局。

新华网评议员李东标解读文件并认为，其指出了互联网与各领域的融合发展具有广阔前景和无限潜力，加快推进"互联网＋"发展，对打造大众创业、万众创新和增加公共产品、公共服务"双引擎"，实现中国经济提质增效升级具有重要意义。在现实生活中，"互联网＋"正在渗透进人们的生活当中，从最初的以共享信息，逐步向消费领域、生产领域渗透，不仅改变了人们的生活，还在改变着社会的生产模式。

5.2.2.6 《国务院关于印发促进大数据发展行动纲要的通知》

2015 年 8 月 19 日，国务院总理李克强主持召开国务院常务会议，通过《关于促进大数据发展的行动纲要》（以下简称《行动纲要》）。9 月 5 日，《国务院关于印发促进大数据发展行动纲要的通知》（国发〔2015〕50 号）正式发布，在全社会引起广泛影响。《行动纲要》是到目前为止我国促进大数据发展的第一份权威性、系统性文件，从国家大数据发展战略全局的高度，提出了我国大数据发展的顶层设计，是指导我国未来大数据发展的纲领性文件。目的在于加快政府数据开放共享，推动资源整合，提升治理能力；推动产业创新发展，培育新兴业态，助力经济转型；强化安全保障，提高管理水平，促进健康发展。

据中国电子政务资讯网报道，国家信息中心信息化研究部副主任单志广，中国智慧城市发展研究中心秘书长从研究起草工作小组主要成员的角度对文件进行了解读。首先，从国家信息化发展的战略全局把握大数据的概念与范畴来看，新一轮信息技术革命与人类经济社会活动的交汇融合，引发了数据爆炸式增长，大数据的概念应运而生。大数据热强化了社会的数据意识，科学认识大数据的概念和范畴，对于准确理解和深刻把握《行动纲要》的主要内容和精神实质是非常重要的。信息化的核心是数据，只有政府和公众都关注数据时，才能真正理解信息化的实质。数据是与物质、能源同等重要的基础性战略资源，数据的采集和分析涉及每一个行业，是带有全局性和战略性的工作。大数据思维，是能够帮助人们从信息社会海量数据中发现新知识、创造新价值、提升新能力、形成新业态的强大的认知世界和改造世界的能力。近年来，我国经济社会信息化建设快速推进，信息化水平不断提高。过去以"金字"工程为代表的纵向烟囱式信息系统和以地方、部门信息化为代表的横向孤岛式信息系统,已经无法有效支撑经济社会发展难题的解决,信息化对经济社会发展的支撑和引领作用无法充分发挥,迫切需要打破部门割据和行业壁垒,促进互联互通、数据开放、信息共享和业务协同,切实以数据流引领技术流、物质流、资金流、人才流,强化统筹衔接和条块结合,实现跨部门、跨区域、跨层级、跨系统的数据交换与共享,构建全流程、全覆盖、全模式、全响应的信息化管理与服务体系。

我国信息化发展已步入深水区。可以说,容易的、皆大欢喜的条块和局部的信息化系统已经完成了。《行动纲要》的根本出发点和核心主题就是推动解决信息化进入深水区后的硬骨头、老大难问题,主要包括:第一,为解决经济社会难题亟须交换、融合、共享的各类数据和信息,在社会中依据类别、行业、部门、地域被孤立和隔离;第二,同一时空对象所属的各类数据和信息之间天然的关联性和耦合性被割裂和遗忘;第三,政府数据开放和政务信息共享程度受限,信息资源开发利用水平不高,其根源既有大数据处理方面的技术障碍,也有公共权力部门化、部门权力利益化,部门利益合法化带来的体制弊端;第四,数据和信息服务的便捷化、高效化、产业化、智能化水平不高。《行动纲要》的发布,彰显了我国信息化发展的核心已从前期分散化的网络和应用系统建设,回归和聚焦到充分发挥数据资源的核心价值,从而提升国家信息化发展的质量和水平。因此,大数据已成为国家信息化深化发展的核心主题,发展大数据已成为构建数据强国、推动大数据治国的必然选择。

综观《行动纲要》的内容架构,其核心是推动各部门、各地区、各行业、各领域的数据资源共享开放。共享开放的大数据不仅是深化信息化发展的关键要素,也将成为激发大众创业、万众创新的重要源泉,为开创新应用、催生新业态、打造新模式提供新动力,有利于提升创新创业活力,改造升级传统产业,培育经济发展新引擎和国际竞争新优势。《行动纲要》不仅提出了我国大数据发展的宏观定性目标,还明确提出了阶段性、可考核的具体发展目标。《行动纲要》立足我国国情和现实需要,提出了未来5~10年推动大数据发展和应用的目标,主要包括五个方面:第一,打造精准治理、多方协作的社会治理新模式;第二,建立运行平稳、安全高效的经济运行新机制;第三,构建以人为本、惠及全民的民生服务新体系;第四,开启大众创业、万众创新的创新驱动新格局;第五,培育高端智能、新兴繁荣的产业发展新生态。

《行动纲要》强调了大数据发展与相关政策的衔接配合近期,国家相继出台了物联网、云计算、宽带中国、智慧城市、信息消费、信息惠民、互联网+、中国制造2025,以及大众创业、万众创新等一系列信息化政策文件。

从本质上讲，这些政策与《行动纲要》都属于"中国信息化"这一事物的不同侧面，即通过新一代信息技术创新应用，切实促进国民经济和社会事业发展。因此，加强对上述政策文件的整体性解读和关联性分析，避免政策碎片化、孤立化和割裂化，是至关重要的。《行动纲要》很好地体现了大数据发展战略部署与其他信息化相关政策的衔接和融合。同时明确提出"推动大数据与云计算、物联网、移动互联网等新一代信息技术融合发展，探索大数据与传统产业协同发展的新业态、新模式，促进传统产业转型升级和新兴产业发展，培育新的经济增长点。""抓住互联网跨界融合机遇，促进大数据、物联网、云计算和三维（3D）打印技术、个性化定制等在制造业全产业链集成运用，推动制造模式变革和工业转型升级。"推动大数据与移动互联网、物联网、云计算的深度融合，深化大数据在各行业的创新应用，积极探索创新协作共赢的应用模式和商业模式。只有以改革创新的勇气攻坚克难，建立坚实的政策保障机制，破除制约大数据发展的瓶颈和障碍，才能真正开创"用数据说话、用数据决策、用数据管理、用数据创新"的新局面，才能真正释放数据红利、制度红利和创新红利，推进我国从数据大国走向数据强国。

附 录

1 信息资源产业发展指数（I$_{RI}$DI 指数）测评框架模型

本节从指数测评的理论基础文献综述开始，构建信息资源产业指数的测评框架，从而确定评价体系的整体结构。

1.1 产业发展和竞争力评价研究概述

在产业竞争力领域，评价产业竞争力的模型是一项核心研究，其中，迈克尔·波特提出的竞争优势理论在产业竞争力评价领域较为典型。波特的竞争力理论认为，某一产业的国际竞争优势是受到六大要素的影响，它分别是生产要素、需求状况、相关产业、企业策略、结构或竞争对手、政府行为和机遇，这六大要素所形成的关系与实体模型又被称为"钻石模型"。在迈克尔·波特所著《竞争策略》一书中，认为影响产业竞争态势的因素又分为 5 项，分别是新加入者的威胁、购买者（客户）的议价力量、取代品（或服务）的威胁、供货商的议价力量及现有竞争者之对抗态势。国内有学者以波特的"钻石模型"为理论基础，将六大要素设计为相应的指标对中国煤炭产业竞争力进行评价（梁姗姗，2007）。总的来说，波特的竞争力理论为本研究评价产业发展提供了一定参考：政府政策、机遇和相关支撑产业可以被认为是产业发展的外部环境，资源禀赋、公司战略，组织结构、竞争态势以及市场需求代表着产业的内部环境。

国际上认可程度比较高的竞争力评价方法有国际产出与生产力比较方法（ICOP）和联合国工业发展组织提出的工业竞争力指数。无论波特的竞争力理论还是联合国的工业竞争指数，主要都是在国际层面上对竞争力的描述指数。对于一些特定产业的评价，有学者根据科学性原则、客观性原则和系统性原则，利用产业特征直接设计可操作强的指标进行评价（陈红川，2009）。也有学者提炼世界经济论坛（WEF）和瑞士洛桑国际管理发展学院（IMD）

的国家竞争力评价体系,提出竞争力是由"资产"与"过程"共同决定的,并且以"过程"因素为主,"资产"是指条件,"过程"是指将资产转化为经济结果,在国际市场测量的结果所产生出来的竞争力(姚宽一,2007)。还有学者从区域产业经济增长和增长结构角度出发,提出使用偏离份额法(SSM)原理设计区域产业竞争力模型,SSM模型能够说明区域经济增长的两大决定性因素,即结构因素与竞争力因素所起作用程度的分析方法,同时能够比较不同区域结构因素和竞争力因素的差异(程玉鸿,2007)。有学者综合了大量竞争力研究,认为各个维度都存在影响地区产业竞争力因素,如自然条件、经济发展、社会生活和政府行为等(千庆兰,2006)。有学者通过比较国内外产业竞争力评价方法,认为中国产业竞争力评价的要素应该包括资源、技术水平、政策环境、经营管理和产品实现等方面。但根据不同国家不同产业的特点,评价的侧重点有所不同(赵儒煜,2008)。Unesco Jodhpur论坛对文化产业的评价提出了三个评价维度:资本、基础设施和政策环境、产品及服务(彭翊,2011)。

国内外有关发展评价和竞争力的指标体系比较丰富,这些指标体系的设计方法在一定程度上丰富了本研究对信息资源产业发展指数指标体系的设计思路(见附表1)。

附表1　相关发展评价指标体系

序号	名称	发布单位	指标体系介绍
1	中国城市文化产业发展评价体系	中国人民大学	指标体系分为3个一级指标,8个二级指标,选取了46个测度变量。其中3个一级指标分别是产业生产力、产业影响力和产业驱动力;8个二级指标分别是文化资源、文化资本、人力资源、经济影响、社会影响、市场环境、公共环境和创新环境
2	中国文化产业发展指数	上海交通大学	由内涵指数和表征指数两套体系综合而成,共计包括16个一级指标、51个二级指标、91个三级指标和151个四级指标的指标体系。16个一级指标分别是文化产业发展水平、文化产业经济影响、文化产业发展社会文化影响、文化产业发展模式、文化资源丰富程度、重点文化产业发展水平、文化产业布局和产业结构、文化产业增长方式、文化市场主体、各类文化市场、文化产品流通组织和方式、骨干文化企业、对外文化贸易、文化产业政策、文化产业创新能力和社会经济基础

续表

序号	名称	发布单位	指标体系介绍
3	IMD 国家竞争力评价体系（2005）	瑞士洛桑国际管理学院（IMD）	以 2005 年 IMD 国际竞争力指标为例，指标体系中要素项 4 项，分别是经济运行、政府效率、商务效率和基础设施，子要素 20 项，指标为 314 项。IMD 体系中的指标按数据获得方式和数据类型分为三类，分别是统计指标，调查指标和参考指标
4	全球竞争力指数	世界经济论坛（WEF）	指标体系分为 3 个一级指标，分别是基本要求指标、效果提升指标和革新与社会因素指标；基本要求指标下有 4 个子指标，分别是体系建设、基础设施、宏观经济环境和健康与基础教育；效果提升指标则包括高等教育与训练水平、商品市场效率、劳动市场效率、金融市场发展、技术成熟水平、市场规模；革新与社会因素指标则分为商业成熟度和创新水平
5	中国信息化发展指数（IDI）	国家统计局	一级指标包括：基础设施指数、使用指数、知识指数、环境与效果指数和信息消费指数。基础设施指数下的二级指标为电视机拥有率（台/百人）、固定电话拥有率（部/百人）、移动电话拥有率（部/百人）和计算机拥有率（台/百人）；使用指数包括每百人互联网用户（户/百人）、知识指数下的二级指标为教育指数；环境与效果指数下的二级指标为信息产业增加值占 GDP 比重、信息产业研究与开发经费占 GDP 自重、人均 GDP；消费信息指数下的二级指标为消费系数

通过对比研究，可以发现一些产业评价指标体系设计的共性：

（1）国内对区域产业竞争力的评价，基本都参考了波特的竞争力理论，虽然波特的竞争力理论主要应用于国家层面上的竞争力研究，但是可以借鉴其竞争力模型设计思路来描述区域的产业竞争力。

（2）对产业竞争力的评价，基本分为内部因素和外部因素两部分。内部因素主要表现为产业规模程度和影响力，外部因素主要包括发展环境，如基础设施建设等。

（3）现有指标体系对政府政策和政府决策关注程度不够。在国内，对于大部分产业，政府的态度有着决定性的作用，如何更有效地反映政府因素在产业发展中的作用，应该是本研究设计指标体系时着重考虑的。

1.2 信息资源产业发展指数模型

通过对国内外产业竞争力和信息化指标体系的分析，本研究发现这些指标体系在设计的时候基本都是从内部情况和外部环境两个维度进行评价，这个思路和本研究的指标体系设计思路基本相同。在评价信息资源产业发展程度时，本研究同样对产业的价值和产业所处的环境两方面进行评价。产业价值和产业环境是相辅相成的，产业价值的增加会提升产业环境，有利的产业环境会促进产业价值的增长，两者对信息资源产业发展情况的评价都是正向指标。对于产业价值，根据产业的维度，可以通过产业规模、产业贡献、产业发展和产业结构共同体现产业价值的规模程度。对于产业环境，可以通过决策强度、公共政策和基础设施体现。本研究借鉴波特的价值链模型的逻辑描述了产业环境指标的关系，如附图1所示。

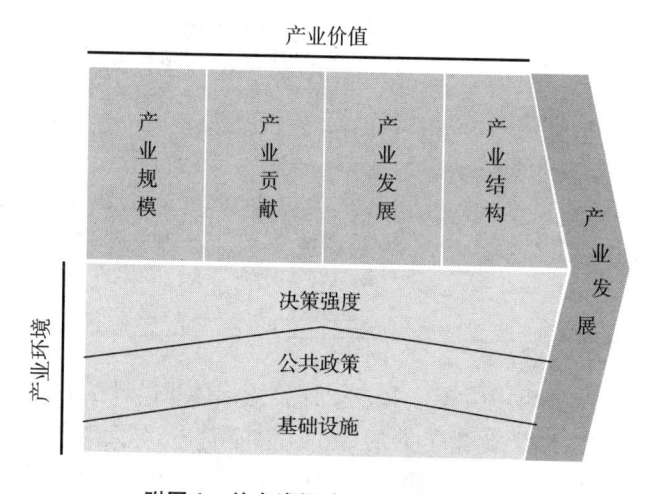

附图1 信息资源产业发展指数模型

注：产业价值反映区域信息资源产业综合价值的相对水平；产业环境反映区域信息资源环境优越程度的发展水平。

价值链模型是由美国哈佛大学商学院的迈克尔·波特提出的。该模型将企业盈利的过程分为基本活动和支持性活动。基本活动如生产、销售和售后服务等，支持性活动如财务、人力和计划运营等。本研究采用波特价值链模型描述了产业发展的各个要素以及它们之间的关系。产业环境和产业价值的关系是支撑与被支撑的关系，产业环境支撑着产业价值。产业规模、产业贡献、产业发展和产业结构四大要素决定了产业价值的大小。产业环境内部也有层次关系，基础设施是产业环境的基础，在基础设施之上是公共政策环境，再上是政府和领导人的决策强度。产业价值和产业环境共同决定着产业发展的特征。

1.3 信息资源产业价值描述模型

雷达图原本是财务分析报表的一种，现主要应用于描述企业的经营状况，展现出一种类似雷达的形状，帮助管理者清楚地看到企业经营特征，描述其优势和劣势。信息资源产业价值由产业规模、产业结构、产业贡献和产业发展四大要素构成，这四大要素体现了产业价值的不同维度，为了更好地表示四大要素对产业价值的影响，可以使用雷达图对信息资源产业价值进行解释，如附图 2 所示。

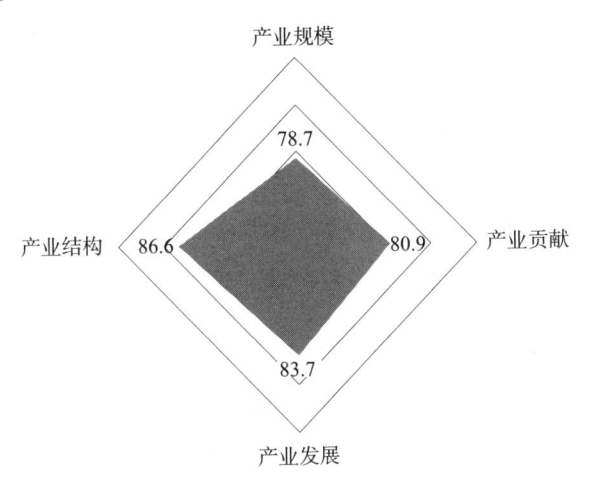

附图 2　信息资源产业价值描述模型

通过附图 2 中的信息资源产业价值描述模型，可以看到产业规模、产业贡献、产业结构和产业发展的得分情况。而产业规模、产业贡献、产业结构和产业发展所构成雷达图的面积可以反映出该省级行政区域的产业价值大小。

1.4 信息资源产业环境描述模型

信息资源产业环境由基础设施、政策环境和决策强度三大要素组成。在信息资源产业环境的描述上，本研究采用三维坐标的模型对三大要素进行了描述，如附图 3 所示。

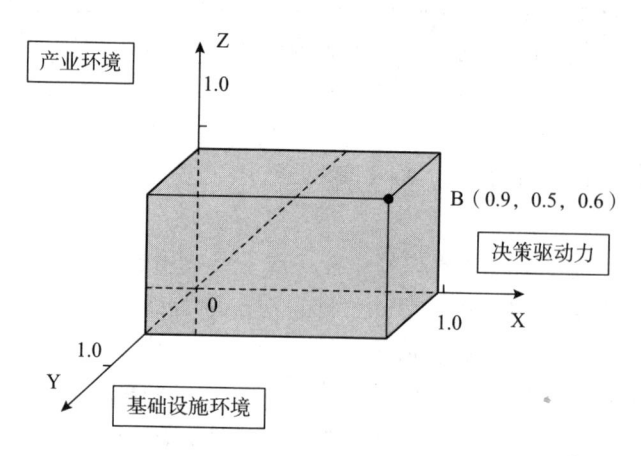

附图 3　信息资源产业环境描述模型

信息资源产业环境的描述要素：决策驱动力、基础设施环境和产业环境，分别对应坐标轴的 X 轴、Y 轴和 Z 轴。三大要素可以描述为在空间内的一个长方体，通过长方体的体积，可以表达一个地区的信息资源产业环境的优劣。

2　$I_{RI}DI$ 指数测评框架体系

2.1　测评指标体系

信息资源产业发展指数可以表述为：

$$F = （产业价值，产业环境）\qquad 式（1）$$

产业价值指标可以表述为：

$$F_1 = （产业规模，产业贡献，产业发展，产业结构）\qquad 式（2）$$

产业环境指标可以表述为：

$$F_2 = （公共政策，基础设施，决策强度）\qquad 式（3）$$

指标体系分为四级，70 个指标。其中一级指标 2 个，二级指标 7 个，三级指标 17 个，四级指标 44 个。指标体系以科学性、系统性和真实性为原则，在对信息资源产业特征深度分析的基础上进行设计，旨在对全国各省市信息资源产业发展提供一个科学的量化描述。指标体系框架如附表 2 所示。

附表2 信息资源产业发展指数测评

一级指标	二级指标	三级指标	四级指标
产业价值	产业规模	产业产值规模	信息资源完全依赖型产业经济规模
			信息资源中度依赖型产业经济规模
			信息资源轻度依赖型产业经济规模
		从业人口规模	信息资源完全依赖型产业从业人口规模
			信息资源中度依赖型产业从业人口规模
			信息资源轻度依赖型产业从业人口规模
		法人单位规模	信息资源完全依赖型产业发展规模
			信息资源中度依赖型产业发展规模
			信息资源轻度依赖型产业发展规模
		上市公司规模	信息资源产业上市公司数量
			信息资源产业上市公司平均加权平均净资产收益率
			信息资源产业上市公司 营业总收入
			信息资源产业上市公司归属于上市公司股东的净利润
	产业贡献	产业就业贡献	就业人口贡献
			就业人口增加贡献
		经济总量贡献	产业收入贡献
			产业收入增加贡献
	产业发展	产值规模发展	2012~2014年增长量
			2004~2014年增长量
			2004~2014年平均增长率
		法人单位发展	2012~2014年增长量
			2004~2014年增长量
			2004~2014年平均增长率
		从业人口发展	2012~2014年增长量
			2004~2014年增长量
			2004~2014年平均增长率
	产业结构	产业资源结构	完全依赖型产值比重
			完全依赖型从业人口比重
			完全依赖型法人单位数比重
		产业要素密集	产业价值密集度
			从业人口的平均产值

续表

一级指标	二级指标	三级指标	四级指标
产业环境	公共政策	产业政策供给	各省政策规模数量
		政务开放互动	各省党政机关微博开设率
			各省党政机构账号数量
			各省党政干部微博开设率
	基础设施	产业园区发展	园区数量
			园区租金
		信息技术利用	互联网利用率
			电话网使用率
			有线广播/电视网利用率
	决策强度	决策层关注度	党委领导关注度
			政府领导关注度
		政府工作强度	2013年政府工作报告强度
			2014年政府工作报告强度

2.2 测评指标解释

信息资源产业发展指标体系的一级指标为产业价值和产业环境。产业价值反映了该区域信息资源产业综合价值的相对水平，通过产业规模指数、产业贡献指数、产业发展指数和产业结构指数来测算。产业环境反映了该区域信息资源产业政策环境的相对水平，通过公共政策指数、基础设施指数、决策强度指数来测算，附表3列出了对各指标的解释。

附表3 信息资源产业发展指数测评指标解释

	指标名称	解释
一级指标	产业价值	反映该地区信息资源产业综合价值的相对水平，以该地区的产业规模指数、产业贡献指数、产业发展指数和产业结构指数来测算
	产业环境	反映该地区产业发展环境优化程度的相对水平，以该地区的公共政策指数、基础设施指数、决策强度指数来测算

续表

	指标名称	解释
二级指标	产业规模	反映该地区信息资源产业发展规模的相对水平，通过产业营业收入规模指数、从业人口规模指数、法人单位规模指数和上市公司规模指数来测算
	产业贡献	反映该地区信息资源产业对全地区总体经济发展贡献的相对水平，通过产业就业贡献指数和经济总量贡献指数来测算
	产业发展	反映该地区自2004年来信息资源产业动态发展程度的相对水平，通过产业规模发展指数、法人单位发展指数和从业人口发展指数来测算
	产业结构	反映该地区信息资源产业结构优化程度的相对水平，通过产业资源结构指数和产业要素密集指数来测算
	政策环境	反映该地区信息资源产业政策环境优化程度的相对水平，通过产业政策供给指数和政务开放互动指数来测算
	基础设施	反映该地区信息资源产业相关基础设施配套程度的相对水平，通过产业园区发展指数和信息技术利用指数来测算
	决策强度	反映该地区政府部门对信息资源产业发展重视程度和工作强度的相对水平，通过决策层关注度指数和政府工作强度指数来测算
三级指标	产业产值规模	反映该地区信息资源产业营业收入综合规模的相对水平，以信息资源完全依赖型产业、中度依赖型产业和轻度依赖型产业三类产业的营业收入水平来测算
	从业人口规模	反映该地区信息资源产业从业人口规模的相对水平，以信息资源完全依赖型产业、信息资源中度依赖型产业和信息资源轻度依赖型产业三类产业的从业人口规模来测算
	法人单位规模	反映该地区信息资源产业法人单位规模的相对水平，以信息资源完全依赖型产业、信息资源中度依赖型产业和信息资源轻度依赖型产业三类产业的法人单位规模来测算
	上市公司规模	反映该地区信息资源产业上市公司整体规模的相对水平，以信息资源产业上市公司数量、信息资源产业上市公司平均加权平均净资产收益率、信息资源产业上市公司营业总收入、信息资源产业上市公司归属于上市公司股东的净利润等来测算
	产业就业贡献	反映该地区信息资源产业对全地区劳动人口就业贡献的相对水平，以该地区信息资源产业从业人口占全地区从业人口的比重、该地区信息资源产业从业人口增加值占全地区同期从业人口增加值的比重等指标来测算

续表

	指标名称	解释
三级指标	经济总量贡献	反映该地区信息资源产业对全地区 GDP 总量贡献的相对水平，以产业收入贡献和产业收入增加贡献两个指标来测算
	产值规模发展	反映该地区信息资源产业营业收入规模增长程度的相对水平，以2012~2014年增长量、2004~2014年增长量和2004~2014年平均增长率三个指标来测算
	法人单位发展	反映该地区信息资源产业法人单位规模增长程度的相对水平，以2012~2014年增长量、2004~2014年增长量和2004~2014年平均增长率三个指标来测算
	从业人口发展	反映该地区信息资源产业从业人口规模增长程度的相对水平，以2012~2014年增长量、2004~2014年增长量和2004~2014年平均增长率三个指标来测算
	产业资源结构	反映该地区信息资源产业发展对信息资源依赖程度的相对水平、完全依赖型产值比重指数、以完全依赖型信息资源产业在全部信息资源产业中所占的三项指标比重来测算
	产业要素密集	反映该地区信息资源产业资本与劳动力生产要素密集程度的相对水平（揭示该地区信息资源产业的竞争状况），以产业价值密集度指数和从业人口平均产值两个指标来测算
	产业政策供给	反映该地区信息资源产业相关政策供给的相对水平，通过各省信息资源完全依赖型产业、中度依赖型产业和轻度依赖型产业等三类产业的产业政策供给水平三个指标来测算
	政务开放互动	反映该地区政务开放与互动程度的相对水平，通过各省市党政机关微博开设率，各省市党政机构账号数量和各省党市政干部微博开设率三个指标来测算
	产业园区发展	反映该地区信息资源产业园区发展规模和商业价值的相对水平，通过园区数量和园区租金两个指标来测算
	信息技术利用	反映该地区对信息技术总体利用程度的相对水平，通过互联网利用率，电话网使用率和有线广播/电视网利用率三个指标来测算
	决策层关注度	反映该地区党政核心领导对信息资源产业相关问题关注程度的相对水平，通过党委领导关注度和政府领导关注度两个指标来测算
	政府工作强度	反映该地区政府工作中对信息资源产业重视程度和工作强度的相对水平，通过2013年政府工作报告强度和2014年政府工作报告强度两个指标来测算

3 产业数据与指标拟合

产业数据处理是信息资源产业发展指数分析的关键步骤，在权重设计的基础上，本研究采用综合评分法中的线性加权法计算信息资源发展指数：

$$F = \sum p_i \cdot w_i \qquad \text{式 (4)}$$

其中，F 为信息资源产业发展指数，p_i 为评价指标 i 无量纲化处理后的结果，w_i 为评价指标 i 的权重。

3.1 产业数据采集

信息资源产业发展指数中所需要的基础数据主要来源于《中国基本单位统计年鉴》《中国经济普查年鉴》《中国经济与社会发展统计数据库》《中国政务微博客评估报告》《第六次人口普查报告》《中国电子信息产业统计年鉴》各省区市经济普查年鉴、信息资源开发利用报告以及信息资源产业上市公司的公开财报。本文对信息资源产业构成行业的划分依据了《国民经济行业分类（GB/T 4754 - 2011）》，这样做的目的是便于协调现有的统计口径，采集我国 31 个省区市各信息资源产业细分行业自 2004~2014 年，在营业收入、法人单位数、从业人口等经济指标上的基础数据。

3.2 数据标准化处理

标准化处理是为了解决信息资源产业发展指数中各指标项的量纲差异。常用的标准化处理方法包括极差标准化法、极大化法、极小化法、均值化法、z - score 法等。本文采用极差标准化法进行数据量纲处理。极差标准化法公式如下：

$$x' = \frac{x - x_{\min}}{x_{\max} - x_{\min}} \qquad \text{式 (5)}$$

其中，x' 为目标值，x 为原始值，$x_{\min}$ 为该指标数据组中的最小值，$x_{\max}$ 为该指标数据组中的最大值。

3.3 数据估算与矫正

在信息资源产业发展相关数据进行处理的过程中，可能存在个别细分行业或地区的指标所对应数据缺失或失真的问题，这就需要对数据进行估算和矫正，以减少缺失或失真数据对信息资源产业发展指数的影响。从实际数据采集的情况来看，缺失数据主要集中在部分地区、部分行业的营业收入、从业人口等指标上。为了解决数据采集过程中所遇到的部分数据缺失的问题，本研究还针对不同的数据缺失情形，分别设计了不同的缺失数据估算方法与模型，如附表4所示。通过多轮估算和微调，最后确定了指数计算所需的全部产业数据。

附表4 信息资源产业发展指数缺失数据的估算方法

情形	描述	对策	算法
1	原始数据中没有某4级行业[1]的营业收入，只包含4级行业的法人单位数（或从业人口数）	通过该行业今年法人单位数与上一年法人单位数的比值，以及上一年该4级产业营业收入进行估算	$A_4^x = \dfrac{C_4^x}{C_4^{x-1}} \cdot A_4^{x-1}$
2	原始数据没有某4级产业的所有数据，但是包含其相对应产业的3级产业法人单位数（企业法人单位数）	通过3级产业当年与上一年的比值和上一年该4级产业的营业收入进行估算	$A_4^x = \dfrac{C_3^x}{C_3^{x-1}} \cdot A_4^{x-1}$
3	原始数据某项4级产业及对应父级（3级）产业数据全部缺失	通过当年现有的产业法人单位数和上一年相同产业法人数的比值和上一年该4级产业各个数据项进行估算	$A_4^x = \dfrac{A_3^{x\text{全国}}}{A_3^{x-1\text{全国}}}$
4	原始数据缺乏产业法人单位数据的地区产业	采用布朗指数平滑的时间序列方法，通过往年数据进行估算	$S_t = aY_t + (1-a)S_{t-1}$

---

[1] 本研究中所列举的一级行业、二级行业、三级行业和四级行业是对国家统计局颁布的《国民经济行业分类（GB/T 4754-2011）》中行业结构的另一种表达。《国民经济行业分类》中设有从A到T共20个行业分类目录，以I：信息传输、软件和信息技术服务业为例：信息传输、软件和信息技术服务业即是本研究所指的一级行业；其下包含电信、广播电视和卫星传输服务（63）、互联网和相关服务（64）、软件和信息技术服务业（65）三个大类，行业代码由两位数字组成的行业，即是本研究所指的二级行业；在电信、广播电视和卫星传输服务下包含电信（631）、广播电视传输服务（632）、卫星传输服务（633），行业代码由三位数字组成的行业，即是本书所指的三级行业；在广播电视传输服务下包含有线广播电视传输服务（6321）、无线广播电视传输服务（6322），行业代码由四位数字组成的行业，即是本书所指的四级行业。

3.4 指数拟合方法

在现有产业评价指标体系中，指数拟合往往采取等权重相加或使用德尔菲法设计权重。但是，等权重法无法显示出各指标的相对价值，而德尔菲法主观性比较强，说服力略显不足，因此，本书在设计信息资源产业发展指标体系时，就这些问题进行了考虑，最终确定了以因子分析法确定指标权重的思路。

因子分析法是从多个变量中提取共性因子的统计学方法，用于减少变量数目，起到降维的作用。在进行拟合时，首先，对三级指标下的四级指标的所有数据进行归一化；然后对归一化后的数据进行因子分析，获得各变量的公因子，通过巴特利特球度检验和KMO检验测试因子相关性，对于符合测试的变量组，根据因子载荷设计变量权重，对于不符合测试的指标组，采用等权重的方式进行（见附表5）。

附表5　信息资源产业指标的权重设计

	指数	权重
一级指标	产业价值	0.500
	产业环境	0.500
二级指标	产业规模	0.280
	产业贡献	0.242
	产业发展	0.260
	产业结构	0.218
	公共政策	0.322
	基础设施	0.354
	决策强度	0.324
三级指标	产业产值规模指数	0.272
	从业人口规模指数	0.272
	法人单位规模指数	0.271
	上市企业规模指数	0.185
	产业就业贡献指数	0.500
	经济总量贡献指数	0.500
	产值规模增长指数	0.336

续表

名称		权重
三级指标	法人单位发展增长指数	0.332
	从业人口发展增长指数	0.332
	产业资源结构指数	0.500
	产业要素密集指数	0.500
	产业政策供给指数	0.500
	政务开放互动指数	0.500
	产业园区发展指数	0.500
	信息技术利用指数	0.500
	决策层关注度指数	0.500
	政府工作强度指数	0.500

参考文献

[1] 冯惠玲.档案信息资源在经济社会发展中的综合贡献力及开发利用[J].档案与建设,2010(1):20-20.

[2] 冯惠玲,侯卫真.信息资源产业的基本特征与要素研究[J].图书情报工作,2011,55(15):11-14.

[3] 冯惠玲,杨红艳.信息资源产业内涵及其与相关产业的关系探究[J].情报资料工作,2011(2):10-14.

[4] 冯惠玲,周毅.论公共信息服务体系的构建[J].情报理论与实践,2010,33(7):26-30.

[5] 冯惠玲,周毅.关于"十一五"档案学科发展的调查和"十二五"发展规划的若干设想[J].档案学研究,2010(5):4-10.

[6] 冯惠玲,周晓英.信息资源管理研究与教育:一个大有作为的领域[J].图书情报工作,2004,48(9):24-27.

[7] 冯惠玲,钱明辉.动态资源三角形及其重心曲线的演化研究[J].中国软科学,2014(12):157-169.

[8] 赵国俊.培养基于信息资源的高层级管理者——关于创建我国信息资源管理专业硕士教育的设想[J].图书情报工作,2004,48(10):24-29.

[9] 赵国俊.浅议我国信息资源开发利用战略思想的形成与发展[J].档案学通讯,2009(3):4-6.

[10] 赵国俊.我国信息资源开发利用基本法律制度初探[J].情报资料工作,2009(3):6-10.

[11] 赵国俊.新时期我国信息资源开发利用战略思想的创新发展[J].档案学研究,2012(3):4-11.

[12] 张斌,赵国俊,张璋.我国信息资源公益性开发利用和服务的政策研究[J].情报资料工作,2009(3):11-16.

[13] 崔洪铭,赵国俊.信息资源产业链的价值流动研究——兼论信息资源产品的价值束[J].情报杂志,2013(8):169-173.

[14] 侯卫真.信息资源产业特性与政策优化[J].信息化建设,2010(2):16-17.

[15] 钱明辉,林法纲,李子南.论信息资源产业政策研究的价值[J].科教文汇中旬刊,2012(9):3-5.

[16] 钱明辉,李子南,林法纲.信息资源产业政策研究综述[J].情报资料工作,2012 (1):70-73.

[17] 钱明辉,林法纲,焦家良.中国信息资源产业的融资结构分析——以数字出版行业为例[J].云南社会科学,2012 (6):83-87.

[18] 钱明辉,林法纲,赵峥.我国网络信息资源产业的法律保护[J].烟台大学学报:哲学社会科学版,2012,25 (4):96-99.

[19] 钱明辉,李彦熹.中外信息资源产业的人力资源政策研究[J].国家行政学院学报,2013 (3):98-102.

[20] 钱明辉.城市品牌与政府信息化[M].北京:商务印书馆,2011.

[21] 钱明辉,杨建梁.我国信息资源产业发展评价的实证分析[J].情报资料工作,2015,36 (4):88-93.

[22] 钱明辉,李蔚菱.心理预算研究新进展及其启示[J].管理评论,2014,26 (10):173-180.

[23] 钱明辉.地方政府门户网站类型及其优化策略——基于聚类分析方法的研究[J].情报科学,2013 (11).

[24] 钱明辉,林法纲.信息资源产业的融资结构及政策优化——以数字出版行业为例[J].国家行政学院学报,2012 (2):51-55.

[25] 钱明辉.我国档案应急管理研究进展与启示[J].档案学通讯,2013 (2):77-80.

[26] 钱明辉,王川,陈凤超.国家竞争情报理论研究综述[J].情报科学,2015,32 (11):155-160.

[27] 钱明辉,黎炜祎.我国知识产权服务业发展政策浅析[J].中国发明与专利,2015 (5).

[28] 钱明辉,黎炜祎.浅谈中外知识产权服务业发展比较与启示[J].中国发明与专利,2015 (6).

[29] 钱明辉,陈丹,刘倩,郎玲玉.我国文化创意产业园区品牌管理现状与趋势研究[J].现代职业教育,2015 (7).

[30] 杨健,傅强,钱明辉.国际化都市之路[M].北京:经济科学出版社,2011.

[31] 朝乐门.信息资源开发利用测度方法的实证分析[J].图书情报工作,2014,58 (2):109-144.

[32] 朝乐门,王丽萍.信息化整体水平测度研究[J].图书馆建设,2001 (1):37-40.

[33] 国家统计局统计科研所信息化统计评价研究组,杨京英,熊友达,安筱鹏,苑春荟,姜澍,何强.信息化发展指数优化研究报告[J].管理世界,2011 (12):1-11.

[34] 丁韧.我国内容产业资源整合及发展趋势[J].情报理论与实践,2005,28 (4):428-431.

[35] 韩芸.信息资源产业及其在我国的发展策略[J].中国图书馆学报,2006,32 (6):41-44.

[36] 姜锡山.发展我国数字内容产业的国际借鉴[J].上海信息化,2005 (6):27-29.

[37] 靖继鹏,马哲明.信息经济测度方法分析与评价[J].情报科学,2003,21(8):785-791.

[38] 赖茂生,闫慧,龙健.论信息资源产业及其范畴[J].情报科学,2008,26(4):481-484.

[39] 李晓玲,李会明.内容产业的产生及其影响[J].现代国际关系,2003(5):54-59.

[40] 刘瑜.发掘信息资源潜力的研究[J].中国信息界,2012(4):26-27.

[41] 吕斌,李国秋.信息社会测度:信息社会研究的新焦点[J].中国图书馆学报,2006,32(1):18-32.

[42] 秦丽洁.从OCLC看我国内容产业的发展模式[J].情报杂志,2005,24(1):67-68.

[43] 田巧娣,程瑶.我国信息服务业经济竞争力评价研究[J].中国经贸导刊,2012(26).

[44] 王海燕.我国信息内容产业发展策略探析[J].情报探索,2005(3):9-11.

[45] 王军.陕西省信息资源开发利用探讨[J].科技管理研究,2011(18):32-45.

[46] 王素芳.我国信息资源开发利用政策法规初探[J].现代情报,2004,24(3):45-47.

[47] 王欣,靖继鹏,王钢.国内外信息产业测度方法综述[J].情报科学,2006,24(12):1903-1908.

[48] 汪隽.论新世纪10年我国政治环境对档案利用工作的影响[J].云南档案,2010(11):37-39.

[49] 乌家培.信息内容开发与信息内容产业发展的法治与规制问题[J].技术经济与管理研究,2005(4):5-7.

[50] 宣小红.我国信息资源产业管理的困境及改革策略[J].江海学刊,2008(2):215-219.

[51] 杨京英,间海琪,杨红军.信息化发展指数的测算[J].中国统计,2007(2):15-18.

[52] 杨京英,熊友达,何强,龚振炜."十一五"时期中国信息化发展指数(IDI)研究报告——中国信息化发展水平的国际比较与分析[J].中国信息界,2011(1):67-74.

[53] 尹达,杨海平.我国数字内容产业政策法规体系和运行保障机制研究[J].图书情报工作,2010,54(23):19-22.

[54] 岳剑波.我国信息环境管理的政策调控与信息立法问题[J].情报资料工作,2000(3):6-9.

[55] 张宗建,李涛,吴艳民.知识产业对经济内容的软化作用[J].经济论坛,2003,(3):14-15.

[56] 赵霞琦.网络环境下内容产业的环境建设[J].情报杂志,2004,23(7):59-60.

[57] 周笑.中国内容产业的壁垒与对策[J].视听界,2005(2):40-42.

[58] 周振华.新产业分类:内容产业、位置产业与物质产业——兼论上海新型产业体系

的构建 [J]. 上海经济研究, 2003 (4): 13-21.

[59] 朱雪宁. 韩国发展信息资源产业的政策及启示 [J]. 情报杂志, 2009, 28 (B06): 54-56.

[60] Bressers J. T. A. Implementation of instruments for sustainable development [C]. The Second Meeting of the SUSGOV Team, 2001.

[61] Benkler Y. The wealth of networks [M]. New Haven: Yale University Press, 2006.

[62] Deng J L. The unit of information representation in grey system theory [J]. Journal of Grey System, 1991, 3 (2).

[63] Dodd P. A very different cultural revolution developing creativeeconomies: As China nurtures its film and other media businesses, it must overcome more than just policy [J]. Financial Times, 2005.

[64] Gasser Urs. Legal frameworks and technological protection of digital content: moving forward towards a best practice model [J]. Berkman Center Research Publication No. 2006-04, 2006.

[65] Gassmann H. P. Is there a fourth economic sector [J]. OECD Observer, 1981.

[66] Hanne Nerreklit. The balance on the balanced scorecard—a critical analysis of some of its assumptions [J]. Management Accountant, 2000.

[67] Hearn G, Cunningham S, Ordo ez D. Commercialization of knowledge in universities: Thecase of the creative industries [J]. Prometheus, 2004.

[68] Hwang C. IPR law mapping system with digital rights management for forensic computing [C]. 7th IASTED international conference on internet and multimedia systems and applications (USA), 2003.

[69] Jason Potts, Stuart Cunningham, John Hartley, Paul Ormerod. Social network markets: a new definition of the creative industries [J]. Journal of Cultural Economics, 2008 (3).

[70] Kogut B. Designing global strategies: comparative and competitive value-added chains [J]. Sloan Management Review, 1985.

[71] Kaplan R S, Norton D P. The balanced scorecard-measures that drive performance [J]. Harvard Business, 1992.

[72] Lancaster, Kelvin J. Socially optimal product differentiation [J]. The American Economist, 1975.

[73] Lester MSalamon. New governance and the tools of public action: an introduction [M] // The Tools of Government: A Guide to the New Governance, 2002.

[74] Lorenzen M, Frederiksen L. Why do cultural industries cluster? Localization, urbanization, products, and projects [M] //Creative cities, cultural clusters and local economic development, London: Edward Elgar, 2008.

[75] L. P Rai, K Lal. Indicators of the information revolution [J]. Technology in Society, 2000 (2).

[76] Liu Qian, Qian Minghui. Industrial park website evaluation research: based on brand management perspective [J]. Journal of Chinese Marketing, 2014, 7 (3).

[77] Machlup, F. The production and distribution of knowledge in the united states [M]. New Jersey: Princeton University Press: 1962.

[78] Manuel Laranja, Elvira Uyarra, Kieron Flanagan. Policies for science, technology and innovation: Translating rationales into regional policies in a multi – level setting [J]. Research Policy, 2008.

[79] Namji Jung. Sources of creativity and strength in the digital content industry in seoul: place [J]. Social organization and Public Policy, 2007.

[80] Navin Girishankar. Reforming institutions for service delivery: a framework for development assistance with an application to the health, nutrition, and population porfolio, 1999.

[81] OECD. Measuring the Information Economy. OECD. 12, 2002.

[82] Paul Audley. Cultural industries policy: objects, formulation, and evaluation [J]. Canadian Journal of Communication, 1994.

[83] Pitta D A. Internet currency [J]. The Journal of Product and Brand Management, 2003.

[84] Paul Audley. Cultural industries policy: objects, formulation, and evaluation [J]. Canadian Journal of Communication, 1994.

[85] Porat M U. The information economy: definition and measurement [R]. Washington National Science Foundation, 1977, 273 (3): 200 – 202.

[86] Prince R. Globalizing the creative industries concept: Travelling policy and transnational policy communities [J]. Journal of Arts Management, Law, and Society, 2010.

[87] Qian Minghui, Zhao Zheng, Li Zinan. Research on technology diffusion and optimization strategies for information resource Industry [J]. International Journal of Digital Content Technology and its Applications, 2013, 7 (7).

[88] Qian Minghui, Lang Lingyu, Li Weiyi. Construction and empirical study of industrial park brand evaluation system [J]. Journal of Chinese Marketing, 2015, 8 (1).

[89] Richard J. Government, interest groups and policy change [J]. Political Studies, 2000.

[90] Stone D. Global public policy, transnational policy communities, and their networks [J]. Policy Studies Journal, 2008.

[91] Stone D. Non – governmental policy transfer: The strategies of independent policy institutes [J]. Governance, 2000.

[92] Steve Smith. The rising price of privacy [J]. Econtent, 2008.

[93] Stephen H. Linder, B. Guy Peters. The llogic of pubilic policy design: linking policy actors and plausible instruments [J]. Knowledye in Society, 1991.

[94] Woolthuis R K, Lankhuizen M, Gilsing V. A system failure framework for innovation policy design [J]. Tech – novation, 2005.

[95] Yong Gyu Joo, So Young Sohn. Structural equation model for effective CRM of digital content industry [J]. Expert Systems with Applications, 2008.

[96] Zhang J S. State assets management: characteristics and reform [J]. China Opening Herald, 2006.

后 记

本书编委会成员主要来自国家自然科学基金重点项目（71133006）组、中国人民大学信息资源管理学院、中国人民大学智慧城市研究中心和中国人民大学科学研究基金（中央高校基本科研业务费专项资金资助）项目（15XNLQ08）。编委会依托《2014中国信息资源产业与政策研究报告》的研究成果，以信息资源产业发展指数为评价工具，结合我国典型地区与信息资源产业典型行业案例研究，在深入解读我国信息资源产业政策的基础上，对我国近年来信息资源产业发展的现状和趋势展开了探讨。

在本书编写的过程中，除了将信息资源产业与政策相关研究成果进行整理、编撰的同时，为了进一步丰富研究内容，还吸收了部分编委会成员在相关学术期刊上发表的专题研究内容。本书主要分为5个章节，分别介绍了2014年中国信息资源产业发展的总体情况；2014年中国七大区域信息资源产业的发展水平与指标评分；中国典型地区信息资源产业发展案例研究；信息资源产业典型行业发展案例研究；以及中国信息资源产业政策的综合研究。

历经一年多的细致撰写和认真校对，本书于2016年3月定稿。在此，向参与本书研究和撰写的每一位成员、提供相关数据和案例素材的企业组织及新闻媒体表达最衷心的感谢。相信这是一本值得手捧阅读并藏于书柜，待日后回顾和反思的书籍。

本书的顺利完成，还要感谢众多同行在研究过程中提供的宝贵建议，其中的一些调整正是基于此作出的，比如案例的选择、结构的调整、篇幅的精简、图表的增加等。同时，也要感谢那些长期以来关注中国信息资源产业发展的个人和组织，恳请大家继续指出本书的不足之处，提出改进意见。

编者